Coaching & Mentoring
Foco na Excelência

Copyright© 2013 by Editora Ser Mais Ltda.
Todos os direitos desta edição são reservados à Editora Ser Mais Ltda.

Presidente:
Mauricio Sita

Projeto Gráfico:
Danilo Scarpa

Capa e Diagramação:
Wenderson Silva

Revisão:
Equipe da Editora Ser Mais

Gerente de Projeto:
Gleide Santos

Diretora de Operações:
Alessandra Ksenhuck

Diretora Executiva:
Julyana Rosa

Relacionamento com o cliente:
Claudia Pires

Impressão:
Imprensa da Fé

**Dados Internacionais de Catalogação na Publicação (CIP)
(Câmara Brasileira do Livro, SP, BRASIL)**

Coaching & Mentoring Foco na Excelência – Saiba como ultrapassar a barreira do comum e vencer na vida pessoal e profissional. / Coordenação editorial: Marcos Wunderlich & Mauricio Sita – São Paulo: Editora Ser Mais, 2013.

Bibliografia
ISBN 978-85-63178-53-4

---

1. Coaching. 2. Mentoring. 3. Carreira. 4. Sucesso profissional - Administração
I Título.

CDD 158.7

Índices para catálogo sistemático:
1. Desenvolvimento Pessoal e Profissional. 2. Carreira profissional - Desenvolvimento. 3. Treinamento e Desenvolvimento. 4.Sucesso profissional - Administração I.

Editora Ser Mais Ltda
rua Antônio Augusto Covello, 472 – Vila Mariana – São Paulo, SP – CEP 01550-060
Fone/fax: (0**11) 2659-0968
Site: www.editorasermais.com.br e-mail: contato@revistasermais.com.br

Índice

Apresentação..7

O atual mundo dos negócios
Adam Willy Nöckel..9

Coaching executivo: o caso de Queiroz
Álvaro de Carvalho Neto..17

Coaching como ferramenta rumo ao sucesso, felicidade e uma vida plena
Alvaro Trevisioli..25

Coaching para a juventude
Alzira Nogueira..33

Procurando o caminho do meio
Ana Safia Marques Hammad Odoricio..39

O *coaching* sob o olhar de uma *coach*
Ana Veras Vilanova..45

Coaching em unidades de saúde: aplicando as ferramentas com a equipe para atingir uma melhor gestão de leitos!
Anailza Meirelles de Oliveira Silva..53

Autocoaching customizado - O legado mais gratificante de um *coach* virtuoso
Andréa Perez Corrêa..61

O *coaching* como processo de facilitação do autoconhecimento
Anny Beth Bernardo..69

Coaching – Um caminho de transformação e aprendizado
Bete D`Elia..77

Constelação Organizacional e *Coaching* Sistêmico
Claudiane Rodrigues Tavares..83

O *coach* e o mentor: profissionais diferentes para resultados diferentes
Cristina Goldschmidt..91

Prosperidade
Dalton Ferreira..99

Coaching e *Mentoring*: ajudando líderes e organizações a obterem resultados sustentáveis
Dante Bonetti de Freitas..107

"Valor Gera-ação"
Dario Neto..115

A arte de fazer a pergunta certa
Diego Pisano...123

Eliminando as crenças limitantes por meio da ressignificação
Diego Reis...131

Coaching de Alta Performance
Dirlene Costa..139

Gestão de pessoas aplicada ao *coaching*
Eduardo Alencar..147

Mensuração do desenvolvimento e do resultado no processo de *coaching*
Ettore Riter..155

Coaching aplicado a equipes & liderança efetiva
Eugênio Ferrarezi...163

Manual (manual, enciclopédia, dicionário e atlas)
Fredh Hoss..171

Afinal, como fazer para ter sucesso e virar o jogo em uma era tão competitiva?
Giulliano Esperança..179

Autoconhecimento como alicerce para uma vida plena e feliz
Goreth Sousa..187

De *Coach* para *Coach* – Pensando sobre nossas competências
Gracieli Pizzatto...193

Coaching – Aprendendo a aprender e descobrindo o seu melhor, no pensar, sentir e querer
Ivete Nunes Barbosa Novelo..201

O processo de *Coaching* - A figura do profissional *Coach*, O *Coachee*
Jane Lucas de Moraes..209

Coaching, mentoring ou *counselling* e fatores culturais
Jansen de Queiroz..215

Sincronicidade no *mentoring*
Jean Pierre de Lima...223

Coaching em vendas
João Gomes..231

Saindo do banco do carona: a Atitude *Coachee*
Leonardo Amorim..239

Trate as pessoas como ativos humanos e não dígitos
Luigi Trevisioli..245

Gestor, líder e *coach* – Mitos e realidade
Marco Antonio Ornellas..253

O *Coaching* e o *Mentoring* - Metodologias para a transferência
do conhecimento
Maria Eugenia Souza de Athayde Nunes..261

Alcançando objetivos por meio do autoconhecimento
Mônica Bastos..269

Coaching: um processo de autopercepção, autoliderança e liderança coletiva
Nayara Fortaleza..277

Coaching e Planejamento Estratégico Pessoal com o Processo Criativo
Noaldo Moreira Dantas Filho...283

Coaching e comunicação – Uma ligação essencial para o sucesso
Profª. Esp. Tânia Maria Gebin de Carvalho..291

A imprescindibilidade do *Mentoring* para o clima organizacional
Prof. Me. Pedro Carlos de Carvalho...299

O que é bem-estar? Uma visão sobre escolhas, resultados e economia
Ricardo de Castro Gonçalves...307

Coaching e *Mentoring*: como ultrapassar a barreira do comum e vencer na vida pessoal e profissional
Roberta Monzini..315

Coaching Ontológico: um caminho para viver na diversidade
Roberto "Bob" Hirsch & Moacir Rauber...323

O poder da decisão
Rodrigues de Andrade V...331

Coaching Positivo
Tânia Regina Douzats Vellasco..339

Coaching e excelência - A possibilidade de chegar ao sucesso fugindo do lugar comum
Thaís C. Sacramento..347

Como se tornar um verdadeiro *coach*?
Valdemir Gabriel & Damaris Pádua...355

Coaching – Desenvolvendo o potencial que existe em você
Vera Larrat..363

Ponte ao futuro - Projetando o sucesso na vida pessoal e profissional
Vitor Campos Miguel Neves...369

O Executivo e o Samurai - Dia de mestre, um mentor faz toda a diferença
Walber Fujita..377

Apresentação

A literatura de *coaching* no Brasil vem recebendo contribuições fundamentais nos últimos anos no Brasil. Livros e outras publicações importantes registram o conhecimento que vem sendo produzido pelos maiores pesquisadores e profissionais de *coaching* atualmente.

A publicação do livro *coaching* e *mentoring* é uma das obras de impacto nesta área. Artigos atualizados e relevantes para todos os interessados em desenvolvimento humano foram selecionados para traçar um panorama rico e abrangente da profissão de *coaching* e *mentoring*.

Trabalhar na seleção do material para esta obra foi muito dignificante. A excelente qualidade dos artigos recebidos, fruto da experiência e *know-how* dos profissionais que assinam os trabalhos, facilitou muito a coordenação editorial para esta obra. O conteúdo traz desde cases de estudo práticos, essenciais para quem quer conhecer ou se aprofundar no tema, até textos teóricos e sobre a história do *Coaching*, que guiam o leitor em um caminho de conhecimento e familiaridade com o tema.

A percepção de diferentes profissionais, os autores de cada um dos artigos selecionados, com seus históricos e experiências distintas, confere a este livro uma característica valiosa nos dias de hoje: é uma obra multifacetada, útil tanto para iniciantes e estudantes do *coaching* e *mentoring* como para a atualização e reciclagem de profissionais experientes.

Como consultor e formador de *coaches* e mentores, recomendo a todos os interessados na área a leitura e consulta frequente às obras da editora Ser Mais.

E parabenizo e agradeço aqui a todos os profissionais que assinam os artigos desta publicação pela excelente contribuição à literatura de *coaching* e *mentoring* e à divulgação dos seus princípios e instrumentos.

Boa leitura!
Marcos Wunderlich
Presidente executivo do Instituto Holos

8 Coaching & Mentoring

1

O atual mundo dos negócios

No contexto atual do mundo dos negócios, desenvolver pessoas é a maior competência dos Líderes e das organizações de alta performance. A busca por eficiência, eficácia e efetividade a curto prazo são cada vez maiores.

O que você está fazendo para estar à frente da concorrência?

Adam Willy Nöckel

Adam Willy Nöckel

Administrador de Empresas, Pós-graduado em Gestão de Projetos e Docência do Ensino Superior. *Coach* formado pela SBC (Sociedade Brasileira de *Coaching*) e Analista DISC, mais de 12 anos de experiência em cargos de gestão. Docente nas áreas de Administração de Empresas, Marketing, R.H., Empreendedorismo e Liderança Consultor e Palestrante na área de Gestão, liderança e empreendedorismo para Micro e Pequenas Empresas. *Coach* e Diretor da WN *COACHING* Co-autor do livro Capital Intelectual da Editora Ser Mais.

Contatos
www.wncoaching.com.br
adam@wncoaching.com.br
Skype: wncoaching

Estamos vivendo uma fase mundial de altíssimas e crescentes transformações a uma velocidade nunca antes vista. A quebra de paradigmas se tornou uma constante em nossos dias, o que antes era visto como uma verdade inviolável hoje é questionada.

O avanço da tecnologia vem contribuindo de forma decisiva no compartilhamento de informações e conhecimentos, aumentando assim a competitividade entre empresas e organizações.

A globalização conduziu a um novo ambiente onde os negócios, mercados e profissionais que antes eram regionais se tornaram globais. Levando as empresas a desenvolver competências globais sem deixar de considerar e agir localmente.

As demandas dos clientes tomaram características próprias exigindo muito mais qualidade, preços justos e diversidades de produtos e serviços.

Dessa forma, um aspecto tem feito a cada dia mais diferença nos resultados das organizações, o seu Capital Intelectual, este é o responsável por gerar novas ideias, soluções que agreguem valor às empresas.

Assim empresas de alta performance têm atribuído uma atenção especial ao desenvolvimento de seu capital intelectual, alinhando-o a seu planejamento estratégico.

Alinhando estratégia do negócio e pessoas

"Ou você tem uma estratégia própria, ou então é parte da estratégia de alguém."(Alvin Toffler)

Um dos grandes desafios organizacionais está no alinhamento das pessoas ao seu planejamento estratégico, mas ao mesmo tempo essa ação é fator de sucesso. Captar, capacitar e reter pessoas capazes de fazer a diferença entre executar uma tarefa e efetivamente contribuir para o sucesso do negócio é fundamental para a busca de resultados extremamente positivos.

Inúmeras ferramentas têm sido desenvolvidas e utilizadas no decorrer dos anos com o objetivo de promover este alinhamento, entre elas estão:

- Estrutura por projetos
- Remunerações variáveis
- Avaliação 360°
- *Assessments* comportamentais e de potencial de desenvolvimento
- Planos de carreira
- Treinamentos específicos
- *Coaching e Mentoring*

Coaching & Mentoring

Para que haja alinhamento entre as pessoas e os objetivos organizacionais, não basta apenas contratar as pessoas certas, é necessário desenvolvê-las, gerar censo de propósito, sentimento de contribuição, visão de curto, médio e longo prazo.

Visualizando esses desafios pela frente, as empresas estão buscando alternativas cada dia mais eficientes, eficazes e efetivas, para a capacitação e desenvolvimento de seu capital intelectual, e é neste momento que entram em cena processos como o *coaching* e o *mentoring*.

Coaching

O processo de *coaching* se tornou a mais poderosa ferramenta no desenvolvimento de pessoas da atualidade. Seus princípios remontam desde a antiga Grécia onde Sócrates utilizava junto a seus discípulos o questionamento para conduzi-los a raciocinar e encontrar caminhos, soluções aos problemas apresentados.

Com o passar do tempo, o *coaching* evoluiu agregando diversas técnicas e ferramentas de áreas do conhecimento como: Administração, Psicologia, Sociologia, entre outras. Hoje está disseminado pelo mundo todo, contribuindo na formação de líderes, equipes, treinamentos, desenvolvimento de carreiras, situações ligadas a relacionamentos, melhoria da qualidade de vida, entre tantos outros campos.

O apagão de talentos é uma realidade no mundo corporativo de hoje, e ainda mais quando falamos em relação a líderes, existem grandes e excelentes líderes dentro das organizações, mas esse número poderia ser aumentado consideravelmente, tanto em quantidade quanto em qualidade, se fossem utilizadas as ferramentas adequadas para desenvolvê-los.

O processo de *coaching* que se destina ao desenvolvimento de líderes e executivos leva o nome de *Executive Coaching*, e este visa aumentar o seu desempenho, potencializando os resultados positivos dele como profissional e para os negócios da organização.

O *Executive Coaching* atua em uma relação de parceria entre o *coach* e o *coachee*, essa relação tem como base o tripé: Desempenho, Aprendizado e Mudanças.

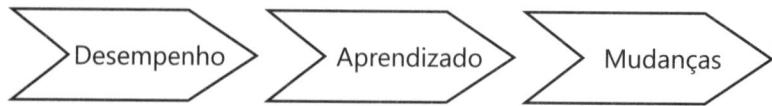

Desempenho

É por meio de um acordo de *coaching* que são definidas as metas e objetivos do processo de *coaching*, a formalidade desse acordo contribui para o aumento do nível de comprometimento das partes em alcançar os objetivos e as metas estabelecidas.

O *coachee* é quem tem toda a autoridade e responsabilidade gerencial dentro da organização e na sua vida pessoal e profissional. Assim, é ele o responsável pela implementação de diversas ações acordadas.

O *coach* é quem atua como facilitador aplicando seus conhecimentos, técnicas, ferramentas e metodologias para auxiliar o *coachee* a alcançar seus objetivos.

Aprendizado

O processo de *coaching* contribui significativamente ao aprendizado do indivíduo, pois o leva à ação gerando uma maior efetividade nas mesmas. As diversas análises e ferramentas aplicadas nas reuniões de *coaching* favorecem um aumento do desempenho e do crescimento pessoal do *coachee*, levando-o a traçar seus melhores caminhos e avaliação de resultados.

A mudança e a melhoria contínua fazem parte de todo o processo de *coaching*, através de análises e *feedbacks* constantes, fazem imergir de forma ainda mais consciente as forças e oportunidades para o *coachee*, assim como atuar conscientemente em aprimorar seus pontos fracos e agir positivamente frente às ameaças encontradas.

Mudanças

Todo o processo de *coaching* tem como primícias o Foco, Ação, Resultado e Melhoria Contínua. Esse é um círculo que se retroalimenta gerando mudanças positivas tanto a nível do indivíduo como da organização.

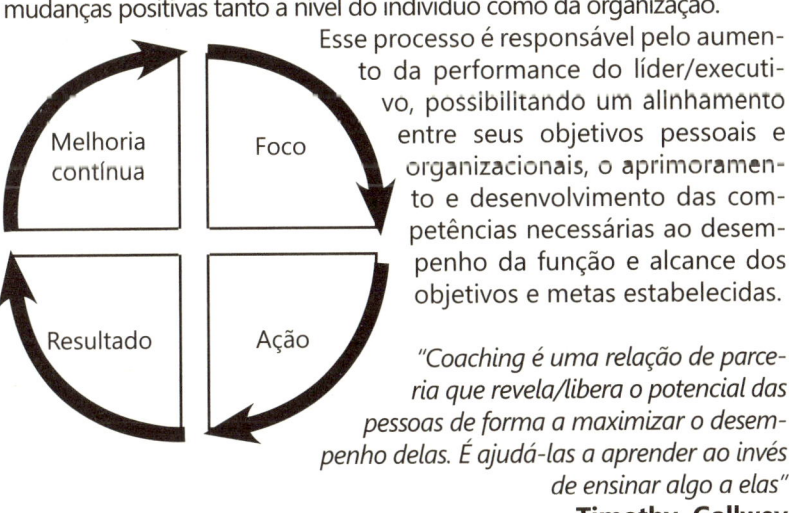

Esse processo é responsável pelo aumento da performance do líder/executivo, possibilitando um alinhamento entre seus objetivos pessoais e organizacionais, o aprimoramento e desenvolvimento das competências necessárias ao desempenho da função e alcance dos objetivos e metas estabelecidas.

"Coaching é uma relação de parceria que revela/libera o potencial das pessoas de forma a maximizar o desempenho delas. É ajudá-las a aprender ao invés de ensinar algo a elas"
Timothy Gallwey

Como citamos anteriormente, uma das ferramentas mais utilizadas dentro do mundo corporativo são as avaliações 360 graus, no entanto a forma como elas são aceitas e transformadas em planos de ação variam muito de empresa para empresa. Enquanto algumas empresas de forma extremamente zelosa proporcionam a seus executivos *Feedbacks*, planos de ação, acompanhamentos, em outras não se percebe tal comprometimento.

O que se tem notado com frequência é a dificuldade da materialização dos objetivos e metas traçados em tais avaliações, e o *Executive Coaching* vem contribuir significativamente nessa materialização. Por meio de ações corretas em pontos específicos, mudanças positivas são promovidas, alinhando-as aos objetivos pessoais e organizacionais.

Pensando na materialização desses resultados, o *coaching* pode atuar em diversas frentes:

Coaching para Líderes e CEOs

O contexto em que o atual mundo dos negócios está inserido exige a cada dia mais eficiência, eficácia e efetividade em todas as ações dos executivos e líderes. O constante desenvolvimento é peça indispensável para aqueles que buscam se manter e evoluir neste ambiente.

Atuando junto a esses profissionais, o *Executive Coaching* busca tornar ainda mais eficaz a sua liderança.

Média gerência

Até pouco tempo, quando se falava em contratar os serviços de um *coach* era privilégio de altos executivos, mas essa realidade está se transformando, ou seja, as organizações estão se dando conta que as vantagens e a relação custo benefício se estendem à média gerência.

O *Executive Coaching* atuando junto à média gerência contribui desenvolvendo seu potencial e sua performance, além de prepará-lo para futuros desafios.

Times

Um grande desafio organizacional é alinhar times, construir congruência entre objetivos, o extrair mais com menos. Quanto mais sinérgicas e focadas forem as equipes, mais resultados positivos serão obtidos.

As técnicas do *coaching* vêm de encontro a essas necessidades, atuando para construir times focados, coesos e de alta performance.

Ficou clara a atuação do *coaching* como processo que visa o desenvolvimento do profissional, seja ele como indivíduo ou grupo de indivíduos, e que esse processo não dá conselhos nem mostra caminhos e sim conduz, como facilitador, o profissional rumo a seus objetivos, promovendo o aprendizado e o crescimento, fazendo com que o mesmo assuma as responsabilidades dos resultados alcançados.

Mentoring

Algumas empresas no Brasil e no mundo utilizam o *mentoring* para desenvolver seus profissionais. Pesquisas demonstram que apenas 10,9% das empresas no Brasil fazem uso dessa prática.

Afinal, o que é o *mentoring*?

Quando ouvimos a palavra MENTOR, logo nos vêm à mente um conselheiro, amigo, professor uma pessoa mais sábia.

Assim, o *mentoring* é um método onde um profissional menos experiente faz uso dos conselhos de outro mais experiente, sênior, sendo um modelo para o mais novo. Algumas empresas utilizam esse método com outros nomes como: Mentor, Tutor, Mestre, etc. Esse apoio pode ser dado tanto por um profissional interno quanto externo à organização.

No *mentoring*, o *mentor* disponibiliza sua experiência, seus conhecimentos, sua perspectiva e visão dos fatos, para que o profissional mais novo possa progredir na carreira. Assim, o Mentor é um profissional especializado em determinadas áreas.

Veja a seguir a comparação entre alguns elementos do *coaching* e do *mentoring*.

Coaching x Mentoring

Elementos	*Coaching*	*Mentoring*
Resolução de Problemas	Alta	Moderada
Análise de Valores	Alta	Moderada
Mudança de comportamentos	Alta	Moderada
Flexibilidade	Alta	Alta
Resistência	Alta	Baixa
Oferecer informação	Alta	Alta
Suporte/Apoio	Alto	Alto
Reforço	Alto	Moderado
Crescimento Pessoal	Alto	Moderado
Definição de metas	Alta	Moderada
Plano de Ações	Alto	Moderado

Coaching & Mentoring

Transferência de aprendizado	Alta	Moderada
Fornecer recursos	Moderado	Moderado
Papel de *Expert*	Baixo	Alto
Ensinar	Moderado	Alto
Desafiar	Alto	Moderado
Planejamento Estratégico	Moderado	Moderado
Explorar crenças	Alta	Moderada
Avaliação	Moderada	Baixa
Confidencialidade	Alta	Moderada
Levantamento de dados	Moderado	Baixo
Personalizado	Alto	Alto
Base em pesquisa	Moderada	Baixa
Oferecer soluções	Baixa	Alta
Aconselhar	Baixa	Moderada
Possibilidades transformacionais	Altas	Altas

Leader Coach pg. 168

Diferentemente de um processo de *coaching*, onde a data de início e término estão claras e definidas, no *mentoring* muitas vezes isso não ocorre, pois está muito ligada ao desenvolvimento do profissional que recebe o *mentoring*. Assim como no *coaching*, o *mentoring* trata de objetivos futuros, da situação atual e das ações necessárias para alcançar seus objetivos.

É importante para organizações que desejam implantar com sucesso programas de *mentoring* ter líderes bem preparados, com conhecimentos técnicos e comportamentais, com foco no desenvolvimento humano. líderes *coaches* geralmente são os melhores mentores.

REFERÊNCIAS

MARQUES, J. R. (2012). *Leader Coach – coaching como filosofia de liderança*. Ed. Ser Mais.
VRIES, Manfred F.R.,Korotov, K.,Treacy E.F. (2009). *Experiências e Técnicas de Coaching – a formação de líderes na prática*. Ed. Bookman.
Material de formação do Executive Coaching da SBC.

2

Coaching executivo: o caso de Queiroz

Uma história baseada em casos reais, com personagens e nomes fictícios, contando um pouco do encargo de *coaching* executivo no estímulo às mudanças comportamentais de um profissional. Na leitura, entenda também alguns poucos conceitos e perceba algumas possibilidades alternativas e produtivas no desenvolvimento do *coaching*

Álvaro de Carvalho Neto

Álvaro de Carvalho Neto

Consultor organizacional e *Master Coach* ISOR®, com 19 anos de experiência em educação corporativa, consultoria organizacional e *coaching*. Administrador com diversas especializações da lida empresarial e comportamental, incluindo Psicodrama e formação pela Sociedade Brasileira de Dinâmica dos Grupos. *Coach* pessoal e profissional, criador do *Projeto Jacamim de Desenvolvimento Juvenil*, na Humanizar – Cuiabá-MT – 2003.

Contatos
alvaro@aptware.com.br
alvaro@humanizar.srv.br
(65) 8118-4298
Blog: www.aptware.com.br.

O Sol batia forte na vidraça da janela formando prismas cintilantes e irresistíveis ao olhar distante e involuntário de Queiroz, que da sua mesa de trabalho pensava na sua vida profissional e no novo desafio proposto pela empresa. A divisão de RH trazia agora um **Processo de *Coaching* Executivo** em resposta aos apelos da alta cúpula por melhores adequações de suas lideranças ao novo estágio de crescimento da indústria de doces.

Cabelos grisalhos e algumas rugas sinalizavam o amadurecimento do profissional que começou sua carreira ali mesmo, há trinta e nove anos, no setor de expedição da então fabriqueta artesanal gerenciada pela sua proprietária, Dona Florinha. A primeira rotina laboral do jovem Queiroz se resumia ao carregamento de bandejas de polietileno com quindins, olhos de sogra e brigadeiros entre as prateleiras de seu estoque e o interior de três peruas que levavam o produto para bares e lanchonetes da cidade.

Queiroz perdeu os pais ainda na adolescência. Fez evoluir sua carreira pelas próprias iniciativas e com recursos escassos. Estudou em escolas públicas e com o trabalho na fabriqueta pagou os diversos cursos técnicos que frequentou. Sonhou com um negócio próprio algumas vezes, mas não se sentia seguro bastante para empreender. Sua graduação em Gestão de Logística conquistou mais tarde, já casado e com todos os três filhos nascidos. As duas especializações na mesma área foram empreitadas recentes financiadas pela grande indústria alimentícia que se transformou na empresa de Dona Florinha, onde Queiroz ocupa a Gerência de Logística.

Participou de quase todos os cursos patrocinados pela empresa, porque assim desejavam suas chefias. Sempre com coisas mais importantes a fazer, durante esses treinamentos aprendeu a satisfazer as expectativas dos instrutores com discursos politicamente elaborados, mas que protegiam sua intimidade. Aproximava-se também de colegas mais racionais que reforçassem a possibilidade de manterem-se distante dos mergulhos interiores – "Algo meio improdutivo!" - ele pensava.

Mas aquele desafio seria diferente. Sua longa vivência já o informara sobre como acontecem os *processos de coaching*. Alguns colegas que se aventuraram vinham desses *encargos* com sorrisos iluminados ou olhos vermelhos e chorosos: "minha vida mudou! De agora em diante serei outra pessoa." – costumavam exclamar diante da observação desconfiada de Queiroz.

Ele pensava com olhar fixo naquela luz do sol, se valeria a pena se desafiar em algo assim agora, a essa altura de sua vida profissional, já satisfeito com o patamar que alcançou em sua carreira e com a forma como trabalha. Sempre produzindo muito, comandando com punhos firmes e atingindo as metas traçadas, embora reconhecesse que daquele momento em diante elas seriam muito maiores e já sentisse dificuldade em estar em todos os setores para continuar a ver as coisas de perto.

Mas antes que as reflexões concluíssem suas decisões, a porta da sala se abre com Cassiane, a assistente do RH, chamando-o para o início do processo de *coaching executivo*.

O encontro coletivo

Na já conhecida sala multiuso da empresa encontravam-se todos os ocupantes de cargos de sua linha gerencial e, para seu desconforto, também da linha de supervisores, ou seja, todos os seus liderados.

Esse primeiro encontro seria coletivo e o "instrutor" era o *coach* Sebastião, que se apresentou sem falar de títulos ou certificações.

- Minha formação é nitrogênio, carbono e H2O, como a de todos aqui. – brincou - Um facilitador do desenvolvimento pessoal e profissional de cada um, apenas isso – disse identificando seu papel ali.

Em tom claro e voz que transmitia equilíbrio e segurança, o *coach* falou também sobre o **coaching como um processo andragógico e não pedagógico.** Explicou:

- A palavra *pedagogia* tem origem na Grécia antiga, formada pelos termos *paidós*, que significa criança e *agogé*, que significa *condução*, ou seja, algo como conduzir crianças ao aprendizado. E *andragogia* é a arte ou ciência de orientar adultos. Podemos entender então, que nosso processo não trará conhecimentos prontos, não ensinará conceitos de forma direta, pois sabemos que tudo o que precisaremos já está aí, dentro de cada um de vocês. O que faremos será estimulá-los a se descobrirem com tais potenciais.

Continuou.

- Os **propósitos do *coaching* executivo** são muitos. O *encargo* pode desenvolver habilidades do líder, gerente; facilitar o desenvolvimento pessoal e profissional em ambientes organizacionais; assessorar a definição e alcance de metas pessoais e de negócio; alinhar objetivos pessoais e corporativos; ajudar a reter funcionários de alto potencial; administrar transições de liderança; corrigir problemas de desempenho e quaisquer demais objetivos que o executivo possa encontrar durante o próprio processo.

Queiroz parecia rígido sentado em uma das cadeiras colocadas em círculo no mesmo número de líderes presentes. Sua conduta eficaz filtrava o entendimento do que não lhe servia, providenciando conclusões rápidas e curtas em sua mente. "Nada que eu já não saiba ou que acrescente novos conhecimentos ao meu repertório" – pensava enquanto ouvia Sebastião.

Sebastião passou então a apresentar alguns detalhes sobre o programa ora se iniciando. Falou sobre mais três *coaches* que se juntariam a ele e da possibilidade de escolha por cada gestor pelo *coach* cujo perfil, formação e experiências, lhe interessassem mais. Convencionou depois algumas nomenclaturas, preocupado com o que chamou de *homogeneidade semântica*:

- Identificaremos como **gestor** cada uma das senhoras e dos senhores; como **agenda**, a cada encontro com duração de setenta minutos que o *gestor* terá com seu *coach* semanalmente; como **encargo** ao conjunto de trinta *agendas* programado para cada gestor; como **adensamento remoto** à assistência dada a distância por cada *coach* a seus gestores e o material que será postado por ele em um *website* de acesso exclusivo do respectivo *gestor*; e, finalmente, identificaremos como **processo de *coaching* executivo,** ao conjunto de *encargos*, *adensamento remoto* e tudo mais, incluindo a este primeiro encontro coletivo e outro do mesmo tipo que faremos após o término dos *encargos*.

O funcionamento prático de Queiroz criou-lhe interesse por aquela parte mais sistemática e estrutural da apresentação. Animou-se e fez perguntas que o fornecessem dados para organizar sua participação no tal processo. Nessa tarefa notou que ali estavam institucionalizando o que aconteceria; que estavam contratando-se tacitamente entre si num processo formal de desenvolvimento que dependeria da iniciativa e participação de todos e independeria das formalidades e hierarquias organizacionais da empresa. Pelo conteúdo e tom das perguntas e comentários que os demais gestores faziam, Queiroz observou que a sua sensação estava em muitos outros também. Havia uma ambiência sinérgica de responsabilidade naquela sala naquele momento e, embora o grupo estivesse se resolvendo ali, a falta de uma estrutura lógica e ordenada ainda incomodava a disciplina do velho profissional.

Depois do intervalo, Cassiane distribuiu envelopes aos gestores e antes que a primeira pergunta a respeito surgisse, explicou que cada envelope continha uma cópia de um mesmo questionário sobre aspectos comportamentais de gerentes. Orientou para que depois do encontro cada gestor respondesse a um deles em autoavaliação, e distribuísse os demais a três subordinados, dois pares e ao superior imediato, pedindo que os preenchessem a respeito do gestor que os distribuiu, em heteroavaliação. Cassiane disse também que os envelopes com os questionários preenchidos deveriam ser lacrados pelos próprios avaliadores e levados pelo gestor na primeira *agenda*.

Em reação automática ao que ouvia da assistente do RH, os olhos de Queiroz percorriam por cada rosto na roda em busca de seus subordinados. Como pedir ao Lucas que o avaliasse em seu papel gerencial? Lucas era um jovem treinado por Queiroz desde quando entrou na empresa como auxiliar da embalagem, até hoje, como um de seus supervisores. Que argumentos de ordem prática e formal ele poderia usar para fazer tal solicitação sem se expor?

Da mesma forma, para cada subordinado, colega e chefia, a quem planejou entregar um envelope, Queiroz previu sistemáticas de argumentação que não o impactassem em sua autoridade e postura firme. Pensou em tudo isso ali mesmo, na roda e rapidamente. "O que precisa ser feito, tem que sê-lo rápida e efetivamente" – se lembrou do que ouvira de alguém no passado.

A programação do encontro evoluiu então para o que Queiroz e seus amigos chamariam mais tarde de "exposições desnecessárias". Cada gestor falou por quarenta segundos sobre si mesmo, diante de uma câmera gravando as imagens que, depois, foram reproduzidas em TV e assistidas por todo o grupo.

Foi tudo que coube no tempo programado para o encontro. Despediram-se, então.

A primeira agenda

Uma sala de piso e paredes brancas, iluminada pela luz do sol auxiliada por lâmpadas de flúor acesas em luminárias modernas. No centro, um tripé retorcido em ferro cromado sustentando um círculo de vidro grosso e fosco com pouco mais de meia braça de diâmetro compunha a mesa rodeada por três cadeiras transparentes e pouco confortáveis. Na tela de um notebook aberto na mesa, piscava o cursor sobre um texto aparentemente inacabado. Apenas um vaso com planta de folhas grandes manchava de verde o branco do ambiente. Além de papéis e lápis, isso era tudo no recinto onde acabara de entrar Queiroz acompanhado de Sebastião.

Vinham da antessala onde Sebastião o recepcionou. Queiroz já o havia escolhido desde o encontro coletivo como seu *coach*, evitando análises mais subjetivas na seleção dos demais. Sebastião fechou a porta com a mesma leveza que aparentava seu traje: camisa de algodão azul claro, calça jeans e sapatos marrons. Queiroz ainda tirava partes do EPI que usava, colocando as barulhentas juntamente com os envelopes sobre a mesa enquanto se sentavam.

Sebastião começou a conversa falando de si, um pouco de sua

profissão, da vida na cidade onde morava, de informalidades. Queiroz ouvia desconfiado, mas agradado com a forma simples de abordagem do profissional. Contou também sobre sua vida pessoal e profissional.

- A coisa funciona assim? – interrompeu tímido e curioso – Não se utilizará de alguma técnica ou método?

- Na verdade já estou. – respondeu Sebastião sorrindo – Estou me utilizando neste momento de algo que *Mesmer* chamou de **rapport** há uns 230 anos atrás, *Moreno* chamou de *tele*, a física poderia chamar de *dinâmica* ou mesmo *tensor*, alguns psicanalistas menos ortodoxos poderiam também chamar de *ambiente transferencial*. Domino os conceitos do que faço, assim como você domina muito bem os que fundamentam sua atividade na empresa, mas para a evolução do que propomos aqui, agora e depois, o que precisaremos fundamentalmente será de nossas densas sabedorias. Da sua, muito mais do que da minha. Pouco importa se elas parecerem configuradas por este ou aquele modelo.

Isso deu um pouco mais de segurança e tranquilizou Queiroz que, então, entregou os envelopes.

Com os olhos entre teclado e tela do notebook, digitando os dados dos questionários, Sebastião perguntou por que seu cliente não olhou por um segundo para sua própria imagem e fala na TV, durante o encontro coletivo.

- Eu não me olhei? – indagou em tom ingênuo.

- Não. Pela sua reação diante da televisão, diria que estava com muito medo disso – respondeu o *coach* que prestou atenção ao comportamento de cada gestor durante a apresentação na TV. – Se isto for uma verdade, por que alguém temeria olhar para seu próprio desempenho? – complementou.

Antes que Queiroz conseguisse reconstruir sua postura, Sebastião rodou a tela do notebook em sua direção, exibindo dois octógonos irregulares e sobrepostos.

- A posição dos oito vértices de cada um desses polígonos representa os pontos resultantes de sua autoavaliação e sua heteroavaliação. Se concordar, podemos dar atenção a este aqui primeiramente: *Empatia/alteridade*. Que significa, de forma geral, sua habilidade em reconhecer o outro e em se colocar no seu lugar. Parece que você se avalia com quase 100% dessa competência e as pessoas a sua volta reconhecem apenas 20% disso. O que pensa sobre isso?

Na semana seguinte

Os mesmos prismas cintilantes na vidraça da janela estavam

Coaching & Mentoring

naquela manhã de sol sendo mais uma vez consultados pelo olhar fixo e distante de Queiroz sentado em sua mesa à espera da hora de sua *agenda*. Pensava nas questões inquilinas de sua mente desde a primeira *agenda*: "Eu não respeito as pessoas? Eu não as entendo? Eu não as ouço? E a mim mesmo, por que temo olhar?".

As reflexões foram interrompidas pela chegada de Cassiane na porta de sua sala comunicando que um *gestor* não poderia ir e o tempo de Sebastião estava vago. Antes que a moça pudesse terminar, Queiroz pulou da cadeira e, caminhando a passos largos em direção à saída:

- O que precisa ser feito, tem que sê-lo rápida e efetivamente, Cassiane. Vou eu, então, no lugar dele. Antecipe minha *agenda*... por favor.

3

Coaching como ferramenta rumo ao sucesso, felicidade e uma vida plena

"Para ganhar conhecimento, adicione coisas todos os dias. Para ganhar sabedoria, elimine coisas todos os dias." (LAO-TSÉ)

Alvaro Trevisioli

Alvaro Trevisioli

Certificação em *Coaching, Mentoring e Holomentoring* ISOR – *Professional, Self & Life Coaching;* Certificação em *Master Coaching, Mentoring e Holomentoring* ISOR – *Teams, Leadership & Executive Coaching*, certificado pelo ICF (International Coaching Federation); palestrante; conferencista e consultor. Diretor da Trevisioli *Consulting & Coaching*, atua com ênfase no comportamento humano, por entender que esta é a base para o caminho do sucesso profissional e pessoal, concluindo que ambos devem estar aliados a fim de trazer a satisfação do ser humano. Graduado em Direito, sócio-fundador do Escritório Trevisioli, Advogados Associados, banca para a qual permanece atuando como "consiglieri", em razão de sua larga experiência em diversos segmentos do mercado, dentre eles prestação de serviços, com ênfase em Tecnologia da Informação. Tornou-se, ao longo do tempo, um *expert* em matéria de solução em RH e obtenção de resultados.

Contatos
www.trevisioliconsulting.com.br
alvaro@trevisioli.com.br

O sucesso traz felicidade? E a felicidade traz sucesso?
O tema é bastante antigo e interessante, levando cada vez mais a humanidade a uma reflexão profunda do que realmente as pessoas buscam para suas vidas. Para que vivemos? Qual o propósito de nossas vidas? Qual o objetivo a curto, médio e longo prazo? Qual a obra que pretendemos edificar? Qual o legado que queremos deixar?

Essas perguntas estão diretamente ligadas ao tema em questão.

Verifica-se ao longo da História que o nosso tempo está cada vez mais escasso. As pessoas têm cada vez menos tempo para observar, refletir e entender cada um como um ser único, que forma um todo. Um conjunto complexo de ações e reações. Essa ausência de tempo tem direcionado os seres humanos a uma insatisfação constante e permanente.

Desse modo, considerando o questionamento inicial, concluímos que a resposta é negativa para ambas as perguntas.

Nesse contexto, assim como existem ferramentas para a busca do sucesso, também existem para se alcançar a felicidade. Sim, a pessoa pode alcançar o sucesso, mas não ser feliz. Assim como pode ser feliz sem alcançar o sucesso. Até porque é muito difícil definir o que é sucesso e felicidade. Mas, o fato é que nós – humanos – estamos em busca de um ideal que necessita ambos.

Há uma razão para essa busca. Todos temos um propósito em nossas vidas, e esse processo promove movimentos em cadeia, num verdadeiro efeito dominó. Basta observar que cada ação gera uma reação e uma consequência.

Estamos aqui para construir, contribuir para melhorar esse Mundo, assim como as próprias vidas e as pessoas. Não há sentido em alcançar, por exemplo, a independência financeira e deitar-se em uma rede esperando o dia da morte. Certamente, essa condição traria uma satisfação momentânea, o prazer do cumprimento de uma meta, e logo haveria o esvaziamento do sentido da vida.

A inquietação e a necessidade de mudanças existem para que continuemos transformando, inventando, sonhando e vivendo! E isso é maravilhoso!

Basta saber identificar as oportunidades e aproveitá-las. Pois sim, o universo conspira a nosso favor! Tudo é possível em nossa mente, em nossos pensamentos. Tudo é criado primeiro na nossa mente. Absolutamente tudo!

A casa que desejamos, sonhamos, está em nossa mente antes mesmo da construção ou compra; o carro que queremos comprar; o reconhecimento profissional; as férias; enfim, antes da realização de um projeto, por menor que ele seja, vem o sonho, o desejo, a vontade

Coaching & Mentoring

de transformar, criar, construir, inventar, etc. E, é nesse momento que estabelecemos nossas metas.

O estabelecimento das metas será o meio pelo qual os percursos serão traçados, viabilizando atingir os objetivos almejados.

Nos dias de hoje, enfrentamos um problema mundial, que desencadeia grande frustração nas pessoas, pois não encontram subsídios para vencê-lo: é o imediatismo. Todos têm pressa! Tudo deve ocorrer em um tempo mínimo, muitas vezes sem que haja preparo para atingir determinado objetivo. Isso pode levar à crença de que é possível alcançar o sucesso sem trabalho e dedicação; resultando na busca pela felicidade, na maior parte das vezes, em coisas materiais e imediatas, levando o indivíduo novamente à frustração. Entretanto, vale a pena relembrar, a felicidade está no ser e não no ter: na jornada e no destino.

O sucesso que traz a felicidade é aquele em que houve muito, mas muito, trabalho para ser alcançado.

Fruto dessa urgência em atingir os objetivos de forma imediata, cada vez mais e mais pessoas sentem-se frustradas, o que vem gerando uma verdadeira epidemia de depressão.

Não se reconhece mais como legítima a tristeza, a frustração. Esquecem-se que o estado de tristeza é absolutamente natural, desde que esta tristeza não seja constante. Até porque, a vida não é permanente. Logo, não é estática, nada é para sempre!

Portanto, apegar-se aos bens materiais ou imateriais trará cada vez mais frustração, pois é obvio que no decorrer de nossas vidas nunca iremos manter "para sempre" o que temos hoje. Tudo se modifica. Aceitar essa condição é fundamental para sermos felizes.

O dia a dia atribulado faz com que as pessoas estejam ligadas no piloto automático. Não têm mais tempo para pensar, conversar, refletir. Acabam agindo mecanicamente.

A globalização, internet, redes sociais trouxeram uma velocidade para os meios de comunicação que acaba sendo transferida para a expectativa das pessoas, em geral, quando se fala em resultados. Entretanto, devemos estar conscientes que os resultados desejados nem sempre virão, por exemplo, com a mesma rapidez de um e-mail.

Essa falta de tempo, pressa no desenvolvimento das atividades pessoais e profissionais decorrentes da modernidade, perpetua no ser humano uma frustração, uma sensação de insatisfação constante. Veja o exemplo das redes sociais, que trazem uma falsa sensação de amizade, de contato, de troca. Entretanto, resultam em um maior afastamento das pessoas, mantendo-as isoladas em seu mundo virtual, sem que haja compartilhamento real nas relações humanas. As pessoas, em geral, dão mais importância para atender celulares do que para se dedicar a uma conversa pessoal. Não há sentido neste imediatismo que a sociedade impõe. Torna-se necessário assumir menos compromissos do que, efetivamente, cabe em nossas agendas, filtrar as informações que estão a nossa disposição, sob pena de passarmos o dia todo sendo bombardeados por notícias e mais notícias, sem tempo para refletir sobre tudo que lemos.

Fato é que, de repente, alguns percebem que não estão felizes. Algumas pessoas que obtiveram sucesso, trabalhando mais de catorze horas por dia, com dinheiro suficiente para duas vidas, também percebem que não estão felizes. Outras, são envolvidas na busca pelo sucesso, absorvidas por esta realidade imediatista, mas não têm ideia do que fazer.

E agora?!

Precisamos "dar um tempo"! Esse tempo é necessário para que possamos refletir e buscar em nós mesmos a iluminação necessária para o autoconhecimento, visando, então, o nosso desenvolvimento com satisfação, integrando as nossas metas e nossos objetivos com o nosso EU interior, sem que cada passo dado signifique uma violência contra os princípios e convicções estabelecidos ao longo da vida.

É obvio que todos nós precisamos de dinheiro para viver. Precisamos para satisfazer desde as nossas necessidades mais básicas às mais fúteis. O problema está em buscar esse dinheiro simplesmente como gratificação por um serviço prestado. É necessário encontrar prazer naquilo que fazemos, independente do valor que vamos receber por esse trabalho. O dinheiro deverá ser encarado como uma consequência do trabalho bem realizado para a sua satisfação.

Assim como temos as leis naturais, por exemplo a lei da gravidade, existem leis que convergem para o sucesso. Poucos conhecem as leis da economia universal. Sem esse conhecimento, milhares de indivíduos dedicam-se ao trabalho no intuito de atingir o que reconhecem como sucesso e, a cada dia, se distanciam ainda mais dele.

A visão daqueles que realmente alcançaram o sucesso é muito diferente daquela pessoa que trabalha buscando apenas se sustentar, buscando interesses imediatos.

Executar o seu trabalho com prazer e satisfação certamente trará felicidade e, sem dúvida, isso é parte do caminho para o sucesso. Essa é uma grande diferença. Pois, é claro que ambos estão ligados: sucesso e felicidade.

Entretanto, precisamos entender que não é possível uma pessoa ter felicidade plena durante toda a sua existência. A tristeza pontual, oriunda de fatos externos, é decorrente da vida. As coisas se modificam. Perdemos, ganhamos, empatamos.

Devemos encarar essas mudanças como chaves para o nosso

crescimento. É justamente essa impermanência da vida que alavanca o crescimento humano, pois retira as pessoas da zona de conforto, provocando novas buscas.

Não devemos ter medo de mudar. O medo deve ser enfrentado, resolvido, para que se possa prosseguir na jornada escolhida.

Superar as situações, boas ou não, tomando decisões assertivas que estejam em conexão com os objetivos desejados.

Assim, verificamos que, se sonharmos, mentalizarmos, desejarmos, vamos, com absoluta certeza, alcançar, desde que seja bom para nós e para os outros, ou seja, para todos.

Portanto, a busca pelo sucesso e felicidade não é uma tarefa fácil, com manual pronto. Sem dúvida, existem ferramentas para alcançar sucesso e felicidade, as quais já estão à disposição de todos.

Se o mundo é impermanente, e, portanto, nada é para sempre, devemos procurar em ações no presente modificar o futuro, de modo que seja possível atingir as metas estabelecidas.

Devemos transformar nossos desejos em objetivos, traçar metas e trilhá-las a fim de atingir o que almejamos.

O que se entende por sucesso e felicidade está absolutamente ligado a desejar estar onde você chegou, trilhando esse caminho muitas vezes com dificuldade, é verdade, mas com dedicação e amor.

Visando não só a felicidade, mas também uma vida melhor em todos os sentidos, ampliando a sua visão, transformando-a em uma "cosmovisão", compreendendo que fazemos parte de um todo, e não somente de partes.

Se tempo é dinheiro, compre um tempo para você! Estude, medite, e realmente ache as respostas para duas perguntas: Quem sou EU? O que vim fazer aqui?

O aluno sempre procura o mestre. Quando as pessoas estão prontas, passam a buscar as suas respostas. Mas para isso devem ter tempo para fazer as suas perguntas.

As pessoas, cada vez mais, buscam se sentir completas, por meio do entendimento de seu interior. Entretanto, muitas vezes não sabem por onde começar. É nesse momento que o *coaching* e o *mentoring* têm grande importância para elas.

O profissional de *coaching* auxilia o desenvolvimento de habilidades capazes de fornecer ao indivíduo ferramentas que o despertem a exercer a liderança de sua vida, encontrando caminhos, norteando objetivos e facilitando a obtenção dos resultados em sua vida pessoal e profissional.

O sucesso e a felicidade são uma busca permanente de todos nós. Precisamos entender que trabalhamos para solucionar o problema dos nossos semelhantes. Quem inventou o carro, solucionou o problema de locomoção das pessoas; o celular, o de comunicação; o médico, o problema de saúde.

Enfim, todos nós precisamos encontrar um caminho, e esse trajeto pode ser auxiliado e facilitado por um *coach*. O simples fato de estar com este livro em mãos demonstra que sua busca está avançada.

Parabéns! Boa sorte!

Coaching & Mentoring

4

Coaching para a juventude

Aos que tutelam os interesses dos adolescentes escrevo este artigo com o propósito pretensioso de provocar atitudes inovadoras instigando a aplicação das técnicas do *coaching* nas escolas, APACS, centros de recuperação, prisões e cursos pré-vestibulares. Que os jovens aprendam a fazer suas próprias reflexões e se formem profissionais felizes e realizados

Alzira Nogueira

Alzira Nogueira

Formação Acadêmica: Superior Completo – Direito Com especialização em Elaboração de Projetos e Captação de Recursos e em Direitos Humanos com foco em Direito do Deficiente. Experiência profissional: Atualmente: Elaboração e Gerenciamento de Projetos Sociais e Culturais, Orientação Pessoal e Profissional através do *Coaching*. Funções anteriores: Contratada CLT - FENEIS - Federação Nacional de Educação e Integração do Surdo. Função: Orientadora Jurídica. Advocacia: áreas: Família, Infância e Juventude Rotinas administrativas: 16 anos. Contabilidade e Departamento Financeiro. Cursos Complementares: Formação, Profissionalização e Certificação Internacional em COACHING, MENTORING E HOLOMENTORING do Sistema ISOR com foco em Professional, *Self & Life Coaching* pela ICF. *Practitioner* em Programação Neurolinguística - PNL Gestão estratégica de Recursos Humanos RH - Gestão de Desempenho e Qualidade.

Contato
alziranogueira.coachingitauna@gmail.com

Certa vez, há muitos anos atrás, uma situação envolvendo um adolescente me deixou bastante intrigada. Eu, na época estudante de Direito, estagiava na Promotoria de Justiça Vara da Infância e Juventude.

O ocorrido me causou uma enorme sensação de impotência. Meu coração desejava saber como agir de uma forma que surtisse resultado rápido, positivo e eficiente. Mas ainda não tinha o conhecimento para tal.

Lembro-me com clareza do olhar de súplica do jovem, nele eu via confusão e insegurança, tristeza e solidão. Um pedido de socorro em alto brado feito por ele ficou gravado em meu coração.

Sempre fui apaixonada pelos adolescentes, são encantadores na mágica mistura de meninos/homens. Ainda hoje vivo rodeada por eles, sou mãe de três rapazes e seus amigos estão sempre por perto em grande quantidade. Vejo em seus olhares o mesmo pedido: "Me ajuda a compreender como faço para fazer acontecer o que preciso?"

Atuando como voluntária, durante anos, em entidades que assistem adolescentes em situação de risco pude experimentar o paternalismo, ações espaçadas que não geram vínculo, compromisso e continuidade com a vontade verdadeira incrustada pelo Divino no coração dos jovens.

E muitos são os que, mesmo vivendo vida de príncipes, sustentados em suas superficialidades, também se encontram sem respostas.

Necessário se faz resguardar-lhes a dignidade humana, sonhos e metas.

Seus caminhos podem se iluminar se lhes forem oferecidas as técnicas e ferramentas corretas. Compreendendo então o que os motivam verdadeiramente, seguirão com atitudes coerentes rumo ao seu objetivo.

Percebi que a maioria dos conflitos ocorre por falta de amorosidade. A correria do dia a dia, a busca pelo sustento, a imensidão e velocidade com que as informações nos são repassadas; tudo isso nos impede de ouvir verdadeiramente a nós mesmos e aos outros.

Como consultora jurídica insistia exaustivamente, para que ocorressem as conciliações amigáveis. Sempre escolhi ver a vitória da reconstrução dos laços movida pelo amor, principalmente quando as situações envolvem crianças e adolescentes.

Ressaltando o lado bom das pessoas, seguia exercendo meu ofício e me deliciava quando conseguia fazer aflorar dons e talentos das partes envolvidas que por si só apaziguavam as rixas.

Intuitivamente alimentei minha busca por autoconhecimento. Direcionei minhas leituras e cursos para o Comportamento Humano. Em um dos muitos livros que li, vi pela primeira vez o termo *coaching*.

Desejava compreender por que não somos o que queremos ser se temos em nós e na natureza, todas as ferramentas necessárias

Coaching & Mentoring

para atingirmos nossos objetivos. Pesquisava para saber quais os profissionais aptos para nos ajudar em cada situação específica.

Por que tantas pessoas infelizes e confusas se a vida é abundante, plena e as melhores e mais importantes "coisas" são gratuitas?

Passei a perseguir o tema. Aprendi que *coaching* é um método rápido e eficiente, que ocorre através de perguntas cujas respostas levam à reflexão, culminando em resultados excelentes.

Se nossas escolhas estão em desacordo com NOSSA NATUREZA ou com foco único em atender as expectativas de terceiros, por certo se desaguarão em um lago de águas paradas.

Natureza nossa, natureza criada pelo Divino.... As pequenas pedras, as grandes ondas, o vento, a energia do sol, o sorriso, as crianças inocentes, nosso desejos mais profundos, nossos sonhos... O florista, o soldado, o executivo, o empresário. Todos, naturalmente se completando.

Um dos meus mestres me ensinou que "... meu desejo mais profundo é o desejo de Deus em mim..." esse ensinamento me trouxe muita serenidade.

E o Coaching? O que é?

O *coaching* vem para somar, para clarear as ideias e sonhos que temos. Sejam pessoais, profissionais ou espirituais, ideias e crenças preconcebidas norteiam nossos comportamentos e atitudes e vão moldando nosso viver. Muitas delas dispensáveis, pois prejudiciais ao nosso desenvolvimento.

Coaching, a meu ver, é foco na positividade. É perda da vaidade, é ganho de humildade. É integração com o outro, com o TODO. É a ocupação do nosso verdadeiro espaço, que nos é dado para completarmos a perfeição da convivência universal dos seres.

É a visão da contradição perfeita da nossa pequenez diante do UNIVERSO e da nossa grandeza no poder de expandir energia transformadora através do amor, na prática da compreensão, aceitação e desenvolvimento dos nossos dons naturais.

Começando pelos pequenos pensamentos, aqueles do nosso cotidiano. Como quando vamos atender a porta ou o telefone: Nossa postura, o tom de voz, a vestimenta; como recebemos o carteiro, o gari, nosso chefe, nosso cliente? O que gostamos de comer: quando, com quem? Onde gostamos de estar, por quê? Temos tempo para ouvir verdadeiramente nossos filhos, pais, parentes, amigos, animais de estimação? Estamos alimentando nossa espiritualidade? E nosso corpo físico: os exercícios que fazemos estão adequados para nosso perfil? Estamos assumindo responsabilidades que não nos pertencem?

Simples perguntas que se respondidas com verdade e aceitação amorosa por nós mesmos, elucidam, mostram os caminhos que nos levam ao equilíbrio proporcionando paz e serenidade.

Meu objetivo é auxiliar na formação de pessoas e profissionais felizes, realizados, que escolham profissões e caminhos conforme suas aspirações mais profundas. Que mantenham o foco no SER e não no TER, não se deixando levar pelo consumismo desenfreado da modernidade.

Listo abaixo algumas técnicas, as quais aplico como *Coach Life* e *Professional*. Têm surtido efeito muito positivo.

Sendo um pouco presunçosa, é meu desejo mais profundo alcançar leitores que sejam pais, professores ou mentores de jovens. Ficarei imensamente feliz se receber e-mails falando sobre os resultados obtidos, os planos de ação traçados para atingi-los.

Utilizo muito material visual como recortes de revistas, jornais ou livros. As imagens falam por si só.

Então, vamos aos prazerosos exercícios.

Escolham um local confortável, preferencialmente em contato com a natureza, sintam a energia que vem do céu e se apoia na terra. Pratiquem a respiração profunda e lenta.

Respondam aos questionamentos, repassem para as pessoas com as quais convivem, juntem-se para desenvolver planos para atingir as metas que definirem, estipulem prazos. Sejam otimistas e persistentes.

Quando as respostas forem as mesmas, repetidas vezes, saberão que estão no caminho certo.

- ESCREVA as perguntas, respondendo-as e depois as leia em dias e humores diferentes. O VIVER não é fixo, estático, igual. Varia, oscila, pode se modificar a qualquer momento.

- Registre as coisas que mais gostam de fazer. Pergunte-se: O quê? Como? Quando e com quem prefere fazê-las? Monte um álbum ou cartaz colando imagens, fotos ou frases que o inspire. Cole em local onde ficará visível o máximo de vezes possível.

- PESQUISE e questione sobre TUDO, antes de tomar suas decisões: rótulos que lhes foram impostos. O passado e histórias daqueles que o orientam ou rotulam. Sua história genética. Frases feitas. Conceitos. Diagnósticos. Regras Sociais. Profissões. Cargos. Qualidade de Vida. Sentimentos. Crenças. Rituais. Amores.

A pesquisa é fator importante vez que ao argumentar, melhor será se for conhecedor da sua própria essência e do assunto que estiver defendendo.

Coaching & Mentoring

- Tenha coragem, ética e zelo ao defender seu ponto de vista. Seja gentil e respeite a opinião do outro. O objetivo não é enfrentar aqueles que, na maioria das vezes, querem o melhor para você, ao contrário, estará evitando sofrimento futuro para ambas as partes.

- Peça ajuda àqueles que consideram seu modelo de bem viver, àqueles que você admira.

- Leia sobre seus heróis e sobre os criadores dos mesmos.

- Acostume-se a observar os detalhes. Sobre si e sobre os outros. As cores, os odores, as formas, o som, o tom...

- Busque autoconhecimento. Com a evolução galopante da tecnologia ficou fácil acessar cursos gratuitos, orientações de profissionais, mestres espirituais e leituras tantas.

- Não se deixe levar por modismos, consumismos exagerados; sejam autênticos. Exige coragem, mas usar máscaras pode machucar seu futuro.

- Evite a má companhia: pessoas, programas, revistas, jogos. Seja seletivo. Use seu tempo para alavancar seus sonhos. ESTUDE OS ASSUNTOS QUE VOCÊ AMA.

- Pratique tudo o que registrou. Aja. Decida. Faça acontecer. DECISÃO mais AÇÃO é igual a RESULTADOS.

- Treine a aceitação do outro, a amorosidade. Todos estão em busca de si mesmos.

- Tenha fé, a vida funciona. A prosperidade é para todos.

- Sempre que possível, sorria, seu sorriso é a luz do mundo. Nós, adultos, precisamos do seu sorriso para sermos plenos. Seus ascendentes e descendentes serão mais fortes, seguros e serenos vendo-os sorrindo.

"Cada um examine a sua conduta, e então achará motivo de satisfação em sua própria pessoa, e não por comparação com outros"
Carta aos Gálatas, Da escravidão para a liberdade; 6, 4-5. Bíblia Sagrada.

5

Procurando o caminho do meio

O processo de mudança interior que leva à verdadeira evolução é longo e seguro, porém doloroso. Cada pensamento destrutivo e egoísta que perde força diante de atitudes e das opiniões negativas do outro, e cada parte do indivíduo que deixa de reagir diante de situações incômodas, é um passo importante na direção da Luz

**Ana Safia Marques
Hammad Odoricio**

Ana Safia Marques Hammad Odoricio

Fonoaudiologia – Universidades Museo Social Argentino(UMSA). Especialização na área da voz. *Professional & Self Coaching, Mentoring e Holomentiring* - Sistema ISOR. Certificado de Neurolinguística e PNL experiência internacional.

Contato
anaodoricio@hotmail.com

Ana Safia Marques Hammad Odoricio

Frases que me fazem pensar

Se quisermos realmente compartilhar, não podemos estar absorvidos com outras coisas.

Tudo o que somos é resultado daquilo que pensamos. **(Dhammapada)**

Muitas vezes, alguns aspectos de nossa vida passam de importante a vital.

A enfermidade é a própria cura! Só precisamos estar atentos.

O homem guarda na pedra as suas mágoas e na poeira as suas alegrias. **(Ditado Oriental)**

Nossa energia determina a ordem dos acontecimentos.

O poder sobre os outros é a fraqueza disfarçada de força.

Mude mas comece devagar porque a direção é sempre mais importante que a velocidade.

Depois de um longo caminho percorrido pela fonoaudiologia especialmente na área da voz, estou totalmente dedicada a ser *coach*. Agradeço a cada uma das pessoas que passaram pelo meu caminho mostrando-me a essência da vida e a luz do meu consciente.

Foram anos de dedicação a reabilitar a técnica, até que um dia descobri a origem das minhas crenças em simplesmente ouvir o meus pacientes com a alma e poder falar com o olhar.

Então começou a surgir na minha mente o que chamo de palavras cruzadas. Palavras que se cruzam aqui e agora e trazem a luz do meu consciente ao inconsciente. Tudo isso gerou Ideias para recriar o meu futuro.

Quando lançamos luz sobre nossas vidas, há uma essência de beleza que expressada sob formas desconhecidas de nossa mente ativa, nos mostra qualidades que parecem estar ocultas.

Os portais que levam à sabedoria e ao conhecimento sempre estão abertos

Essas palavras sábias de Bucay servem para que cada vez mais tenhamos a certeza de que o momento de ter o poder é sempre o presente.

Todos os acontecimentos que até então ocorreram na sua vida

foram criados pelos seus pensamentos e por todas as crenças do passado, foram criados por coisas que pensou e palavras que disse ontem, mês passado, semana passada, ano passado, há dez, vinte trinta anos atrás dependem naturalmente de sua idade hoje.

Sem dúvida, isso é passado, o importante neste momento é que você decida pensar, e deve decidir agora mesmo, essas palavras e ideias criaram o seu futuro. Seu momento de poder e luz é o presente, é onde você está formando as experiências do amanhã.

Ser observador

Ser observador de novas oportunidades da ação nos leva a objetivos certeiros.

Dessa maneira, existe uma relação direta entre a nossa forma de observar o mundo e ações que realizamos.

Um *coaching* facilita que a pessoa seja a sua própria observadora do entorno, detectando os obstáculos que interferem para obter seus objetivos ou resultados desde outro prisma ou ângulo da realidade.

Constrói uma aprendizagem para toda vida aplicando em qualquer âmbito. Leva-nos a ter uma consciência diferenciada do que significa ser humano.

Tirar das emoções a função de causalidade do comportamento não é tornar o comportamento frio, objetivo e sem sentimento. Pelo contrário: é explicitar as variáveis que tornam os processos comportamentais "emocionais" para além de rótulos arbitrários que não propiciam visibilidade sobre tais processos. Skinner(1953) e Keller relatam a preocupação de que mais do que uma "teoria " sobre as emoções, a análise do comportamento preocupa-se com o desenvolvimento de possibilidades de tais fenômenos.

O medo da intimidade

Embora a experiência da intimidade seja a forma mais rica de nos conhecermos é também a mais temida.

O Dr. Eric Berne, psiquiatra canadense, dizia: "o homem nasce livre, mas a primeira coisa que aprende é agir conforme o que ensinam e passa o resto da vida fazendo isso." Significa ter a coragem de mudar o padrão, buscar algo melhor para si. Quando fazemos algo de bom para nós, normalmente fazemos para o mundo. Quando nós mudamos, o mundo muda. A referência do mundo externo está dentro do nosso mundo interno.

Libertar-se, portanto, desses condicionamentos, religiosos, familiares, culturais e políticos nos torna um livre pensador. É necessário perder o medo do encontro com a maturidade.

Maturidade humana é percebermos o que somos e mudarmos para melhor. Olhar com honestidade quais os pontos da nossa natureza são propensos ao preconceito, que parte de nosso medo distorce o que sentimos. Precisamos lapidar a nossa alma (Mahatma Gandhi).

Precisamos ter intimidade com nossa vida e fazê-la um meio para chegarmos à autorrealização.

Drummond, o mestre da intimidade, dizia: "a cada dia que vivo, mais me convenço de que o desperdício da vida está no amor que não damos, nas forças que não usamos, na prudência egoísta que nada arrisca, e que nos esquivando do sofrimento, perdemos também a felicidade.

A dor é inevitável. O sofrimento opcional.

Percepção ao amor

Segundo Virginia Satir, que contribuiu com a criação da Programação Neurolinguística, conhecer os mistérios da comunicação humana diz respeito às questões essenciais que todo ser humano necessita para viver e deseja para ter dignidade existencial, que é simplesmente ser percebido, compreendido e reconhecido.

Uma boa parte das pessoas mal percebe a si própria, muito menos o outro, da mesma forma também não nos preocupa em compreender as nossas necessidades e desejos. Quando compreendemos as razões, as emoções tornam-se inteligentes e é possível conversarmos com nosso coração, com nossas paixões indomáveis.

Fazemos uma economia brutal em reconhecermos até mesmo as pequenas virtudes, um gesto amigo, uma ação, porque somos assim, econômicos com a percepção, a compreensão, o reconhecimento, o amor.

Tudo leva a crer, segundo os estudiosos, que são frutos de uma cultura e educação antigas, cristalizadas, que se acomodam, que se transferem de geração para geração. Por que iremos nos desacomodar e tentar mudar, transformar o que recebemos de graça sem esforço?

Desde criança aprendemos que a liberdade tem um preço e que ser diferente dos outros pode nos custar o isolamento. Felizmente chega o dia em que o ser humano sente saudades do seu EU verdadeiro e, então, o encontro solitário segue em seu próprio deserto ao encontro de sua luz, liberdade e amor.

John Powell cita: "quando me desnudo com honestidade não me faça sentir vergonha. Isto é intimidade autêntica".

Creio que a melhor dádiva que concebo receber de alguém é: ser

Coaching & Mentoring

vista, ser ouvida, ser compreendida, ser reconhecida.

A maior dádiva que posso oferecer é: ver, ouvir, compreender e reconhecer outro ser humano.

Quando isso acontece, sinto que houve contato entre nós. (Virginia Satir).

(Estes contos revelam nossos personagens ocultos).

Diga-me: Quem é você?
Um mestre Zen pergunta a um discípulo:
- Quem te deu o nome cachorro de Dragão? Que é você?
O discípulo responde - sou um monge:
- O mestre diz: perguntei quem é você ? Não ao que você se dedica!
- Sou um cultivador de vegetais
- Quem é você, não o que faz?
- Sou um aluno Zen;
- Perguntei quem é, não o que estudas;
- Sou uma alma;
- Não me interessa saber se você tem uma alma, quero saber apenas quem é você.
- Não sei quem sou.
O mestre então se afastou; se queres ser honesto para poder ascender a esta sabedoria, e enfrentar essa realidade de "não saber", pergunte-se ...
Quem você é?

Conto Zen

Dedico esse texto aos meus pais, minha filha e ao meu esposo Ademir que com seu infinito amor, tem uma forma singular de mostrar-me que a arte e a objetividade podem andar juntas.

6

O *coaching* sob o olhar de uma *coach*

Essa apresentação tem por finalidade focar a temática *coaching*, enquanto conversa entre o *coach* e o *coachee*, a partir de minha vivência como *coach* interna numa instituição pública

Ana Veras Vilanova

Ana Veras Vilanova

Graduada em Serviço Social. Pós-graduação em Política Social e MBA em Gestão de Pessoas. Formação em Psicodrama, com foco socioeducativo. Curso de formação e Qualificação em *Coaching* Ontológico. Atuação na área de gestão de pessoas há mais de 18 anos, como servidora pública, no acompanhamento sociofuncional de servidores, mediação de conflitos e *coaching* individual e coletivo; coordenadora e instrutora de Oficinas de Trabalhos com Grupos (Desenvolvimento Gerencial, de Equipes, de papel Profissional, Liderança e Comunicação e *Feedback*), como partes das ações voltadas à qualidade de vida no trabalho. Palestrante em temas: a Arte da Construção Relacional, Escuta Ativa, Mediação de Conflitos, *Coaching*, dentre outros. Experiência anterior como docente universitária em disciplinas: Dinâmica de Grupo, Marketing Aplicado a RH e Gestão de Pessoas.

Contato
gestaopessoal.carreira@gmail.com

I. Introdução ao tema

Conforme Echeverría (2009a), cada observador olha o mundo de uma maneira particular, confere sentido a ele e nele atua a partir de suas crenças e valores que o fazem agir de um modo e não de outro.

Nessa perspectiva de ser apenas um olhar, que tal uma conversa sobre tema tão encantador chamado *coaching*?

Vou apresentar conteúdos relativos ao *coaching* e à minha vivência como *coach*, numa instituição pública, sem pretensão alguma de esgotar o tema.

Mas, ao contrário, que ele continue em pauta cada vez mais frequente para ser complementado ou até refutado por outros olhares apreciadores da temática em foco, de modo a encantar os mais distintos observadores.

Coaching, coach e coachee

O vocábulo/verbo *coach*[1], em sua tradução literal, ação voltada a instruir, dar aulas e treinar.

Enquanto substantivo[2], a palavra *coach* remete ao sentido de técnico, treinador, professor, dentre outros; em sua contextualização histórica, evidencia a imagem da carruagem antiga e o cocheiro *(coachman)*.

Quero enfatizar que: o vocábulo *coach*, ao ser utilizado aqui não trará consigo a ideia de ensinar ou dar dicas, como se fosse um professor ou um especialista/consultor, mas designará o profissional cujo papel é ser "apoio" (DUTRA, 2010, p.95), enquanto facilitador, do *coachee* - pessoa em acompanhamento, em sua trajetória de **aprendizagem transformacional** alinhada a metas. Quanto ao vocábulo *coaching*, sempre que for usado aqui se referirá às sessões, onde *coach* e *coachee* se encontrarão para conversar e onde o assunto em foco será trazido por ele.

Na instituição pública, onde uma de minhas atribuições funcionais é ser *coach*, na primeira sessão de *coaching*, eu costumo usar a **metáfora da carruagem** para contextualizar o processo de *coaching*, sua natureza intrínseca de movimento, que viabiliza que o passageiro/*coachee* se desloque de um local atual, onde se encontra, para outro, almejado por ele.

A pergunta fundamental é: *"para onde você quer ir"?*
"O destino quem determina é você."

---
[1]OLINTO, Antônio. Minidicionário Inglês-Português, Português-Inglês. 7ª edição. São Paulo: Saraiva, 2009, p. 76.
[2]MARQUES, Amadeu. Dicionário Inglês/Português. Português e inglês. Editora Ártica, 2007, p. 111 e 112.

Ao utilizar o vocábulo **processo**[3] para fazer referência ao *coaching*, falo de dinamismo, etapas, sucessão de ações, dentre outros significados.

Esclareço que o vocábulo *coach* é usado para designar o profissional responsável por apoiar o processo de *coaching*, onde esse processo é compreendido pelas sessões que contribuam ao *coachee* empreender ações que o levem a resultados mais satisfatórios em sua vida.

Cabe dizer que o público-alvo do *coaching* institucional abrange servidores em exercício em cargos de Diretor, Assessor, Consultor Técnico e Técnico-Administrativo, dentre outros, por adesão voluntária, sem encaminhamentos por parte de instâncias hierárquicas superiores.

Nas páginas a seguir, sempre que você se deparar com a expressão *coach* traduza-o para o papel de facilitador, de **apoio** (DUTRA, 2010), alguém que contribui à expansão da consciência e de autoconsciência do *coachee*, numa atitude de absoluto serviço.

O SER *COACH* E O *COACHING*

Ao pensar em falar sobre ser *coach*, imediatamente, veio-me a **escuta efetiva** (ECHEVERRÍA, 2009b), ou seja, o *coach* precisa desenvolver sua habilidade de escutar efetivamente o *coachee*, por meio de sua linguagem verbal e não verbal.

A escuta efetiva não só se expressa pelo ato de silenciar para que o outro fale, mas utilizo, ainda, perguntas abertas: o que, quais, quando, que mais, dentre outras.

As perguntas abertas buscam explicitar com mais detalhes e exemplos os fatos abordados pelo *coachee*, de modo a contribuir para a consciência dele que segundo Whitmore (2006, p.30):

> Trata-se da reunião e percepção clara de fatos e informações relevantes, e da capacidade de determinar o que é relevante. Consciência também engloba a autoconsciência, em particular, o fato de se reconhecer quando e como as emoções ou desejos distorcem a própria percepção.

Na perspectiva da escuta, cabe ressaltar as **ferramentas**[4] **para um escutar efetivo** e que abrange três momentos: **checar a escuta**, o que faço usando paráfrases ou repetindo, literalmente, o que me foi dito; como a comunicação humana implica compreensão, logo interpretação do que me foi dito, **compartilho com quem fala comigo o que compreendi** acerca do que foi falado e indago se foi isso que foi dito; e faço perguntas novamente para levantar mais informações acerca do tema em pauta e aprofundar a escuta.

Quando menciono escuta efetiva, eu parto de uma referência essencial e valorativa no sentido de ser uma escuta que tem uma

---

[4]Ferramentas para um escutar efetivo. 2º Seminário Presencial do Curso de Formação em Coaching Ontológico, 2010. Homero Reis e Consultores, Gente e Gestão.

Ana Veras Vilanova

base sustentadora de respeito ao outro como autônomo, legítimo, diferente e livre, em conformidade com Maturana (2008).

É nele, *coachee*, e para ele que o meu serviço de escuta encontra seu pleno significado e razão de existir na sessão de *coaching*.

Com vistas a me centrar no *coachee* que irei conversar na sessão de *coaching*, procuro sempre que possível, deixar um tempo de, no mínimo, 10 a 15 minutos no agendamento entre um *coachee* e outro.

Uso esse tempo para ler anotações de sessões anteriores, onde estão registradas certas afirmações feitas pelo *coachee*, no sentido de trazê-lo à cena antes da sessão propriamente dita, não só por meio de suas falas, mas até de sua imagem que busco trazer ao pensamento.

Ainda, no tempo que se inscreve entre uma sessão que termina e outra que se inicia, faço o **centramento**, segundo Reis (2011, p. 164), onde busco identificar como estou ao final daquela sessão, que pensamentos e emoções estão presentes, se há tensões corporais, com vistas a ir inteira à sessão seguinte.

> ...o objetivo do centramento é manter o corpo, a emoção e a linguagem ajustados de modo que o observador tenha foco e desempenho otimizado. Quando estamos centrados, nossa capacidade de atuação fica mais acentuada, ficamos mais atentos, escutamos melhor, indagamos com precisão.

Quanto ao meu papel de *coach*, convém destacar que não cabe dizer ao *coachee* o que é melhor para ele, o que acho disso ou daquilo, emitir juízos de valor ou indicar o caminho a ser adotado.

Como *coach*, é necessário que eu creia no potencial do *coachee*, no sentido das escolhas que ele identificar como possíveis para ele na direção do alcance dos objetivos e cursos de ações traçados.

Vale ressaltar que indagações que transmitam juízo de valor, críticas, devem ser evitadas, exemplo: *afinal, por que você fez isso?*

Tal atitude do *coach* poderá ameaçar o vínculo de confiança que está em seu estágio inicial e minar a autoconfiança do *coachee* que é uma das finalidades do processo de *coaching* bem-sucedido.

A pergunta pode ser reformulada: *que aspectos você considerou ao escolher essa ação?*

O processo de *coaching* abrange uma lacuna entre uma situação atual e uma situação desejada pelo *coachee*, onde o *coach* atuará no sentido de estimulá-lo e apoiá-lo para alcançar a situação desejada, conforme Wolk (2008).

A primeira sessão de *coaching*, em que são estabelecidas as regras que irão orientar as sessões, é uma etapa fundamental de construção de confiança entre o *coachee* e *coach*.

Abrange aspectos como: confidencialidade do *coach* em relação às informações abordadas pelo *coachee* na sessão, espaço físico – local das sessões, tempo e número de sessões, acordos mútuos, expectativas do *coachee*, dentre outros.

As sessões são destinadas a conhecer o *coachee*, no sentido de quem é ele, quais os seus sonhos, os valores que dão sustentação à sua vida, com vistas à expansão do olhar do *coachee* sobre si mesmo e sobre aquilo que ele deseja alcançar enquanto objetivo.

Elaboração do plano de ação

O início do preenchimento do Plano de Ação acontece por volta da 4ª ou 5ª sessão e continua seu percurso até a 10ª, momento de finalização, de modo a garantir espaço de conversa em que o *coachee* possa trazer suas inquietações em relação aos pontos críticos identificados, bem como a outros conteúdos relacionados à concretização do Plano.

Antes do preenchimento do Plano de Ação esclareço ao *coachee* que, ao estabelecer sua meta, ele deve estar atento para que elas sejam específicas, mensuráveis, acordadas, realistas e planejadas por tempo, em conformidade com Whitmore (2006).

A meta deve ser específica a fim de que ela traduza exatamente o desejo do *coachee*, que seja clara quanto ao que ele realmente quer obter, alcançar.

O aspecto mensurável da meta diz respeito a **como** o *coachee* verificará se alcançou a meta ou se está em via de alcançá-la, o que é feito por meio do estabelecimento de indicadores.

Metas acordadas, segundo Whitmore (2006) abrange em que medida o alcance da meta vai incluir, de algum modo ou em alguns momentos, a participação de outras pessoas.

Caso a meta precise ser acordada com alguém, é necessário que o *coachee* compartilhe sua meta com essa pessoa.

Quanto ao aspecto realista diz, respeito a algo possível de ser alcançado, real, e, não ideal.

Ao entregar o Plano de Ação ao *coachee* para o seu preenchimento, costumo solicitar que ele o deixe em lugar de fácil acesso para que possa vê-lo com frequência, de modo que o Plano o acompanhe dali para frente.

Ao construir seu Plano de Ação, o *coachee* é convidado a olhar detalhadamente para os possíveis obstáculos internos e externos que possam inviabilizar o alcance das metas – **aspectos dificultadores**, conteúdos que irão ser alvo de conversa nas sessões de feitura e acompanhamento do Plano de Ação.

O Instrumento **Plano de Ação** abrange os seguintes campos para preenchimento: o **objetivo** do *coachee* e **quando** alcançá-lo;

etapas, o **como** alcançar o **objetivo**, por meio do estabelecimento dos cursos de ações possíveis e, ainda, **quando** executar cada etapa; os **recursos necessários,** ou seja, o que o *coachee* precisa dispor, com vistas ao alcance do objetivo, de modo a abranger os conhecimentos que darão sustentação, o tempo a ser investido à consecução dele, bem como pessoas com expertises que podem contribuir ao seu alcance e, ainda, os recursos materiais e financeiros; os **indicadores** que são os parâmetros que irão auxiliar no sentido da avaliação quanto à qualidade e/ou quantidade do objetivo alcançado; **aspectos dificultadores** que poderão impactar negativamente o alcance do objetivo proposto; **monitoramento dos aspectos dificultadores,** com vistas à superação deles.

Além das questões anteriores, há duas subjetivas que dizem respeito a **quanto** o *coachee* se sente comprometido a colocar em prática seu Plano de Ação, bem como **em quê** o referido Plano agrega valor a ele.

Vale destacar que o Instrumento Plano de Ação[5] foi elaborado a partir de leitura e interpretação de literatura em *coaching* e também do Guia PMBOX.

Considerações finais

Ao finalizar nossa conversa, inicialmente agradeço o seu **sim** ao convite feito no início do artigo.

Agora, irei destacar dois pontos que conforme o meu olhar de *coach*, os escolho para compartilhar com você como relevantes ao **ser** *coach* e à prática de *coaching*.

Em primeiro lugar, para ser *coach*, vejo como premissa básica a atitude de desenvolver a escuta efetiva.

E treinamos a escuta, escutando. Checando o que nos foi dito, de modo a indagar o *coachee*, com vistas a juntar mais informações para que ele possa ir construindo suas metas.

Outro ponto que considero fundamental para o sucesso do *coaching*: é preciso crer no potencial do *coachee*.

Sem crer que é o *coachee* que irá estabelecer os cursos de ações possíveis e desejadas por ele, faremos outra modalidade de atendimento, mas não *coaching*.

---

[5]O Plano de Ação foi elaborado pelo *coaches* Ana Maria Veras Vilanova e Silva e Thiago Bazi Brandão, a partir de leitura e interpretação dos Livros: KRAUSZ, Rosa. *Coaching Executive. A conquista da Liderança*. São Paulo, Nobel, 2007; WHITMORE, John. *Coaching para Performance. Aprimorando Pessoas, Desempenhos e Resultados: competências para profissionais*. Tradução de Tatiana de Sá. Rio de Janeiro, Qualitymark, 2006; Project Management Institute / Project Management Inst. ID. *Um Guia em Gerenciamento de Projetos* – Guia PMBOX 4ª edição, 2004.

REFERÊNCIAS

DUTRA, Eliana. *Coaching: o que você precisa saber.* Rio de Janeiro, Mauad X, 2010.

ECHEVERRÍA, Rafael. *El Observador y su Mundo.* 1ª edição. Buenos Aires, Granica: Juan Carlos Sáez Editor, 2009 a.

_____ *Ontología Del Lenguage.* 1ª ed. 6ª reimpressão. Buenos Aires, Granica: Juan Carlos Saez Editor, 2009 b.

MATURANA, Humberto. *Emoções e Linguagem na Educação e na Política.* Tradução José Fernando Campos Fortes. 3ª reimpressão. Belo Horizonte: Ed. UFMG, 1998 b.

REIS, Homero. *Coaching Ontológico.* A Doutrina Fundamental. Brasília, Thesaurus, 2011.

WHITMORE, John. *Coaching para Performance. Aprimorando Pessoas, Desempenhos e Resultados: competências para profissionais.* Tradução de Tatiana de Sá. Rio de Janeiro, Qualitymark, 2006.

WOLK, Leonardo. *Coaching. A Arte de Soprar Brasas. Tradução de Maya Reyes.* Rio de Janeiro, Qualitymark, 2008.

7

Coaching em unidades de saúde: aplicando as ferramentas com a equipe para atingir uma melhor gestão de leitos!

Através do *coaching* podemos construir um mundo melhor, pois pessoas mais realizadas, que alcançam seus objetivos, suas metas e seus sonhos transbordam o AMOR, a CRIATIVIDADE e a FLEXIBILIDADE. Como o *coaching* é um processo de aceleração dos resultados torna-se um instrumento indispensável no processo de busca por resultados na gestão de leitos. Utilizando as ferramentas do *coaching* é possível fazer com que o indivíduo utilize o que a de melhor na sua essência, gerando assim, um melhor resultado com melhor satisfação para os envolvidos

Anailza Meirelles de Oliveira Silva

Anailza Meirelles de Oliveira Silva

Graduada em Administração Hospitalar e Pós-graduada em Gestão do Desenvolvimento de Estratégias em Recursos Humanos. *Practitioner* em Programação Neurolinguística. Formação em *Coaching* Sistêmico pelo INEXH (Instituto Nacional de Excelência Humana). Sócia-Diretora da Administra Consultoria & Assessoria. Atendimento individual de *Coaching*. Coordenadora do Projeto "Desenvolvendo Mulheres para o Sucesso" da Administra Consultoria & Assessoria. Responsável pelo projeto Sucesso na Prática da Administra Consultoria & Assessoria. Atua em projetos de Consultoria e Assessoria em Unidades de Serviços de Saúde. Palestrante na área Comportamento Humano e Gestão de Serviços de Saúde. Coordenou projetos de formação e implantação de Gestão de Leitos, Setor de Internamento. Humanização e Acolhimento em Unidades de Serviços de Saúde. Membro da equipe do treinamento DL (Desenvolvimento e Liderança) na Bahia, desenvolvido pelo INEXH. Coautora do livro "Damas de Ouro A Inteligência Feminina em ação!" pela editora Ser Mais.

Contatos
anailzaadm@gmail.com
anailza@administraconsult.com.br
facebook.com/anailzameirelles.oliveira
(71) 8823-9959 / (77) 8120- 4050

Introdução

A gestão dos serviços de saúde tem sido enfatizada como um importante instrumento para se operacionalizar a construção de modelos de atenção em saúde, que atendam a qualidade dos serviços prestados.

A qualidade da atenção à saúde representa a síntese das aspirações e necessidades da população. Para desenvolvimento de serviços de qualidade e produtividade, é necessário um envolvimento dos trabalhadores no processo de gerenciamento, com vistas ao alcance dos resultados.

A estrutura dos serviços de saúde tenta acompanhar as transformações da sociedade contemporânea, contudo está centrada em módulos tecnoburocráticos de gerenciamento, pautada nas teorias administrativas dos princípios clássicos da burocracia.

Frente à expansão dos serviços e a competitividade, característica do mundo capitalista, esta exigência torna-se evidente e notória com a participação ativa dos cidadãos, que passaram a entender a qualidade como direito.

Durante muitos anos, a centralização do poder de planejar e de decidir nas organizações limitava-se à alta gestão, ficando para o trabalhador a ênfase no método funcional, no cumprimento de tarefas, na preocupação em como fazer e na orientação das tarefas por meio de manuais e procedimentos. Essa forma de gestão é bastante hierarquizada, considerando muito pouco às relações interpessoais, ficando o trabalho rotineiro, pouco criativo e não contempla a satisfação dos profissionais.

As unidades de saúde herdaram muitos princípios da administração científica e transformou a saúde em um mecanismo de cuidar, mantendo a separação entre concepção, execução das tarefas e satisfação do trabalhador.

Para o profissional que gerencia leitos em unidades de saúde, é necessário ter claramente o estado desejado com seu trabalho e perceber a importância das suas ações. Isso possibilita que esse profissional compreenda a sua posição nesse sistema.

A ação do profissional da gestão de leitos perpassa pela consciência do seu papel, da ética e, sobretudo, da sua missão de vida.

Existem alguns pontos que devem ser levados em consideração para obter o sucesso de um profissional de gestão de leitos.
1) Quais as suas metas como profissional?
2) O que o norteia profissionalmente?
3) Como lidar com os resultados obtidos?
4) Como alcançar o resultado com os recursos disponíveis?

O *coaching* é um processo de aceleração dos resultados, assim é um instrumento indispensável no processo de gestão de leitos, pois é necessário constantemente alcançar resultados positivos que geram impactos diretamente na vida dos envolvidos.

Por meio do *coaching* é possível proporcionar ao indivíduo descobrir o que há de melhor em sua essência, e por meio de perguntas assertivas, o sujeito é levado a pensar de uma forma que, a responsabilidade pelos erros e acertos, fracassos e sucessos, atitude ou ausência são inteiramente originado de suas ações.

Frente a essa consciência, a formação e orientação dessa equipe são baseadas no princípio que o líder deve desenvolver um propósito, um sentido para a equipe que seja obter um resultado específico.

A gestão de leitos com a ferramenta do *coaching* possibilita ao líder decidir e criar condições para que outras pessoas sejam eficazes.

Gestão de leitos com *coaching*

Diante da ferramenta que o *coaching* possibilita para conseguir seus objetivos, a equipe deve lançar estratégias para obter o sucesso.

E o que é o sucesso em uma unidade de saúde em que a demanda é muito maior do que a oferta?
1) Aumentar a rotatividade;
2) Aumentar a qualidade durante a permanência do paciente;
3) Demonstrar uma gestão de qualidade e humana;
4) Desenvolver mecanismo de satisfação durante o trabalho.

Devido aos resultados desejados na gestão de leitos, a cultura *coaching* é aplicada no desenvolver das intervenções no dia a dia, individualmente ou nos grupos, por meio de perguntas que conduzam a equipe a movimentar-se e atingir seus resultados.

Gerenciamento de leitos significa buscar a utilização dos leitos disponíveis em sua capacidade máxima, dentro dos critérios técnicos, visando a diminuição da espera no tempo para a internação e transferências externas.

Frente à média de permanência alta é fundamental intensificar o trabalho de *desospitalização*. Para que seja atingida essa meta, é necessário que as pessoas sejam bem trabalhadas e os processos estejam alinhados e embasados em uma visão sistêmica.

Ao receber a informação de alta, a desocupação de leito deve ocorrer de forma ágil, possibilitando assim uma nova ocupação com um menor espaço de tempo.

Assim surge o questionamento: como possibilitar o leito, agilidade e uma nova ocupação tendo uma oferta tão menor que a demanda?

É fundamental entender que a viabilização da rotatividade dos leitos necessita de uma visão multidisciplinar e de ferramentas para o melhor resultado. A equipe precisa saber:

a)   Onde eu estou?
b)   Onde quero chegar?
c)   Como vou fazer o melhor com os recursos que possuo no momento?

Para isso, o líder precisa ter uma gestão descentralizada e baseada na gestão do conhecimento, competências e habilidades.

Aplicando determinadas metodologias, será possível o monitoramento, a avaliação do andamento da gestão e os impactos da assistência multidisciplinar prestada, contribuindo para a construção de um sistema mais justo e eficiente, que atenda as necessidades da população.

Surge, então, a necessidade da visualização do conhecimento na organização, com o propósito de buscar novas abordagens para a solução dos problemas técnicos e organizacionais mais frequentes. Por ser uma organização de saúde e com a existência da complexidade, é comum que surjam dificuldades nos processos, contudo a construção e a aplicação do conhecimento são necessárias nos diversos âmbitos.

No que tange a visão profissional, parte da mobilização das atitudes, habilidades e conhecimentos dos profissionais, adequando-os aos objetivos da instituição, suscitando um diferencial na busca pela qualidade e contribuindo com a disseminação das ferramentas utilizadas.

Os recursos materiais são fundamentais para a qualidade dos resultados, contudo os desafios da utilização das ferramentas do *coaching* ampliam a capacidade de produtividade, resiliência e flexibilidade da equipe, possibilitando os melhores resultados com o que é oferecido.

Acompanhamento da equipe com a aplicação das ferramentas do coaching

Como o *coaching* é um processo de desenvolvimento humano para o qual convergem conhecimentos de diversos campos, com o objetivo de levar o indivíduo a alcançar resultados extraordinário e por meio dessas aplicações com o indivíduo é permitido o afloramento de suas potencialidades humanas, uma investigação interna por meio da reflexão que perpassa pela reavaliação de crenças e pode gerar a conscientização quanto ao propósito de vida.

Nesse, aspecto contribui para a classificação de suas motivações pessoais, além de favorecer a certeza ou despertar dos valores!

Assim, para à formação de uma equipe para obter o sucesso na

gestão, é importante aplicar alguns princípios do *coaching*:
1) Não há fracasso, somente *feedback* de informação;
2) Fracasso é apenas um julgamento sobre o resultado no curto prazo;
3) Se você quiser entender, aja;
4) Ação é a resposta. O aprendizado está no fazer;
5) Nós já temos todos os recursos necessários, ou podemos criá-los;
6) Todo comportamento tem um propósito;
7) Ter opção é melhor que não ter nenhuma;
8) Você está fazendo o melhor possível com os recursos disponíveis no momento;
9) A melhor negociação é a que todos têm ganho.

Por meio da aplicação desses princípios, é possível conduzir a equipe para a busca de uma gestão de leitos com maiores resultados.

Case unidade de saúde

Estado atual do serviço

• Unidade de saúde de referência com 100 leitos e com 100% de ocupação e baixa rotatividade;
• Muitos pacientes na fila de espera para reinternação;
• 0 (zero) leitos para reinternamento;
• 01 funcionário com carga horária de 06 horas;
• 0 (zero) de informações/dados estatísticos;
• Inexistência do serviço de gestão de leitos;
• Sem possibilidade de aumento de remuneração.

Estado desejado para o serviço

• Unidade de saúde referência com 100 leitos e com 100% de ocupação e aumento na rotatividade;
• Definir quantos pacientes estão na fila de espera para reinternação;
• Implantação do serviço de gerenciamento de leitos com funcionamento de 12 horas;
• 10% dos leitos para reinternação;
• 02 funcionários para a gestão de leitos, sem aumentar remuneração;

Pontos alcançados com a aplicação do *coaching*

• Verificados os valores de cada funcionário do departamento;

- Estabelecidas propostas de acordo com o critério de cada indivíduo;
- Descentralização do poder, mas acompanhamento das ações. Partia do pressuposto de que cada indivíduo tem suas próprias respostas, só foi necessário utilizar as perguntas superpoderosas;
- Estabelecimento da negociação ganha-ganha e a criação de leitos de reinternação na unidade;
- Criação do serviço de gerenciamento com 12 horas de atendimento;
- Foi trabalhado com a equipe o modelo de gestão que todos desejavam, a forma que cada integrante faria e a criação de um único modelo para a aplicação;
- Acompanhamento dos resultados e reavaliação do processo;
- Aumento da rotatividade em 60% depois de realizado verificação ecológica nas ações a serem formadas;
- Implantação de metas, protocolos, rotinas e avaliação dos processos de atendimento.

Considerações finais

As mudanças no mundo das organizações de saúde acompanham a dinâmica da sociedade. A transformação na gestão tradicionalista para uma forma de gerenciar mais flexível não implica o desaparecimento das relações de poder nas organizações. A gestão dos serviços que possibilita maior autonomia e melhor integração dos trabalhadores nos processos e na prática, tem como resultado o aumento da produtividade, da satisfação e da qualidade prestada.

No contexto da saúde ainda possui uma diversidade de situações desumanizantes, relacionadas a longas esperas por uma vaga de internação, cancelamento de cirurgias, equipamento e estruturas precárias, falta de informações aos usuários, condições de trabalho desfavoráveis.

Frente a tantos desafios, a organização de trabalho deve enfatizar não apenas a estrutura organizacional, mas também o indivíduo e a valorização da sua saúde e, consequentemente, dos campos de realização na sua vida; incluir ações norteia as noções de autocuidado e a busca por sua missão de vida.

É fundamental atentar para a importância de conhecer os trabalhadores, identificando suas expectativas e como podem colaborar com os processos de melhoria.

Entendendo que a mudança do sistema de gestão de leitos deve iniciar a partir da atitude individual, deve-se preocupar e criar estratégias para atingir uma melhor satisfação do trabalho, compreendendo a sua dimensão (o que é, quem deve fazê-lo, como fazê-lo) e somente depois o que gera satisfação ao realizá-lo. Entender como satisfazer, quem o realiza e o que recebe.

Percebe-se, portanto, que a construção de um perfil para estruturar uma gestão de leitos, requer uma mudança de paradigmas e que o processo de *coaching* possibilita essas transformações de forma breve e com resultados impactantes.

8

Autocoaching customizado
O legado mais gratificante de um *coach* virtuoso

A decisão sincera de inclusão de um valor agregado aos processos de *coaching* pode ser a postura mais enaltecedora do trabalho de um *coach* e, com certeza, pode ser uma contribuição muito significativa à felicidade de mais seres humanos

Andréa Perez Corrêa

Andréa Perez Corrêa

Formada em Letras, pela UFF, é especialista em Morfossintaxe pela UERJ e em Psicologia Positiva: Uma integração com o *Coaching* pelo CPAF/UCAM. Formações em *Coaching*: *Personal & Professional Coaching* e *Líder Coach* pela Sociedade Brasileira de *Coaching*, reconhecida pelo *Behavioral Coaching Institute; Health & Wellness Coaching pela Carevolution*, reconhecida pela *Wellcoaches*; *Coaching, Mentoring & Holomentoring*® ISOR®, pelo Instituto Holos, reconhecido pela *International Coaching Federation e Coaching* Positivo Pelo Instituto de Psicologia Positiva e Comportamento. Há 26 anos, atua em: Desenvolvimento Humano, Treinamento, Qualidade de Vida, Idealização de Projetos em RH, Dinâmicas de Grupo, *Coaching* e *Mentoring*. Hoje, é Analista em C&T Sênior da Comissão Nacional de Energia Nuclear. Já ocupou Lideranças em: Assessoria Administrativa, Treinamento, Gestão de Pessoal, Desenvolvimento de RH, em órgãos do Governo Federal.

Contato
acorrea97@hotmail.com

Andréa Perez Corrêa

Para muitas pessoas que desconhecem o *coaching* numa experiência vivencial, ouvir falar de seus inúmeros benefícios pode parecer: propaganda enganosa, brincar de faz de conta, modismo ou até mesmo um discurso piegas e sem fundamento.

E isso se deve ao ceticismo de muitos, que descrentes sobre os resultados de condutas para reformulação de padrões mentais, hábitos e comportamentos, insistem em não apostar que podem, sim, por meio de ações comprometidas e adequadas, mudar suas vidas, sua felicidade, ou ao menos, fazer parte como protagonistas de seus destinos e não meros coadjuvantes.

Apenas os que tiveram a iniciativa de se atirarem efetivamente neste processo, entregando-se de forma cognitiva e emocional e, às vezes, até mesmo holística, é que agradecem o que agregaram de positivo e significativo e o que aprenderam, para poderem trilhar de forma mais completa e mais feliz a magnitude e a perfeição das circunstâncias de cada história singular.

Como o cliente, o *coach* também tem o prazer e o privilégio de vislumbrar o universo da potencialidade humana de muitos, antes até descrentes de suas qualidades, forças e talentos, aflorando e se desnudando a cada encontro.

Algumas percepções sobre esse tema estão registradas nessas palavras, que se propõem, mais especificamente, a abordar a contínua transformação desses cenários de vida, inicialmente remodelados, pelo processo do *coaching*, e enriquecidos, com o que cada um já traz dentro de si. É sobre o resultado mais eficaz e engrandecedor do *coaching*, apesar de ainda velado e imperceptível a muitos, em função de sua concretude abstrata, de que trata, pretensiosamente, este artigo: ***autocoaching customizado.***

Conhecendo os benefícios das entrelinhas do coaching

Nos dias de hoje, o *coaching* conquista progressivamente o mundo pessoal e o meio organizacional de uma forma muito ampla e significativa, atingindo com benefícios diversas famílias, equipes e empresas, em várias áreas.

Os nichos de atuação do *coaching*, já na atualidade, são praticamente incontáveis, e possivelmente inesgotáveis assim como são as potencialidades humanas. A cada dia, surgem novas alternativas de *coaching*, direcionadas a atender a uma demanda da vida das pessoas ou das empresas. As diversas metodologias, ferramentas e condutas de *coaching* - resguardados absolutamente os compromissos éticos que o processo exige dos seus profissionais - são bastante

Coaching & Mentoring

flexíveis e adaptáveis a vários segmentos da vida das pessoas e das organizações e, por isso, que, mesmo com essa disseminação de novas áreas, permitem a obtenção de resultados positivos.

Diante desse cenário, no mundo, já são inúmeros os profissionais e especialistas que se dedicam à sua solidificação por meio da literatura, do estudo acadêmico e dos cursos, entre outros. E é por isso, que os benefícios que o *coaching* promove podem ser facilmente identificáveis. Alguns deles: melhoria de performance, conquistas materiais e econômicas, melhoria da saúde, relações interpessoais mais saudáveis, aumento de resultados positivos, processo decisório mais eficaz, mudança e ascensão profissional, excelência no esporte, maior felicidade, emagrecimento, gestão de equipes, etc.

Dentre todos os ganhos, o *coaching* gera um benefício, especial na construção e desenvolvimento das pessoas, que se desdobra em diversas outras formas de crescimento e também proporciona um atalho à melhoria da nossa felicidade: o autoconhecimento.

Várias podem ser as formas para promover o autoconhecimento, mas é pertinente destacar a eficácia do *coaching* para isso, pela experiência vivencial que promove, por meio de uma metodologia que coloca nas mãos do *coachee* o agir, utilizando as suas potencialidades, com vistas a conquistar seus propósitos. O *coaching* revela que as respostas aos anseios e desejos podem ser encontradas dentro de cada um e assim desencadeia uma busca da descoberta de quem se é.

O processo de *coaching* permite um desvendar; permite que a vida seja gerada por meio do que temos dentro de nós. Entendendo melhor quem somos, compreendemos mais o outro e também as situações que a vida nos apresenta e que nos pertence. Isso nos integra, nos engrandece e nos amplifica, percebendo-nos mais grandiosos, valorosos e fortes.

Ao gerar reveladoras perspectivas internas e também externas, o *coaching* permite, metaforicamente, um emergir de nossa essência. E esse autoconhecimento favorece muito mais que percebemos, pois, por trás de cada desejo a ser atendido, de cada meta a ser alcançada, de cada benefício a ser conquistado, está lá o direito ao qual todos nós nos reservamos: o da felicidade. E o autoconhecimento é um atalho básico para que possamos promover o nosso avanço em todos os sentidos.

A potencialização da felicidade é outro benefício grandioso que pode ser propiciado pelo *coaching*. Sabemos hoje, graças a muitos estudos da Psicologia Positiva, que ela é determinada da seguinte forma:

Andréa Perez Corrêa

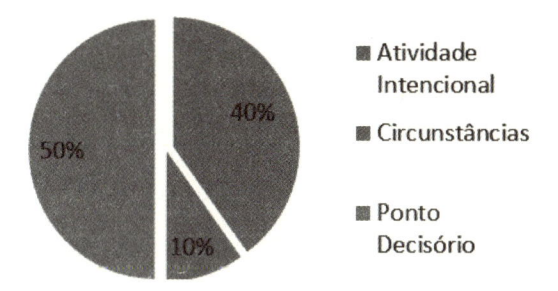

- Atividade Intencional — 40%
- Circunstâncias — 50%
- Ponto Decisório — 10%

(Gráfico elaborado com base no livro Ciência da Felicidade – Como Atingir a Felicidade Real e Duradoura de Sonja Lyubomirsky *)

As circunstâncias variam nossos níveis de felicidade em apenas 10%, o que possivelmente é surpreendente a muitas pessoas, já que, em muito, pautam e justificam a sua falta de felicidade às circunstâncias mais desfavoráveis que vivenciam, em comparação àqueles mais felizes e favorecidos com uma vida melhor.

O ponto decisivo, que se refere à nossa carga genética, definirá num percentual de 50% sobre o quanto poderemos ser felizes ou não.

Mas o melhor é que, por meio de pesquisas empíricas, chegou-se à conclusão de que 40% de nossa felicidade estão em nossas mãos, por meio da promoção de atividades intencionais que determinamos. E essas atividades intencionais requerem nosso empenho e o nosso agir. E o *coaching* pode trazer benefícios extraordinários a essas ações, que potencializam a felicidade.

A mudança permanente da vida aliada ao autocoaching customizado

São muitas as verdades que os seres humanos sempre buscaram e ainda buscam acerca da vida. Em diversos campos do conhecimento humano, o desejo íntimo de respostas sempre fez brotar questionamentos. Considerando a abordagem do tema, destaco uma afirmação que permite uma reflexão sobre a pluralidade de nossa existência.

"A única coisa permanente é a mudança"
Heráclito de Éfeso, aprox. 500 a.C - filósofo pré-socrático.

Uma análise epistemológica da afirmação geraria um debate bem mais aprofundado e fora do escopo deste artigo e, por isso, a descarto. Contudo, de forma pertinente para essa abordagem é plausível e perceptível para os dias atuais e, possivelmente futuros, o significado transmitido por ela.

*LYUBOMIRSKY, S.; A Ciência da Felicidade – Como atingir a Felicidade Real e Duradoura. Rio de Janeiro: Elsevier, 2008.

Coaching & Mentoring

A cada mínima fração de tempo, tudo se transforma. Nada é o que foi há um milésimo de segundo. Desde a mais micropartícula até os ilimitados horizontes do Universo, tudo muda o tempo inteiro. Considerando o tempo de vida e de renovação de nossas células a cada três meses poderíamos dizer que cada um de nós tem um novo eu; transformado, ou melhor, reciclado.

Para poder nos adaptarmos e nos flexibilizarmos a este novo eu, a cada novo outro, a cada novo mundo, precisamos estar preparados para fluir nesse campo vastíssimo de novas possibilidades e fazer dessa aventura uma jornada de crescimento, tornando a vida um processo de lapidação de quem somos, recebendo cada mudança como uma dádiva para plena experimentação.

Então de que forma podemos facilitar nossa interação com essas mudanças?

Resguardadas as condições de funcionalidade de cada *coachee* e independentemente dos nichos, das modalidades e das metodologias, a partir do *coaching*, é possível, como já dito, adquirirmos muito autoconhecimento, alcançarmos os resultados que esperamos termos atendidos os nossos desejos, concretizarmos nossas metas e isso tudo sempre inundado por resultados de uma maior felicidade.

Contudo, como a vida se transforma a cada instante, parar por aí é muito pouco. A mutação ininterrupta de nossas vidas não nos permite parar; é preciso continuar caminhando e desfrutando o que surge de novo, e como um camaleão, adaptar-se ao que acontece. O autoconhecimento precisa ser cíclico e permanente frente ao surgimento das mudanças.

Além disso, as pessoas passam por um processo de habituação, o que faz com que emoções que trazem felicidade produzam efeito durante um período de tempo, precisando que haja uma transformação do fato gerador desse sentir com algo que nos traga uma nova emoção positiva.

Fazer *coaching* repetidas vezes, em períodos longos de tempo, gerando uma relação de dependência do *coachee* com o *coach*, está fora de seus princípios, além de obviamente ser um investimento considerável.

É nesta hora que o *autocoaching* pode ser uma forma muito enriquecedora para a percepção, a facilitação e a maximização positiva destes novos estados de mudança e de transitoriedade do que somos.

Contudo, não me refiro aqui a um processo de *autocoaching* como o que se encontra nos livros, que conduzem ao alcance de metas específicas e isoladas como uma única fórmula, que também não deixam, absolutamente, de ter a sua contribuição.

Refiro-me a um *autocoaching* personalizado, que a todo tempo você pode lançar mão, delineado por você, a quem você é, ao seu perfil multifacetado e à sua forma simbiótica de interagir com a vida e suas mudanças.

Andréa Perez Corrêa

Cada *coach*, ao executar seu trabalho seriamente, sabe da pertinência da adequação do processo de *coaching* para o uso de ferramentas, modelos, e protocolos em função da pluralidade dos perfis. As singularidades de cada *coachee* não podem ser consideradas num processo de *coaching*, com engessamento de conduta pelo profissional. As melhores formas de facilitar o processo vão surgindo a cada sessão, particularizando-se assim o atendimento.

Nesse contínuo é que vai se estruturando, sutilmente, um esboço da construção de um *autocoaching* customizado daquele *coachee* único e assimétrico a qualquer outro. Surge, pela apuração do autoconhecimento, do novo pensar, do novo agir, de novo comportamento, dos novos reconhecimentos e percepções de cada coachee, uma forma particular de lidar com a vida, uma nova maneira de encarar o mundo, o que gera um mecanismo próprio de *autocoaching* por meio desses aprendizados.

É este *autocoaching* customizado - desvendado e construído pelo próprio *coachee*, com a intenção comprometida do *coach*, dedicado e crédulo à potencialidade do desenvolvimento humano - que possibilitará a ele, ao final do *coaching*, remodelar-se pela vida de forma independente.

O uso dessa postura *autocoaching* de viver, que carrega os benefícios enumerados do processo de *coaching*, que impulsiona o agir e que eleva a autoeficácia em diversos aspectos da vida, pode possibilitar a manutenção, com atenção e dedicação, de condutas e comportamentos de vida que elevem a sua felicidade e a sua positividade.

Instrumentalizado com essa nova condição de *autocoaching*, você se percebe agindo com mais interatividade e facilidade na sua vida. Essa postura nos torna aptos a nos retroalimentar com novas escolhas e novos comportamentos.

Mencionar apenas as satisfações e os ganhos do *coachee* neste processo seria um deslize e tanto.

O final mais feliz desta história, creio eu, pode ser reservado ao *coach*, virtuoso em sua conduta de trabalho e colaborador atento e presente desta narrativa.

Presenciar e contribuir, não apenas com o alcance de um objetivo específico, mas também com o empoderamento de um ser humano por meio de um aprendizado que poderá usar em sua vida sempre, como fruto do seu trabalho de *coach* é de uma felicidade engrandecedora. Ouvir de um *coachee*: "o que aprendi com o *coaching* vou usar pela minha vida inteira" é perceber o que trata esse artigo: **Autocoaching customizado - *o legado mais gratificante de um coach virtuoso.***

Convite ao valor agregado

A maior intenção dessas reflexões que ainda se apoiam apenas em uma percepção pessoal com os resultados vivenciados com os *coachees*, não é absolutamente esgotar ou consubstanciar totalmente este tema.

O desejo mais profundo aqui é o de gerar - ou no mínimo de apoiar caso já existam outras reflexões similares que ainda não sejam de meu conhecimento – uma forma de pensar o trabalho de *coach*, com um *plus*.

E esse desejo culmina com um convite, factível e acessível a todo *coach*, comprometido verdadeiramente com a grandiosidade do *coaching*, que é o de acreditar e ter a intenção sincera, intrínseca a cada sessão, de que, ao trabalho de *coaching*, podemos adicionar um valor agregado, que multiplicará, numa progressão geométrica, o número de seres humanos mais seguros, satisfeitos e felizes.

Internalize essa postura de propiciar a multiplicação dos processos de *coaching* na vida daqueles que cheguem até você e promova: o *autocoaching* customizado.

Faça do *coaching* uma forma de viver de muitos e se sinta ainda mais feliz por escolher contribuir para um mundo melhor!

9

O *coaching* como processo de facilitação do autoconhecimento

Para ter sucesso em qualquer área da vida deve se colocar a caminho. Esse movimento de sair do estado atual e chegar ao estado desejado exige assumir responsabilidades, mudar pontos de vistas, adotar novas atitudes e compreender o valor intrínseco do objetivo pretendido. É um movimento que integra o "saber", "fazer" e o "ser" com maestria, e tem como base o autoconhecimento. Processo para compreender a realidade, liberar-se do túnel de limitadas possibilidades e construir caminhos de escolhas sustentáveis

Anny Beth Bernardo

Anny Beth Bernardo

Coach Executivo e Organizacional pela Leading Group a Leonardo Wolk Company/Opus/Indesp, Professional *Coach* do Sistema ISOR pelo Instituto Holos de Qualidade, *Master Practitioner* em Programação Neurolinguística pelo Instituto de Desenvolvimento Pessoal (INDESP), Certificação Internacional em PNL Sistêmico pelo The International Association for NLP com Bernd Isert (Alemanha); Terapeuta da Linha do Tempo pelo Metaprocessos Avançados/INDESP. Ativista Quântico pelo Instituto Aleph/Centro de Ativismo Quântico – Brasil, Analista Comportamental pela Universidade Quantum, Master Avatar pela Star's Edger FL/EUA. Administradora pela Universidade Federal do Espírito Santo. Analista Tributário da Receita Federal do Brasil. Facilitadora de desenvolvimento pessoal e profissional em treinamentos. Palestrante na área comportamental com foco em autoconhecimento, qualidade de vida, liderança e comunicação.

Contato
anny.bernardo@hotmail.com

Anny Beth Bernardo

Estar consciente da nossa ativa participação na dinâmica da vida é autoconhecimento. Um grande número de pessoas não tem consciência da sua atuação, vivem a maioria das vezes reagindo e reclamando e não conseguem perceber os benefícios existentes em cada situação. A proposta do autoconhecimento é ampliar a percepção de si mesmo, reconhecendo seus pontos fortes para superar seus limites e realizar o seu objetivo. No processo de *coaching* as perguntas dadas ao *coachee* são para que ele dirija o olhar para si e construa seus próprios caminhos de possibilidades. As teorias evolutivas apontam para o entendimento de que todo o ser vivo tem como propósito natural evoluir, sendo constituído de capacidades inatas para crescer, alimentar e nutrir, curar, sobreviver, proteger, satisfazer suas necessidades, trabalhar e realizar-se. Você é capaz de enxergar essas potencialidades em você? Saiba que já existe em você tudo que é necessário para realizar seus sonhos. Ter consciência de quem é produz significativos benefícios físico, mental e emocional, além de favorecer diversas áreas da vida como os relacionamentos, a criatividade e a liderança. O processo é delicado e o apoio do profissional de *coaching* é fundamental para o direcionamento à autodescoberta. É realmente gratificante ver o *coachee* perceber que não há limite para o que ele deseja realizar.

Autoconhecimento é um processo delicado, respeitoso, contínuo que traz mudanças profundas para a vida. Como falar de autoconhecimento no processo de *coaching* com a simplicidade que valorizo? O recorte para nosso tema percorrerá as três perguntas a seguir:

1. O que se tem para conhecer em si mesmo?
2. E o que é conhecido?
3. Quais benefícios de conhecer a si mesmo?

Há uma explosão de conhecimento científico sobre a natureza da inteligência consciente produzido nos últimos quinhentos anos. O advento da nova ciência com o paradigma quântico e a ideia de que a consciência cria a realidade deram início a outras diversas pesquisas, contribuindo para a compreensão da nossa participação ativa neste intrigante conjunto de sistemas vivos que é a vida.

1. O que se tem para conhecer em si mesmo?

O filósofo estadunidense, Paul M. Churchland (2004), pesquisador da filosofia da mente, descreve autoconhecimento como a capacidade de ser autoconsciente. E diz que conhecer a si mesmo envolve não apenas o conhecimento dos estados físicos, percebido pelos cinco sentidos, mas especialmente, o conhecimento específico dos próprios estados mentais. É possível compreender que a nossa realidade é constituída não apenas das informações que captamos do mundo externo por meio dos cinco sentidos, mas está fortemente associada às informações sustentadas pelos pensamentos, sentimentos e emoções, conhecidos como processos e atividades mentais, que formam a psique de cada indivíduo.

A falta de compreensão da realidade faz com que muitos *coachees* tenham dificuldades para definir o objetivo que deseja alcançar, condição primordial para chegar onde se deseja. Eu mesma já passei por isso algumas vezes, quando o medo estava presente. Para alcançar seu objetivo e obter o sucesso desejado é importante desenvolver em si as três forças, abaixo, para impulsionar o seu poder criativo:

a) A intenção – saber o que quer;
b) A motivação – o propósito para alcançar o objetivo;
c) A convicção – ter a certeza de que é verdade.

Essas forças são acessadas no campo de energia no qual estamos inseridos, é o que a física quântica vem nos apresentando. A maioria das pessoas quando deseja realizar alguma coisa direciona parte da atenção - e atenção é energia - para o que quer e a outra parte da atenção, bem maior, para o que não quer, tornando o caminho de construção das metas ao alcance do objetivo doloroso, com grande gasto de energia. E por que isso acontece? Isso está associado à compreensão que elas têm da realidade delas.

A nossa maneira usual de pensar é enganosa. Fomos levados a acreditar que a realidade é o que vemos, ouvimos, cheiramos, tocamos e degustamos. É comum que a nossa compreensão da realidade seja a que nossos avôs, pais, tios, professores, autores de livros nos transmitiram. E é comum eles compreenderem a realidade a partir dos pontos de vista de outras pessoas, também. Quantas pessoas não gostam de determinado alimento, sem ao menos experimentar? E quantos jovens estudantes afirmam categoricamente que não serão capazes de conseguir aprender uma matéria que ainda não tiveram contato?

Para mudar a tendência normal dos processos e atividades mentais é preciso estar consciente deles.

É primordial que tenhamos a compreensão de que somos partes de sistemas vivos. É importante que o *coachee* saiba que a sua existência é vital para o sistema. E que a maneira como ele interage com o sistema pode ser favorável ou não para o todo.

Perceba que o nosso corpo cria a si mesmo a cada período da vida. Assim como a árvore cresce, troca suas folhas e dá fruto, há um movimento contínuo ocorrendo dentro do nosso corpo que não temos condições de controlar, e parte desses movimentos são influenciados por nossos pensamentos, emoções negativas e positivas, sentimentos e sensações. Perceba, também, que a vida acontece por meio da sua interação com as pessoas, que é influenciada pela impressão que você tem delas, dos lugares, coisas, circunstâncias e experiências. O seu padrão mental é constituído de pensamentos, sentimentos, emoções, sensações, experiências e impressões de lugares, pessoas e coisas, o que é a base da sua vida.

No processo de *coaching* as perguntas do *coach* são um convite para o *coachee* "sair da caixa". A expressão que considero mais adequada é convidá-lo para um passeio fora da "Caverna" de Platão, por meio de perguntas que o levem a esclarecer os significados do arcabouço de informações que sustentam seus pensamentos, emoções, sentimentos e impressões em relação ao seu objetivo.

Considero este momento um dos mais delicados do processo de *coaching*. Romper com as ideias e opiniões de experiências passadas que o *coachee* estava identificado pode ser desconfortável. Direcioná-lo à visão das possibilidades por meio de perguntas contribui favoravelmente ao equilíbrio emocional.

Respondendo a primeira pergunta, o processo de autoconhecimento no *coaching* é direcionado para que o *coachee* conheça a sua realidade que ele considera verdade, que é baseada nos seus padrões mentais e o significado que ele emprega em cada experiência. O significado é que dá sentido às crenças que a pessoa está defendendo, são as interpretações e opiniões das experiências passadas ou até mesmo de algo que ele nunca vivenciou, mas acredita como se tivesse experimentado. Normalmente a percepção que a pessoa tem da realidade é uma crença e não o fato.

2. O que é conhecido?

Todos nós estamos ligados e operando no interior de campos vivos de pensamentos e percepções. A realidade são crenças e como crenças, pode ser alterada. Nós nos apropriamos das crenças e nos identificamos com ela de tal maneira que ela se torna transparente. E assim, passamos a acreditar que somos as crenças ou que a realidade é a crença. As metáforas podem ser usadas para que o *coachee* consiga distinguir a crença de um determinado evento. O sistema de crença de uma pessoa é formado pelo conjunto de ideias e opiniões que ela tem de determinada situação e até de si mesmo. E ela acredita que é verdade, e certamente é. O que não pode é ser considerado como única maneira de ver a situação.

A crença pode ser útil ou obstrutiva. Quando a crença causa sofrimento e impede o *coachee* de alcançar seu objetivo, ela é uma crença obstrutiva. Quando ela promove bem-estar, encorajamento, a crença é útil. Uma pergunta que oriento ao *coachee* a fazer a si mesmo é: **o que estou acreditando para ter essa experiência?**

Podemos desenvolver um ambiente de confiança, ser empático, e promover a auto-honestidade, para que o *coachee* veja a si mesmo com respeito e carinho. A sinceridade permitirá ao *coachee* observar em suas respostas. Caso a responsabilidade do que ele esta acreditando seja vista como de outra pessoa, ele se colocou no papel de vítima e terá mais dificuldades para fazer a distinção. Quando o *coachee* se coloca como responsável, assumindo responsabilidade pelo que está acreditando, será possível alterar a crença para uma útil.

3. Quais os benefícios de conhecer a si mesmo?

Considerando que grande parte da humanidade acredita que a realidade consiste não nos eventos que acontecem, mas nos seus sistemas de crenças, alimentados por pensamentos, emoções negativas ou positivas, sentimentos, sensações, impressões e opiniões que têm dos eventos que ocorrem, elas se tornou escrava dos seus próprios pensamentos.

Huberto Rohden, filósofo, educador e teólogo catarinense, disse uma frase que ilustra o condicionamento da mente "o Ego é o pior dos senhores e o melhor dos escravos". Esta frase, dita por um mestre, foi o meu despertar, acreditem.

O Ego é o termo que designa o aspecto condicionado da personalidade humana. O comportamento, para os cientistas cognitivos é baseado nos condicionamentos da mente inconsciente, onde os significados dos pensamentos e emoções estão ocultos. E estes significados não são integralmente revelados. O "Ego" e o "Self" compõem a psique. Encontrei em Goswami (2007) uma explicação interessante sobre a psique. Para o cientista, como postula a psicologia, a psiquê define um sistema dinâmico, onde a satisfação da parte consciente é designada por "progressão", enquanto que a satisfação da parte inconsciente é designada por "regressão". Compreendo que, quando estamos inconscientes, acreditando na ilusão de que a realidade são as crenças que alimentamos, reagimos às oportunidades que nos são apresentados. E quando estamos conscientes de que tudo são crenças, e que podemos alterá-las, nos tornamos capazes de criar novas realidades e participar da criação do futuro, abrindo caminhos de Possibilidades.

Para criar um campo propulsor de possibilidades, pergunte a si mesmo: **o que eu tenho que acreditar para fazer isso com facilidade?**

Retirando-se os véus da ilusão compreendemos o nosso propósito maior na vida. E quando nos comprometemos com este propósito, passamos a participar do desdobramento dinâmico da realidade, o que Carl G. Jung chamou de "Sincronicidade", termo que descreve acontecimentos sem uma relação causal, em termos de espaço tempo físico. Os *insights* ficam mais frequentes para aquele que vive a verdadeira realidade. Uma célebre frase de Einstein ilustra este fato: "as leis fundamentais da Física não são obtidas nem por dedução, nem por indução, mas por uma espécie de "palpite" que resulta duma comunhão profunda com a Natureza".

O processo de *coaching* é aprendizagem, transformação e comprometimento. Sendo necessário abranger três momentos:

a) O saber – o que eu preciso *saber* para realizar isso?
b) O fazer – o que eu preciso *fazer* para realizar isso?
c) O ser – o que eu preciso *ser* para realizar isso?

O saber consiste em compreender, aceitar e satisfazer-se por ter ampliado seu entendimento da realidade. O "Eureka"! O fazer são as atitudes desenvolvidas para criar a nova realidade, que será o maior benefício para todos. O ser consiste em descansar a mente, reduzir o fluxo de pensamentos e permitir a elevação do nível de energia.

O que se experimenta no processo de autoconhecimento direcionado para resultados influencia beneficamente a pessoa envolvida, os seus relacionamentos e as empresas. Os resultados manifestados pelo *coachee* são:

a) Criatividade e aumento da capacidade de resolver conflitos;
b) Saúde física, estabilidade mental e emocional, aumento do nível de energia vital;
c) Equilíbrio emocional e capacidade de lidar com os seus próprios sentimentos de forma construtiva;
d) Autoestima desenvolvida, uma nova visão de si mesmo;
e) Autoconfiança, respeito as suas experiências;
f) Autoconceito, reconhecimento do seu valor;
g) Empatia.

Coaching & Mentoring

O autoconhecimento é a ferramenta fundamental para promover mudanças significativas na sociedade. Conhecer a si mesmo é uma via para a inovação que permite a criação de caminhos para a sustentabilidade do planeta, para a saúde, a economia e a sociedade. O autoconhecimento no processo de *coaching* conduz o *coachee* a sair do estado de "espera que o outro faça" e amplia sua capacidade de ação, favorecendo o alcance de resultados satisfatório para aqueles que estão comprometidos com a sua realidade. Vamos trabalhar?

10

Coaching – Um caminho de transformação e aprendizado

Desenvolver processos de *coaching* e ser *coach* é um presente diário e um investimento permanente no caminho perene do meu autodesenvolvimento

Bete D`Elia

Bete D`Elia

Diretora da Toucher Desenvolvimento Humano Ltda. Graduada em Português-Francês pela Usp - Universidade de São Paulo. Pós-graduada (lato-sensu) em Psicologia Universal, pelo Psyko Universal, Instituto de Desenvolvimento; Coach, com formação pelo IDHL – Instituto de Desenvolvimento Humano Lippi. Palestrante, instrutora de cursos, consultora de empresas; para profissionais da gestão empresarial. Professora de Pós-Graduação, Curso Assessoria Executiva, Disciplina Qualidade de Vida, Uni-Ítalo (2000 a 2007). Articulista de revistas, entre elas a Capital Público, jornais, sites com temas voltados à gestão empresarial, qualidade de vida, profissionalismo, inteligência emocional, administração do tempo, liderança feminina, entre outros. Membro dos Grupos de Estudo Gestão e Desenvolvimento, Qualidade de Vida Integral, da ABQV – Associação Brasileira de Qualidade de Vida. Membro do Comitê Estratégico de Educação, do Sindicato das Secretárias do Estado de São Paulo – Sinsesp. Professora-colaboradora do livro *Gestão Secretarial – O Desafio da Gestão Holística*, com autoria de dois capítulos; Autora do livro *Profissionalismo – Não dá para não ter* – Editora Gente e *As novas Competências do profissional de secretariado*, com Edméa Garcia Neiva – Iob Thomson. Autora-colaboradora do *Livro Gestão do Tempo e Produtividade* – Editora Ser Mais.

Bete D`Elia

O mundo atual valoriza cada vez mais soluções personalizadas e customizadas. Essa tendência mostra a importância da singularidade, aliada à necessidade de se sentir "único", principalmente, quando se está no papel de cliente.

Os produtos e serviços saíram na frente, transformando este movimento em diferencial competitivo. A área esportiva foi uma das pioneiras em adotar a figura do *coach*, para otimizar a performance dos atletas de alto nível. O crescimento do *"personal training"* respondeu também a essa demanda de atendimento personalizado, agregando a comodidade da opção *"delivery"*, muito requisitada no ambiente tumultuado e corrido dos grandes centros.

Dentro desse cenário surge o *coaching* pessoal, familiar, profissional, corporativo, esportivo, etc, contemplando as várias facetas do rico universo humano.

Minha abordagem focalizará o *coaching* profissional e corporativo, que me proporcionou experiências enriquecedoras e que continua sendo uma das minhas áreas de atuação.

Meu objetivo não é conceituar o processo de *coaching*, porque ele já mostrou a que veio e há evidências consistentes de que o mercado assimilou o seu significado e o escolheu como ferramenta do presente e do futuro.

Entendo que meu desafio é situá-lo, nesse momento, em que encontra a sua maturidade e se consolida como um processo estruturado, que possibilita às pessoas maior autoconhecimento e desenvolvimento de suas potencialidades, estimulando-as a um plano de ação, com foco, para atingir objetivos e metas, no campo pessoal e profissional.

Em linhas gerais, o *coach* realiza um inventário pessoal e profissional do seu cliente e ambos constroem um novo projeto profissional, seja ele de direcionamento, ajustes, embasamento, desenvolvimento, evolução, etc.

O *coaching* oferece uma alternativa comprovadamente viável, desenvolvendo habilidades de comunicação, gerando alternativas frente aos desafios, proporcionando estados emocionais positivos, para a conquista de resultados duradouros.

A demanda por *coaching* tem aumentado sensivelmente na atualidade.

Além da sua comprovada eficácia, as empresas anseiam solucionar o *gap* ainda existente no seu quadro de profissionais, em relação às competências vitais como liderança, ética, comunicação, criatividade, relacionamento interpessoal, que não têm sido desenvolvidas a contento nos cursos de formação e atualização disponíveis no mercado.

O mundo corporativo tem percebido, na prática, que o processo de *coaching* tem solucionado essa lacuna com ferramentas aplicá-

Coaching & Mentoring

veis e potentes, para otimizar desempenho.

Segundo Jack Welch, ícone de sucesso como líder, CEO da GE-General Eletric por duas décadas: *"no futuro todos os líderes serão coaches. Quem não desenvolver essa habilidade, automaticamente, será descartado pelo mercado"*.

Coach (o profissional) e *coachee* (o cliente) são os personagens desse novo caminho de transformação e aprendizagem.

Ser *coach* – Uma gratificante missão

Não se escolhe ser *coach* por acaso. A opção por esse caminho ocorre num momento de maturidade pessoal e profissional, em que o chamado interno nos impele a fazer algo com um sentido maior.

Preparar-se para atuar como *coach* coincide com um momento de transformação e evolução. É necessário um árduo caminho de autoconhecimento, em que somos o próprio laboratório e descobrimos com a nossa lupa interior crenças fortalecedoras e limitantes e praticamos as ferramentas para fazer aflorar o nosso total potencial.

Para mim, vivenciar o processo de *coaching* e me capacitar para ser *coach* significou um renascimento.

Com certeza, sou uma pessoa melhor. Aprendi a me desvencilhar das velhas crenças e a colocar holofote na minha fortaleza.

Ao descobrir a minha luz, dar vazão ao seu brilho e sentir o estado de plenitude, eu quis ajudar as pessoas a terem essa importante descoberta.

Ao me tornar *coach* eu escolhi ser uma eterna aprendiz de competências essenciais para evoluir diariamente como ser humano e profissional.

Ser *coach* é um processo de crescimento recíproco.

É uma atividade profissional, que exige muito mais do que competências e habilidades. É necessário amor, doação, entrega, atenção total no seu cliente.

É um desafio permanente que me encanta e me estimula a aprender mais e a ser melhor a cada dia.

Um dos significados da palavra *"coach"* - **carruagem** - traduz um dos seus objetivos e retrata como eu também me sinto nessa missão.

"Uma carruagem transporta uma pessoa de um lugar para o outro. É o passageiro, que de forma voluntária, nela entra, escolhendo o destino que pretende alcançar".

Ser o facilitador dessa trajetória, favorecendo uma dinâmica de transformação e mudança efetiva do *coachee* é o nosso compromisso.

Cada cliente é um universo único. Cada relação é singular. Toda sessão é um momento de reflexão, análise, descoberta.

Normalmente, é similar o estado interno do *coachee* ao buscar o processo de *coaching*. Na maioria das vezes, ele não tem consciência dos seus recursos internos, não reconhece a sua luz nem a sombra, não tem dimensão das suas amarras e não sabe como livrar-se dos padrões limitantes.

Com o nosso suporte, ele se permite alçar voo para o mundo interior e marcar um encontro consigo mesmo. Esse olhar corajoso amplia a visão sobre a sua potencialidade. Ele entra em sintonia com a sua força, descobre ou se reconecta com a sua missão de vida, conscientiza-se das suas reais competências e dos limites, aprendendo a sair da zona do conforto e a enfrentar novos desafios.

Como *coach* ajudamos nossos clientes a crescer, orientando sob medida, um plano estruturado e estratégico para conseguir as metas estabelecidas.

Essas mudanças não acontecem num passe de mágica. Fazem parte de uma metodologia gradativa de ação, com o uso de ferramentas eficazes, cujo conhecimento e aplicação ampliam o repertório, enriquecem a bagagem e melhoram a *performance*.

A relação *Coach-coachee* – Uma cocriação de novas possibilidades

Coach e *coachee* têm responsabilidades partilhadas para trabalharem juntos no aperfeiçoamento contínuo do desempenho.

A relação é construída com base na confiança e na empatia.

O *coach* olha, incondicionalmente, de forma positiva para o seu *coachee*, com total aceitação, sem expressar nenhum juízo de valor.

Com a utilização das ferramentas da escuta ativa, observação, perguntas poderosas, *rapport*, intuição e *feedback*, os *coachees* são estimulados a evidenciar os problemas, questionar seus valores, meditar sobre os obstáculos que possam surgir, examinar suas soluções, refletir sobre as possibilidades e usar os melhores recursos.

Essas experiências reforçam a autonomia, a criatividade, a autoestima, a responsabilidade.

O *coachee* assume ser protagonista da sua vida, acreditando na realização dos seus objetivos.

Uma imagem que para mim simboliza essa transformação: a chegada do *coachee* assemelha-se a uma foto branca e preta, sem muita nitidez. Na saída, a foto é colorida e com alta resolução.

A relação com os meus *coachees* é desenvolvida com base nestes pilares.

Posso afirmar que em cada sessão a troca é intensa, verdadeira, congruente. Ao final de cada encontro, constato, com muita satisfação, a etapa percorrida. O *feedback* verbal e corporal do *coachee* confirma a evolução conquistada e a motivação para continuar a escalada.

Os *coachings* já concluídos atingiram as metas definidas e abriram um novo leque de oportunidades e perspectivas, que passaram a ser vislumbradas, com a posse da força interior.

Aqueles em andamento, cada um com a sua riqueza e complexidade, sinalizam que o caminho está correto, porque além da crença total na eficácia do processo, eu refino, diariamente, a minha capacidade de conexão com o *coachee*, amplio a minha percepção, aguço a intuição e aprendo cada vez mais a ajudá-lo a acionar o botão da sua luz interna.

Bete D´Elia
Coach, palestrante e instrutora de cursos

REFERÊNCIAS
CATALÃO, João Alberto & PENIM, Ana Tereza. *Ferramentas de Coaching*.3ª.ed, Ridel, Lisboa:2009.
IDHL – Instituto de Desenvolvimento Humano Lippi-Apostila Certificação em Life & Professional Coaching.

11

Constelação Organizacional e *Coaching* Sistêmico

Levando em conta os objetivos propostos neste livro, irei abordar constelação organizacional e *coaching* sistêmico como estratégias de crescimento e solução para nossas crenças persistentes e limitantes

Claudiane Rodrigues Tavares

Claudiane Rodrigues Tavares

Graduada em Pedagogia. Pós-graduada em Gestão de Pessoas; Pós - graduada em Psicanálise Clínica pelo Instituto Pós Saber. Grafóloga pelo Instituto Desenvolver de São Paulo. Terapeuta em Constelações Familiares e Organizacionais. *Coach* Internacional pelo sistema ISOR.

Contatos
www.claudianetavares.com.br
claudianetavares@hotmail.com

Claudiane Rodrigues Tavares

Como surgiu a técnica das constelações sistêmicas:

A técnica denominada de constelações sistêmicas é um método de terapia breve, orientada para as soluções e que tem como seu criador o alemão Bert Hellinger. Seus trabalhos têm amplas implicações no âmbito da psicoterapia, aconselhamento de casais, pedagogia, consultoria de empresas, dramaturgia, política e solução de conflitos sociais.

Hellinger desenvolveu a técnica a partir de anos de observação de fenômenos que ocorriam em grupos terapêuticos que ele conduziu e coordenou durante 16 anos na África do Sul.

Foi estudioso de gestalt terapia; psicanálise; terapia primal, de Arthur Janov; análise de estórias, de Eric Berne; análise transacional e hipnoterapia.

Em 1970, teve contato com o trabalho da terapeuta Virginia Satir, e se encantou com a fenomenologia da representação familiar desenvolvida Por Satir, que passou a chamar de "escultura familiar".

A partir deste trabalho foi que descobriu leis e dinâmicas inconscientes que atuam nos sistemas familiares e em outros grupos que formam um sistema e que ele denomina de ordens do amor:

Essas ordens do amor referem-se a três princípios norteadores:

1. A necessidade de pertencer ao grupo ou clã
2. A necessidade de equilíbrio entre o dar e o receber nos relacionamentos
3. A necessidade de hierarquia dentro do grupo ou clã

Ele constatou que a constelação é capaz de trazer à tona e de forma rápida e prática as dinâmicas inconscientes que ligam o cliente ao seu sistema de referência, no caso o seu sistema familiar e que o emaranha em seus resultados, ações e desenvolvimento profissional e pessoal.

Trata-se de uma prática fenomenológica, e sua fundamentação é principalmente antropológica, filosófica e humanística.

Atualmente muitos profissionais preferem o termo Constelação Sistêmica em vez de Constelação Familiar ou Organizacional, pois esse método de trabalho terapêutico pode ser empregado em vários outros sistemas como empresas, escolas, relacionamentos com familiares.

O que é Constelação Organizacional

Criada a partir das constelações familiares, seu objetivo principal é definir situações ligadas a empresas, organizações, vida profissional. Além de complementar, serve de apoio ao trabalho de consultoria de uma empresa, servindo desta maneira como uma referência para o processo de tomada de decisões em diversas circunstâncias como, por exemplo, em recrutamento e seleção de cargos importantes, nas questões sucessórias, nas mudanças de gestão e políticas; fatores econômicos e mercado, bem como nas fusões.

É comum atualmente que mesmo as grandes organizações e as empresas multinacionais se deparem com diversos problemas. Podemos citar:

- Falta de desenvolvimento da empresa ou de determinado produto,
- Clientes que se afastam sem explicações aparentes
- Equipe profissional fraca e em constantes conflitos de interesse
- Rotatividade altíssima
- Diversos processos trabalhistas
- Fusões mal sucedidas
- Perda financeira
- Falência
- Conflitos entre sócios

Uma consultoria organizacional fornece em alguns casos dados importantes referentes aos problemas. Porém, quando comparamos esses dados com a constelação sistêmica, podemos considerá-los superficiais.

As Constelações Sistêmicas ou Organizacionais mostram de maneira aprofundada onde se origina o problema, o emaranhado, a raiz onde tudo teve início. Muitas vezes adotamos comportamentos, atitudes que não são nossos e sim herdamos de nosso campo familiar e apenas reproduzimos esses comportamentos em nossa vida como um todo.

Devido ao resultado rápido, o uso da técnica em empresas como a Daimler-Chrysler, IBM ou BMW vem contribuindo para o interesse dela em toda a Europa.

Como utilizar a técnica nas empresas

Em questões empresariais, podemos apenas trabalhar com aquilo que o cliente veio procurar auxílio e no qual tenha poder de decisão, ou seja, não é possível constelar uma questão onde o poder de decisão na verdade está nas mãos de outra pessoa, como por exemplo constelar o chefe, ou o administrador de onde trabalho e sou funcionário. Posso apenas, nesse caso, montar uma constelação relacionada ao departamento do qual sou chefe, pois aí tenho poder de decisão.

A prática das Constelações Organizacionais nas Empresas se dá de várias maneiras. Podemos optar por um *workshop* de constelações para grupos fechados, constelações individuais ou *coaching* sistêmico.

Para montarmos uma constelação, iniciamos sempre pela questão, ou seja, a questão envolve a necessidade do cliente. Definindo tudo, o cliente então coloca "a questão" que lhe interessa ser resolvida para o constelador, o cliente irá eleger algumas pessoas, de preferência não conhecidas para atuarem como representantes de seus colaboradores, sócios, produtos, departamentos, clientes, situação financeira etc.

É possível montar um *workshop* de constelação com os executivos, diretores, gestores e funcionários.

O *workshop* com representantes é uma forma muito eficaz, pois o cliente torna-se o observador e através dos movimentos dos representantes e da intervenção do constelador pode ver com clareza onde está o problema e qual a melhor solução que deve tomar para melhorar a situação da empresa.

Um bom constelador é o que observa sem a intenção de julgar ou ajudar, não interfere, permanece fiel ao campo e à solução que se apresenta e comunica ao cliente o que vê.

Pode-se ainda nesse tipo de constelação, a fim de manter sigilo e confidencialidade das informações trazidas pelo cliente, optar por uma constelação que chamamos de cega ou oculta.

Na constelação oculta, a informação que se fornece ao constelador e aos representantes é mínima ou quase nula.

Constelações Individuais:

Temos a opção de fazer o mesmo trabalho de forma individual usando algumas ferramentas como as âncoras de solo e os bonequinhos a fim de substituir os representantes. A constelação individual tem a mesma força de atuação que a constelação em grupo. A diferença é que na constelação individual usam-se outros recursos ao invés de pessoas.

Exemplo de uma constelação individual

Atendi em meu *setting* uma cliente cuja questão era a falta de iniciativa em sua profissão. Sentia-se cansada, pesada, sem força para trabalhar. Disse que se sentia morta e essa palavra despertou a minha atençao.

Pedi a ela que colocasse em uma mesa uma bonequinha *playmobil* representando a si mesma. Depois pedi a ela que colocasse uma bonequinha representando o trabalho e ela colocou a bonequinha escolhida deitada. Nesse momento, ela buscou a bonequinha que a representava e colocou olhando para a representante do trabalho que estava deitada. Sabemos que quando o cliente posiciona pessoas ou bonequinhos deitados significa que há ali uma morte.

Investigando a cliente, fiquei sabendo que quando ela estava com 17 anos perdeu uma irmã de 19 com uma infecção desconhecida.

A irmã trabalhava e estudava na época. Estava cheia de projetos.

Coaching & Mentoring

Quando adoeceu sentia-se cansada, pesada e a irmã, que era a minha cliente é que a "puxava" para a escola e da escola para a casa.

Então, percebemos que a cliente continuava identificada com toda essa história.

A cliente manifestava os mesmos sintomas de quando a irmã faleceu. Também se sentia morta. Seus projetos também haviam morrido com a irmã. Colocamos ordem no campo através das frases de soluções e procuramos uma boa imagem que fizesse sentido para ela.

Perguntei o que levava consigo daquela constelação e me disse: Não morri com ela. Eu estou viva, eu posso viver!

Coaching sistêmico

Esta técnica de *coaching* utiliza-se dos conceitos do pensamento sistêmico como as constelações sistêmicas, para permitir ao cliente ver a situação e o sistema à sua frente.

O *coaching* Sistêmico faz constelações a partir de uma conversa, buscando os padrões e as dinâmicas existentes, com uma percepção sistêmica, permitindo possíveis intervenções. Explora as posições dentro do sistema que permitem apoiar o crescimento da organização.

O *coach* (profissional quem aplica o processo de *coaching*) faz o diagnóstico juntamente com o *coachee* (pessoa que recebe o *coaching*) e busca soluções para as questões que envolvem relacionamentos, vínculos e situações, tomada de decisão, empresas, carreira, visão de mundo.

O cliente trabalha individualmente com questões organizacionais profissionais, pessoais, o seu posicionamento na família e também o seu papel como gestor, empresário, etc.

"O *coach* então tem a missão de conduzir o cliente no processo para que ele mesmo vá resolvendo e esclarecendo o tema apresentado.

Nesse tipo de *coaching*, quando sentimos a necessidade e, também para melhor ilustrar o sistema no qual será trabalhado, utilizamos alguns elementos como fichas de feltro, bloquinhos de madeira, cartolinas, bonequinhos, papel sulfite que denominamos de âncoras de chão. O cliente coloca as âncoras na sala, num local que sente que é o adequado e, com a orientação do *coach*, vai se colocando em cima de cada uma. O *coach* conduz o cliente num processo para que se vá resolvendo e esclarecendo o tema proposto pelo cliente por meio do diálogo.

Também é feito um mapeamento do sistema de crenças do *coachee* e de seus resultados obtidos.

A grande vantagem do *coaching* sistêmico é que não são necessárias muitas sessões.

Se o cliente opta por um *mentoring*, normalmente realizamos todo o processo em 12 sessões.

Se ele opta por olhar apenas para uma questão, conseguimos um bom resultado em apenas uma sessão. Uma segunda sessão pode então ser feita em cerca de três meses. Caso queira tratar outro tema, uma nova sessão é agendada. No final do processo, fixamos com o cliente sempre a imagem de solução, onde ele estava emaranhado e de que maneira pode chegar ao estado desejado.

Essa metodologia também pode ser utilizada em "*coaching* de grupo". Nesse tipo de *coaching*, também obtêm-se excelentes resultados como as melhorias nas relações entre empregados e gestores.

O que chamamos de sistemas na constelação

Sabemos que o nosso êxito ou o nosso fracasso agem como resultado de nossa história familiar, pela ressonância morfogenética. Para Bert Hellinger, nosso primeiro êxito sem dúvida alguma é o nosso próprio nascimento. Foi por meio de nosso nascimento que aprendemos coisas importantes como o ato de decidir, por exemplo.

Tudo o que assimilamos desde o nascimento sobre o funcionamento de nosso sistema familiar dá-se de maneira totalmente inconsciente e é repassado de maneira implícita pelas pessoas a outros grupos posteriormente, durante toda nossa vida. Aprendemos a lidar com os grupos observando e sentindo o peso do nosso próprio sistema familiar.

Coaching & Mentoring

12

O *coach* e o mentor: profissionais diferentes para resultados diferentes

Coach ou mentor? São profissionais diferentes para objetivos diferentes. No *coaching*, o resultado a alcançar é o desenvolvimento de comportamentos mais eficazes em relação aos objetivos de uma pessoa, uma equipe ou uma organização; no *mentoring*, é a melhora da performance no exercício de um cargo, visando a evolução na carreira e a obtenção de sucesso numa atividade. Os dois processos envolvem mudanças e podem ser complementares, mas não devem ser confundidos

Cristina Goldschmidt

Cristina Goldschmidt

Profissional com 25 anos de experiência, sendo mais de 10 em posições de liderança. É *Coach Senior* com formação pelo ICI – Integrated Coaching Institute, curso credenciado pelo ICF - International Coach Federation. Consultora da FOCCS – First-Order Coaching and Consulting Services, empresa do ICI Group. Consultora Janusian - *A Leadership Style Assessment®*, certificada pela Khorppe – Assessments & Consulting Services e Instrutora do Programa de Certificação Phoenix CMQ® – Challenge Management Quotient, da Khorppe – Assessments & Consulting Services. MBA em Gestão de Projetos pela FGV, graduada em Direito pela UCAM – Universidade Cândido Mendes e em Letras, pela UERJ – Universidade do Estado do Rio de Janeiro. Atualmente, é **sócia-diretora da Consulting CG**, lidera a equipe de consultores da **Consulting CG** e atua em consultoria nas áreas de desenvolvimento de capital humano, gestão estratégica e como *Coach* em programas de *Executive* e *Life Coaching* para profissionais de diversos segmentos, entre eles: Serviços, Óleo e Gás, RH e Telecom.

Contatos
www.consultingcg.com.br
cristina@consultingcg.com.br
(21) 2210-7407

Cristina Goldschmidt

Bianca, 36 anos, é advogada com trajetória brilhante na profissão. Pelos resultados obtidos ao longo da carreira, foi convidada a exercer um novo desafio na empresa: estruturar um departamento no Brasil para atender às demandas das áreas de negócio, suporte e, em especial, pesquisa e desenvolvimento. A empresa contratou um mentor para orientá-la. Um profissional experiente, também advogado, com formação em gestão e muitos anos de mercado, incluída a passagem por escritórios globais e companhias de vários ramos da cadeia produtiva do setor.

Durante o processo de *mentoring*, Bianca foi apresentada às melhores práticas relacionadas à nova posição e recebeu muitas orientações para não incorrer nos erros que tantas vezes o mentor vira acontecer em outras empresas. Ele solicitou à *mentee* que pesquisasse e estudasse assuntos-chave de sua área de atuação e de gestão, a fim de complementar suas competências técnicas à medida que o trabalho fosse avançando. Forneceu também muitas respostas, em quantidade proporcional à vasta experiência acumulada. Aos poucos, consolidado o sucesso de Bianca à frente do atendimento de áreas clientes, foi decorrência natural o cumprimento das metas do departamento.

Pela capacidade de entregar os resultados esperados e de aprender rápido, Bianca logo ganhou reconhecimento, mas viu-se desafiada a melhorar algumas competências. Entre elas, nos termos em que eram denominadas pela empresa nas avaliações de desempenho, estavam habilidades sociais, criatividade, capacidade de se comunicar, de resolver conflitos e de motivar a equipe. O auxílio do mentor demonstrava-se insuficiente: seus conselhos tinham difícil aplicação. Ele dizia que a *mentee* não lidava corretamente com certas situações e ela reconhecia que era verdade, mas não conseguia agir diferente. Os problemas se avolumaram, geraram consequências negativas. Bianca começou a pensar que, no seu lugar, a empresa queria ter alguém como o mentor.

Quando recebeu mais uma avaliação de desempenho insatisfatória, Bianca disse ao mentor que já não compreendia o que a empresa esperava dela. E não se conteve: ninguém fazia a menor ideia de como era tratar com certas pessoas, "um bando de mimados que parecem ter seis anos de idade". Ninguém sabia também o que era "aturar a vaidade" de seus pares nas reuniões de diretoria e ainda ter que "fazer cara bonita". O mentor repetiu o que já martelava havia meses: diante desta ou daquela situação, ela deveria seguir os velhos conselhos e reagir como ele cansara de recomendar.

Em busca de apoio para melhorar as competências requeridas nas avaliações de desempenho, Bianca bateu à porta do RH. Precisava aprender o desenvolvimento das habilidades exigidas pela empresa. Direcionada a muitos treinamentos, estudou técnicas de *feedback* e de oratória, métodos de negociação, de meditação e até de vendas. Participou de dinâmicas de criatividade que não deixaram de fora sequer a prática da gastronomia. Alguns novos conhecimentos foram aplicados, mas os resultados não se sustentaram: sua avaliação seguia fornecendo praticamente o mesmo resultado. Ela mantinha os mesmos comportamentos diante das atitudes de seus pares e subordinados. Desencadeava reuniões improdutivas em série, desperdiçava recursos, prejudicava sua carreira. Chegara ao ponto de ter perdido uma promoção para uma posição no exterior.

O dia a dia da vida corporativa é pródigo em situações como a protagonizada por Bianca – nome fictício para uma personagem do mundo real, pois encarna o desafio vivido por muitos profissionais em ascensão. Investidos numa nova posição, eles se veem às voltas com um inesperado acúmulo de desacertos e têm dificuldade de perceber que a razão desses problemas é a repetição de comportamentos antigos, inadequados, que já não funcionam. Mudá-los é desafio complexo e trabalhoso, pois implica modificar modelos mentais que um dia deram resultado, em outra realidade. Foi o caso de Bianca, que necessitava do apoio não de um mentor, mas de outro tipo de profissional – o *coach*. E foi assim que ela tornou-se minha *coachee*.

O *coaching* é aplicado com várias finalidades: melhorar a efetividade de alguém no cargo que ocupa; preparar novos líderes; aperfeiçoar *coachees*, que já passaram pelo processo, para o desempenho em novos projetos; alavancar a performance de líderes de negócio. Neste caso, o *coach* atua de forma diferenciada, exercendo o papel de interlocutor na avaliação das melhores condutas e na adoção dos comportamentos mais eficazes. É o que fazem profissionais experientes como Marshall Goldsmith, *coach* de presidentes de inúmeras companhias nos Estados Unidos. Fora do universo corporativo, o *coaching* é utilizado em processos de desenvolvimento pessoal e, com objetivos específicos, em certos momentos da vida profissional, como na chegada da aposentadoria.

Na situação de Bianca, o *coaching* desenvolveu-se a partir de três etapas essenciais. A primeira foi marcada pela identificação das expectativas da empresa em relação à *coachee*: melhora das habilidades sociais, da criatividade, da capacidade de comunicação, de resolução de conflitos e de motivação da equipe – tudo devendo ser traduzido em ações, em comportamentos observáveis. Em suma, em que situações esses comportamentos não estavam funcionando, o que Bianca precisaria fazer e que comportamentos deveria apresentar para que a empresa passasse a considerar que ela havia desenvolvido cada competência requerida?

Segunda etapa: deixar claro para Bianca que o trabalho de *coaching* é estritamente confidencial e que as informações pertencem ao *coachee* e apenas a ele.

À empresa cabe somente ser informada a respeito da meta de competência (o nome dado ao conjunto de comportamentos que serão desenvolvidos), da frequência, do esforço e do ritmo de progresso durante o processo. Na terceira etapa, a empresa e Bianca estabeleceram um compromisso de muito trabalho, que só pode ser cumprido se o *coachee* está realmente disposto a investir em si mesmo. Foi necessário a Bianca compreender que haveria muito "dever de casa" pela frente e que reuniões de *coaching* nada têm a ver com encontros de bate-papo.

Preparativos concluídos, o desdobramento do processo foi a definição dos papéis de todos os atores envolvidos. O *coachee* não deve faltar às reuniões nem deixar de fazer as tarefas de casa. Ao RH compete fornecer o suporte necessário ao trabalho e receber os relatórios de progresso. E a chefia deve reconhecer de forma objetiva os avanços. Na sequência, o *coach* inicia trabalho com a adoção de procedimentos de investigação, como o mapeamento inicial e a aplicação de ferramentas de avaliação (*assessments*), para fixar objetivos e metas com o *coachee*, estabelecer indicadores para a mensuração contínua dos resultados e, então, desenvolver com ele os planos de ação durante o processo de *coaching*. Na execução dos planos, o *coachee* encontrará diversos obstáculos internos e externos a atrapalhar o seu desempenho, quase todos ancorados em modelos mentais e comportamentais que precisam ser modificados.

Para facilitar ao *coachee* a absorção e internalização de novos modelos, o *coach* lhe proporciona o acesso a informações e a prática de várias tarefas. Não diz exatamente o que fazer, mas pergunta ao *coachee* o quê e como fazer, oferecendo as ferramentas necessárias para que ele tome iniciativas e exercite suas respostas. Afinal, é o *coachee* – e mais ninguém – o especialista em sua própria vida.

O caso de Bianca foi um processo de *coaching* executivo ou, em outros termos, de liderança. Entre as competências desenvolvidas por ela, a capacidade de resolução de conflitos ilustra o que o *coach* faz e o mentor não faz – e vice-versa. A certa altura do processo, quando trabalhávamos essa competência com atividades relacionadas a seus subordinados, Bianca chegou a uma de nossas reuniões, sentou-se e sequer esperou que eu lhe indagasse a respeito das atividades da semana. Dominada por emoções negativas, narrou-me uma série de fatos, relatou a maneira como reagiu a eles e contou o impacto que seus atos provocaram sobre as pessoas envolvidas.

Ela havia participado de uma reunião para a tomada de decisões a respeito de um assunto jurídico de grande repercussão financeira para a empresa. O tema, delicado, poderia deflagrar conflitos entre o departamento de Bianca e outra área, por conta da falta de informações estratégicas que deveriam ter sido fornecidas por um outro departamento, chefiado por um par com quem a *coachee* vinha tendo dificuldade de se relacionar. Situação inesperada – e Bianca adotou as orientações de seu mentor, que não se limitara a indicar providências técnicas e a aconselhara: "lembre-se de como eu fiz com ele; não caia na dele, que mente mesmo; se prepare".

A reunião seguia em frente e as informações estratégicas não chegavam. Bianca tomou as medidas técnicas que lhe cabiam e procurou fazer o que o mentor recomendara. Adotando prática comum no mundo jurídico, confrontou seu par com documentos datados e bem detalhados para produzir prova de que ele havia faltado com a verdade e do quanto aquilo prejudicava os interesses da empresa. Mas, mentindo descaradamente, o sujeito distorceu as coisas de tal forma que Bianca saiu do sério, não conseguiu controlar a irritação e não resolveu o conflito em jogo. Resultado: a reunião transformou-se num bate-boca sem precedentes na empresa e virou tema de comentário do primeiro ao 22º andar. De um lado, diziam nos corredores, estava "aquele mentiroso"; do outro, como vítima, "aquela descontrolada".

Bianca chorava copiosamente na minha frente, da mesma forma que tantos executivos já choraram no banheiro da empresa, no carro a caminho de casa ou debaixo do chuveiro. Estados emocionais negativos são obstáculos internos que atrasam, refreiam e, não raro, impedem o desenvolvimento de competências, refletindo-se em comportamentos que podem destruir carreiras. Bianca não conseguira resolver aquele conflito, porque se deixava tomar por estados assim diante de situações que envolviam a mentira alheia.

O modelo mental que sustentava o comportamento da *coachee* estava ancorado na expectativa irreal de que as pessoas não têm de mentir. Ora, podemos e devemos preferir que não mintam, mas querer isso não vai mudar em nada o comportamento de ninguém. Bianca alimentava a visão de que, como as pessoas não devem mentir, aquelas que o fazem não possuem quaisquer qualidades e são todas "safadas, sem caráter, a escória".

Emoções negativas, como a gerada pela profunda irritação de Bianca diante da mentira, podem estar ancoradas em expectativas irreais ou ser decorrentes de generalizações infundadas em que nos baseamos para conduzir o nosso dia a dia. Muitas expectativas irreais se cristalizam com tanta força que se transformam em verdadeiras crenças, sem qualquer base racional. E a forma como explicamos a nós mesmos os eventos do cotidiano determina se e como reagiremos a eles. Ou seja, nossos modelos mentais condicionam nossos comportamentos em face das dificuldades e outros problemas em todas as áreas da vida. Não é à toa que, cada vez mais, uma das mais importantes competências esperadas dos executivos é a habilidade para lidar com adversidades.

Naquela reunião que tive com Bianca, pusemos em foco o trabalho de construção de estruturas racionais capazes de "desmontar" o modelo mental com que ela vinha sustentando seu comportamento. Elaboramos, utilizando a metodologia do *coaching* integrado, um plano de ação para que a *coachee* começasse a desenvolver comportamentos diferentes sempre que alguém mentisse para ela, pois era esse o fato que ativava sua emoção negativa. No lugar de comportamentos que não funcionavam, Bianca pôde começar a exercitar novos, respaldada por uma estrutura de atividades e conhecimentos que lhe permitiram manter o foco, observar seus progressos e, de fato, internalizar um novo modelo mental. Foi como se ela se exercitasse numa academia, onde sempre começamos pelos "galhos mais baixos".

O *coach* não dá conselhos, ao contrário do mentor. Este oferece soluções para aspectos técnicos e explica a alguém as formas eficazes de desincumbir-se de seu trabalho – orientações que, postas em prática de maneira certa, funcionam. Se o *mentee* fizer a sua parte, a tendência é de que o trabalho de *mentoring* obtenha sucesso e os objetivos sejam alcançados. O *coach* não explica ao *coachee* como fazer seu trabalho para chegar ao resultado esperado (*outcome*) – este, sim, é o trabalho do mentor. No processo de *coaching*, o *outcome* esperado é o desenvolvimento de comportamentos eficazes. Assim, conselhos não teriam efeitos práticos, porque ninguém muda comportamentos dessa maneira. Seria o mesmo que fazer cursos para aprender técnicas de planejamento, *feedback* e gerenciamento de tempo e achar que isso, por si só, garante a conquista de resultados.

Novos comportamentos precisam ser praticados. É duro e difícil no começo, os progressos são lentos, muitos obstáculos devem ser vencidos. O papel do *coach* é fazer perguntas que suscitem, despertem, evoquem aquilo que o *coachee* já sabe fazer, mas não faz. Os motivos que o impedem são justamente as barreiras a ser superadas pelo suporte oferecido no *coaching, para que se concretize* a mudança de comportamentos. Se você estiver um dia na posição de *coachee*, não espere, portanto, conselhos ou explicações e faça o seu "dever de casa" – pratique, pratique, pratique os comportamentos que quer desenvolver.

Por isso, é importante estar atento: *coaching* ou *mentoring*, cada processo tem atividades diferentes, norteadas de acordo com o *outcome* traçado. Para alcançar o resultado em cada um, tanto as atividades são específicas, quanto os profissionais que as conduzem devem ser treinados de forma diferenciada. No *coaching*, o resultado a alcançar é o desenvolvimento de comportamentos mais eficazes em relação aos objetivos de uma pessoa, uma equipe ou uma organização; no *mentoring*, é a melhora da *performance* no exercício de um cargo, visando à evolução na carreira e à obtenção de sucesso numa atividade. Nos dois casos, o que está em pauta são mudanças para a conquista de objetivos: no *mentoring*, os objetivos que dependem do que o indivíduo precisa aprender sobre o trabalho que deve ser feito; no *coaching*, aqueles objetivos que dependem da eficácia dos comportamentos que a pessoa usa para executar as tarefas de seu trabalho. O resultado de um processo pode vir a reboque do outro; eles se complementam, mas não devem ser confundidos. Em comum, *coaching* e *mentoring* têm a busca de excelência – um desafio que dá trabalho e requer de todos os participantes do jogo a abertura permanente para a mudança.

13

Prosperidade

Como utilizar o *coaching* ou *mentoring* para o alcance da prosperidade e vencer na vida

Dalton Ferreira

Dalton Ferreira

Master Coach Premium certificado pelo Instituto *Coach* Financeiro *Master coach* financeiro. Formação em *Finance Executive Coaching*. Formação em Inteligência Financeira. Formação em *Evolution Coach*. Formação em *coaching life & personal*. Formação em *Leader coaching*. Formação em *Business coaching*. Palestrante, escritor, facilitador em cursos na área de Educação Financeira. Coautor do livro *Construindo riqueza e prosperidade*. Formado em Ciências Sociais pela Universidade Estadual do Rio de Janeiro com Licenciatura Plena. Analista de Suporte. Analista Independente de Necessidades e Soluções Financeiras.

Contatos
www.prosperecoach.com.br
www.mastercoachingpremium.com.br/dalton-ferreira
atendimento@prosperecoach.com.br, dalton@prosperecoach.com.br
skype: dalton.henrique
(21) 8723-5043

Dalton Ferreira

Resumo

Na sociedade moderna e complexa em que vivemos plenamente a Era da Informação, poucos conseguem o equilíbrio sadio entre vida pessoal e profissional. É comum trabalharmos 10, 12 horas por dia, realizarmos diversos cursos exigidos para nos manter "aquecido" no mercado, uma vez que as mudanças ocorrem de forma rápida e muitas vezes inesperada. Com a globalização, o que você sabia ontem não importa mais hoje. Adicione o tempo gasto com locomoção, sobretudo nas grandes cidades e constatará que sobra pouco tempo para sua vida pessoal (relacionamentos, lazer, atividades físicas, etc). Não temos tempo nem para realizar uma reflexão sincera sobre o que estamos fazendo e se é coerente com o que queremos para o nosso futuro, vivemos nossas vidas como coadjuvantes, reagindo ao que acontece, ao invés de sermos os protagonistas e criarmos nossa própria realidade.

Nesse capítulo, você encontrará algumas dicas, mas será convidado principalmente a questionamentos para refletir e caminhar em direção ao alcance de sua prosperidade.

Primeiramente, o que é prosperidade para você? Coloque por escrito. O que você sentirá quando alcançá-la?

Encaro prosperidade como sendo uma conquista não só financeira, e sim o sucesso em diversas áreas fundamentais para o alcance de uma vida extraordinária (riqueza, saúde, trabalho, relacionamentos, etc.) Vou mais além, tem a ver com a pessoa que você quer se tornar e o legado que pretende deixar para as próximas gerações.

As pessoas que identificam um propósito, que encontram um significado pleno em suas vidas, têm uma vida bem sucedida. As pessoas que têm de forma bem clara e definida qual é a sua missão, conseguem superar obstáculos, enquanto as outras que não sabem para que estão aqui, que apenas reagem aos acontecimentos, tendem a desistir de suas realizações ao se depararem com os primeiros desafios. Os obstáculos aparecem como intransponíveis. Todos grandes realizadores superaram enormes dificuldades e colocaram entusiasmo em suas realizações. É importante ter bem claro em sua mente qual é a finalidade de sua vida, para daí traçar suas metas, montar uma estratégia e entrar em ação com uma atitude positiva para alcançar seus sonhos.

Seguem algumas dicas para o alcance da sua prosperidade:

Área financeira

1) A primeira conta a ser paga é a nós mesmos. Quem trabalha o mês inteiro, não é você? Então, quem deve receber primeiro? A resposta

Coaching & Mentoring

é **você**. É o seu dízimo pessoal, invista com inteligência pelo menos 10% de seus ganhos, depois pague as contas. Com isso, você diz ao seu subconsciente, que primeiro você guarda, depois você gasta. No futuro essa simples atitude irá fazer uma diferença incrível em sua vida financeira.

2) Fazer mais dinheiro do que se gasta, isso parece óbvio, mas com o crédito fácil, ocorre uma perigosa inversão, gastamos primeiro e pagamos depois, sem planejamento. Dessa forma, produzimos a riqueza de alguém e não a nossa.

3) Investir de forma inteligente. Não adianta ter um bom fluxo de caixa e guardar o dinheiro embaixo do colchão ou aplicar na caderneta de poupança.

4) Reinvestir o resultado gerado pelos seus investimentos até gerar uma massa crítica que possa lhe render uma bela renda passiva, ou seja, uma renda em que você não precise mais trabalhar por ela.

5) Gastar com qualidade, com o que valha a pena e lhe dê uma felicidade real e não apenas passageira. Cuidado com a gratificação imediata. Os excessos muitas vezes mostram um problema de identidade, você querendo viver uma realidade que não é a sua ou a falta de satisfação com sua própria vida.

6) Reserva técnica. Deixe aplicado de forma conservadora seis meses de suas despesas para alguma eventualidade, como um desemprego involuntário ou uma queda em seus negócios.

7) Cuide de sua instrução financeira. A ignorância sobre as leis da riqueza lhe custará caro. Invista em seu aprendizado.

8) Desenvolva vários tipos de renda. Sua capacidade de gerar negócios irá determinar até onde poderá chegar financeiramente. Desenvolva uma ou mais rendas extras de outra fonte que não seja da sua renda principal. Trabalhe de uma forma em que todas as partes envolvidas ganhem no processo.

9) Tenha uma boa aposentadoria. A única certeza que temos é que um dia vamos morrer, mas as estatísticas estão a nosso favor. Segundo o IBGE, a média de vida do brasileiro é superior a 74 anos e continuará aumentando. Vai que você dê o azar e supere muito essa média, você contará com o INSS que está falido? Dependerá de parentes? De caridade? Tenha um **bom** plano de Previdência Privada.

Perguntas para reflexão, responda sinceramente:
Você possui dívidas? O que causou? Qual é o seu comportamento e atitude que deve e vale a pena ser alterado?
Você possui investimentos? Está satisfeito com seu retorno? Você sabe o que está fazendo ou faz o que o gerente de seu banco orienta?

Área da saúde
1) Faça exercícios, procure algum esporte ou atividade física que

você goste e lhe dê prazer.
2) Cuide bem de sua alimentação.
3) Faça exames periódicos.

Muitos problemas de saúde ocorrem devido aos problemas da sociedade moderna, como o estresse. Falta de dinheiro ou problemas de relacionamento acarretam um desequilíbro em sua saúde, gerando ansiedade, insônia, nervosismo, gastrite, etc. Por isso, a importância em ter todas as dimensões de sua vida bem equilibradas para o alcance da prosperidade.

Perguntas para reflexão, responda sinceramente:
Como você se sente? Não ter doenças não é o mesmo que ter saúde. Você se sente cansado(a)? Qual a causa de seu desconforto? O que você irá realizar agora para resolver essa situação?

Área profissional
Você faz o que gosta? Como você se desenvolveu nessa área? Foi influência de alguém ou uma decisão sua?

Muitas pessoas estão decepcionadas com seu emprego atual, mas o medo as impede de fazer o que realmente nasceram para fazer, e com isso levam uma vida enfadonha e sem motivação.

Perguntas para reflexão, responda sinceramente:
Se você hoje ganhasse milhões de reais na loteria ou de herança, continuaria trabalhando na sua profissão e empresa atual?

Caso a resposta seja negativa, o que você decide fazer agora para construir sua independência financeira? Como vai fazer? Quais recursos já possui? Quais recursos ainda não tem? Como obtê-los? Você conta com um *coach* ou mentor para apoiá-lo? Ponha por escrito seu plano de ação e date cada passo a ser executado.

Área dos Relacionamentos
Essa é uma área muitas vezes relegada a segundo plano. Prova disso é o enorme número de divórcios e distanciamentos que ocorrem hoje entre os casais. Reflita, isso é uma realidade para você? Como estão seus relacionamentos hoje? Qual a qualidade de suas amizades? Com que frequência se encontra com seus amigos?

Você possui uma personalidade agradável? Quem precisa se tornar para atrair bons relacionamentos? Como irá se tornar essa pessoa?

Desenvolva uma personalidade otimista e irresistível, faça com que as pessoas sintam prazer em estar ao seu lado, mas faça isso sinceramente e não com segundas intenções.

Coaching & Mentoring

Onde o *coaching* e o *mentoring* entram nessa história? Como posso e devo utilizar essas ferramentas para me auxiliar no alcance da prosperidade?

Bom, como diria Napoleon Hill, tudo começa com um desejo ardente. Os resultados que você obtém em sua vida são satisfatórios e atendem a todas suas necessidades? Caso a resposta seja positiva, parabéns você não precisa de *coaching* ou *mentoring*. Mas agora, caso você tenha desafios a serem encarados, esteja passando por um processo de mudança em sua vida pessoal ou profissional, deseja ter um resultado diferente do que obteve até aqui, ou sente que as coisas estão bem, mas poderiam estar melhores em alguma ou mais áreas de sua vida, você encontrará nesses processos as ferramentas necessárias que o apoiarão na conquista de suas vitórias. Tudo o que nos acontece é de nossa responsabilidade e de mais ninguém e cabe somente a nós tomarmos as decisões que irão ao encontro de onde gostaríamos de estar. A tomada de decisão deve ser sua e incondicional. Tomar uma decisão equivale a ignorar totalmente qualquer outra hipótese. É fazer tudo que precisa ser feito, com foco e muita disposição.

É você no comando da sua vida, assumindo a responsabilidade pelo que lhe acontece. Você passa a se sentir merecedor e acreditar que pode. Isso muitas vezes assusta e é mais cômodo continuar na zona de conforto atual.

No *coaching*, você irá identificar o que realmente quer e avaliar onde está. O *coach* irá extrair de você o que é necessário fazer para chegar ao estado desejado, a traçar uma estratégia, um plano de ação focado, avaliar o que precisa ser feito. Quando? Como? Quem vai realizar? E também a traçar um plano B caso seja necessário.

Suas metas devem ser positivas, ou seja, o que pretende realizar ou conquistar? Muitas vezes dizemos o que não queremos, por exemplo: "não quero ser pobre". O cérebro não entende o que é "não". Não existe um referencial para a palavra "não". As metas devem ser desafiadoras, senão você levará uma vida entediante. Devem ser específicas, vejo muitas pessoas dizendo que querem muito dinheiro. Quanto você quer? Em quanto tempo? E principalmente verificar se são ecológicas, ou seja, alguém perde com essa meta? Tenho como repor a perda?

No *coaching*, você irá desenvolver todo seu potencial. Estará pronto para enfrentar grandes desafios e alcançar resultados extraordinários. Irá desenvolver comportamentos e atitudes positivas, terá mais autoconfiança, autoestima e autoconhecimento. Para isso, deve estar receptivo a novas ideias e uma mudança de paradigma. Analisar sua real situação com total honestidade e se comprometer com o processo, ou seja, dedicação e foco total com seus desejos. Estar disposto a trocar seus comportamentos indesejados por hábitos mais produtivos.

Por sua vez, o *coach* (condutor do processo) não julga o *coachee* (cliente), respeitando seus valores e crenças. Ele cria uma sintonia e desenvolve a confiança na relação com seu *coachee*. Tem capacidade de escutar e compreender o que seu *coachee* está dizendo não só verbalmente, mas também de maneira não verbal. Ap[oia e faz com que você descubra seus pontos fortes e fracos e saiba o que precisa ser feito para alcançar seus objetivos. Faz com que você avalie e reavalie cada passo de seu plano de ação e principalmente entre em ação. O *coach* deve ser congruente com o processo. Imaginar um *coach* todo endividado conduzindo um *coaching* financeiro com um cliente também endividado. Ou um processo de bem estar em que o objetivo do *coachee* é a perda de peso e o *coach* é gordo.

A responsabilidade pelo resultado do processo é de ambos e deve ser medido, comparando o estado atual no início do processo e o estado alcançado no término do processo. Caso a meta seja num futuro mais distante, checar se as micrometas foram alcançadas e se as devidas mudanças detectadas pelo *coachee* foram realmente implementadas. Uma segunda, e melhor hipótese é fazer um acompanhamento periódico até a meta final ser conquistada.

No *mentoring*, há aconselhamento. O mentor já obteve o que seu cliente deseja. Conhece o caminho das pedras. Ele sabe o que o cliente precisa fazer, aonde ele pode se perder, sabe como fazer para alcançar a meta e como formulá-las. Ele passa conhecimento e informações necessárias durante o processo. Há uma relação em que o mentor ensina, guia, auxilia durante todo o processo.

Crenças

O que é uma crença? É aquilo em que você acredita com convicção. São filtros que dão valor às nossas percepções de mundo. As crenças trabalhadas de forma correta podem ser as mais poderosas forças para se criar o que deseja.

No que você pensa a maior parte do tempo? Como você se sente com esses pensamentos?

Como você se sente ao pensar sobre sua vida? Sobre sua profissão? Sobre dinheiro? Anote numa folha de papel o que ouvia a respeito de dinheiro e trabalho quando era criança.

Critique suas crenças. Tome consciência delas e analise se vale a pena ou não continuar com elas. Seus resultados desejados estão diretamente relacionados as suas crenças. E o melhor é que você pode escolher qual crença alimentar.

Você deve ter ouvido e muito as seguintes frases:

"Deve-se trabalhar duro para ter dinheiro". (Trabalho duro ou inteligente?)

"Dinheiro não nasce em árvore".

"Quem tem dinheiro não vai para o céu".
"Dinheiro não traz felicidade".
"É melhor se pobre e honesto que rico e corrupto" (Não pode ser rico e honesto?).
"Você deve tirar boas notas na escola para conseguir arrumar um bom emprego". (Comprovadamente inteligência acadêmica e financeiras não estão relacionadas).
Continue com mais frases e analise cada uma.

Como descobrir sua missão
Seguem algumas perguntas que irão ajudá-lo. As respostas estão dentro de você. Tire um tempo e responda sinceramente as questões abaixo:
O que dá prazer a você na vida?
Quais são seus pontos fortes?
O que gosta de fazer?
O que faz bem?
Pelo que realmente vale a pena viver?
O que gostaria de estar fazendo em sua vida pessoal e profissional?
Como você sabe que quer isso?
Suas atuais ações o aproximam ou o afastam de seus objetivos?
O que irá mudar para melhor na sua vida quando você alcançar seus objetivos?
Em que acredita?
Qual será seu ambiente com total satisfação financeira? Descreva como será sua casa?
Quem seriam as pessoas a sua volta? Como seria seu relacionamento com elas?
O que você precisa fazer para tornar isso realidade?
Quais habilidades você precisa desenvolver ou recrutar externamente para tornar isso possível?
Como quer ser lembrado? Qual será seu legado?
Conta com algum mentor ou *coach* para te ajudá-lo.
E agora, qual o próximo passo?
Qual seu compromisso com si mesmo?
Assine e date seu compromisso.

Finalizo com uma frase de um grande amigo meu, que encerra bem o que você aprendeu aqui neste capítulo.

"A visão que você tem de si mesmo, os seus objetivos a alcançar e a determinação em obtê-los são os ingredientes essenciais na diferença que você fará neste mundo".
Ricardo Guimarães

14

Coaching e *Mentoring*: ajudando líderes e organizações a obterem resultados sustentáveis

Provavelmente, você já se perguntou, como um líder faz para manter-se como tal? Ele precisa transformar potencial em desempenho/alta performance e trazer resultados. Descubra como o *Coaching* e *Mentoring* são utilizados pelas organizações para ajudar líderes a se desenvolverem, melhorando sua performance para o alcance dos objetivos organizacionais

Dante Bonetti de Freitas

Dante Bonetti de Freitas

Mais de 20 anos de experiência em gestão de pessoas, com carreira desenvolvida em organizações nacionais e multinacionais de grande porte, tendo ocupado posições de liderança e Diretoria de RH, em empresas como Nestlé, Saint-Gobain e Recall do Brasil. Consultor empresarial, expert em *Coaching*, Planejamento de Carreira, elaboração de Planos de Sucessão, Gestão de Talentos e Treinamentos para Liderança. Atuação destacada também na área acadêmica como coordenador de MBA em Gestão de Pessoas, docente em cursos de Liderança, Gestão do Conhecimento, Gestão de Carreiras, dentre outras áreas de conhecimento. Mestre em administração de empresas pela PUC SP, MBA em Gestão Empresarial – FGV, Pós-Graduação em Administração de Recursos Humanos – FAAP.

Contatos
dantebonetti@dantebonetti.com
www.dantebonetti.com
(11) 9 8245-0710

Dante Bonetti de Freitas

Cenário de mudanças e o papel do líder

Quando olhamos para dentro das organizações podemos perceber que muitos líderes estão sendo promovidos e recebendo mais responsabilidades sem, muitas vezes, estarem totalmente prontos.

Esta situação deve-se, em grande parte, à velocidade das mudanças e, em certas atividades, à escassez de líderes que apresentem todas as competências exigidas.

Os processos acentuados de mudança estão presentes no dia a dia de líderes e organizações. São mudanças estruturais decorrentes da era da informação e da globalização. Além disso, a complexidade das relações sociais, políticas, econômicas, culturais e dos valores pessoais exigem novas técnicas e abordagens diferenciadas.

Pode-se facilmente perceber que as empresas são globais, operando em vários lugares e culturas, exigindo múltiplas habilidades e perspectivas. Dentro desse panorama competitivo os líderes possuem um papel fundamental, não como meros executores, mas como pensadores.

Diante dessa transformação, as organizações de hoje são regidas muito mais pela influência do que pela autoridade. Os novos conceitos de liderança e gestão de pessoas são parte integrante da abordagem das empresas, com o objetivo de obter os melhores resultados. O desenvolvimento das competências dos líderes passa a ser fundamental.

Podemos observar claramente a transformação do papel do líder, os conhecimentos, habilidades e atitudes são direcionados para o exercício da liderança e alcance das metas organizacionais.

Em resumo, os problemas que vivemos não serão resolvidos de maneira eficaz sem uma liderança efetiva, capaz de responder a condições instáveis e conturbadas.

Os processos de *coaching* e *mentoring* atuam diretamente no potencial de desenvolvimento dessas competências, relacionadas ao exercício da liderança.

Mas quais são essas competências? Como o líder deve fazer para identificá-las?

Competências de Liderança

São várias as competências listadas como fundamentais para a liderança e, apesar da maioria das organizações terem seu conjunto próprio de competências, muitas são comuns, como por exemplo:
- Orientação para resultados;
- Trabalho em equipe;

Coaching & Mentoring

- Comunicação;
- Relacionamento interpessoal;
- Flexibilidade;
- Foco no cliente.

Muitas outras competências poderiam ser listadas aqui. O importante para nossa reflexão é compreender que os líderes precisam adequar-se a um ambiente em constante mudança e demonstrar as competências exigidas pela organização.

Nesse cenário, os processos de *coaching* e *mentoring* são desenhados e buscam apoiar os líderes para que possam desempenhar bem suas funções, gerar os resultados esperados e, consequentemente, alcançarem seus objetivos de carreira e desenvolvimento profissional.

Quando o processo de *coaching* e *mentoring* é indicado

Tenho trabalhado com o processo de *Coaching* Executivo, o que tem ajudado muitos líderes a reverem suas competências atuais e fazerem o ajuste para as novas demandas de mercado.

É fácil perceber que um dos grandes motivadores para o início do processo de *coaching* ou *mentoring* é quando a carreira está ameaçada e os objetivos profissionais começam a ficar mais distantes. Aquela tão sonhada promoção parece mais longe e as avaliações de performance trazem *feedback* negativo, além de resultados não sustentáveis para os líderes. O ambiente organizacional começa a se tornar ameaçador. Outra situação é a de alguns jovens, que foram colocados numa nova posição e não estão totalmente preparados para os desafios que se apresentam.

Nesse momento, acabo sendo procurado para apoiar os líderes num processo de transição e reavaliação pessoal, o que pode mudar significativamente o rumo da carreira.

Antes de aprofundarmos o entendimento de como o processo de *coaching* e *mentoring* pode apoiar a carreira dos executivos, vamos a um rápido entendimento do que vem a ser esses processos.

Coaching

O *coaching* ganhou espaço no ambiente organizacional, como um processo para liberação do potencial humano, a fim de transformá-lo em desempenho ou ainda maximizar o desempenho do indivíduo na vida pessoal ou profissional. É um processo de aprendizagem e desenvolvimento de competências comportamentais. É mais ajudar a pessoa a aprender do que ensiná-la.

Para o *International Coaching Federation* – ICF, *coaching* é uma parceria entre o *coach* (profissional treinado para entregar o processo de *coaching*) e o *coachee* (pessoa que passará pelo processo de *coaching*), em um processo estimulante e criativo que os inspira a maximizar o seu potencial pessoal e profissional, na busca do alcance dos seus objetivos e metas por meio do desenvolvimento de novos e mais efetivos comportamentos.

O *coaching* oferece respaldo para a organização desenvolver equipes de alta performance, aumentar a produtividade de colaboradores e lideranças por meio de novos comportamentos e atitudes. O processo de *coaching* pode ser desenvolvido de várias maneiras: individual ou em grupo, presencial ou virtual (via telefone, e-mail, videoconferência, etc).

Normalmente, o processo de *coaching* envolve algumas etapas chave:
- Início do processo por meio de uma coleta de dados básicos e estabelecimento de uma relação de confiança entre os envolvidos.
- Estabelecimento de uma aliança entre *coach* e *coachee* para que o processo seja conduzido de forma transparente e de apoio mutuo.
- Entendimento do problema e definição pelo *coachee* de uma competência a ser desenvolvida.
- Estabelecimento de um plano de ação para desenvolvimento da competência escolhida.
- Acompanhamento da evolução do *coachee* na implementação do plano de ação e no desenvolvimento da competência. Apoio do *coach* durante todo esse processo.
- Apresentação por parte do *coachee* das evidências de que a competência está em desenvolvimento.
- Consolidação do novo comportamento e encaminhamento para a conclusão do processo de *coaching*.

Sendo assim, o *Coaching* de Negócios, também conhecido como "*Business Coaching*", pode ser uma excelente opção para apoiar o desenvolvimento da liderança de uma organização que busca resultados excelentes por meio de seus colaboradores.

A seguir vamos compreender o *mentoring*, que também é um processo utilizado para o desenvolvimento da liderança e colaboradores, que difere em alguns pontos do *coaching*.

Coaching & Mentoring

Mentoring

É considerado um processo capaz de desenvolver a performance das pessoas e formar líderes. Envolve um trabalho de acompanhamento de carreira que muitas vezes se confunde com outros papéis tais como instrutor, *coach*, professor, tutor, guru, etc.

Podemos compreender o *mentoring* como o processo em que um indivíduo que trabalha numa organização, detentor de ampla experiência em determinada área, assume o papel voluntário ou oficial de orientador de uma pessoa, que pode ser experiente ou estar no início de carreira. O mentor representa a organização, compartilha sua experiência, conhecimento, transmite valores, visão e padrões da empresa. Devido seu amplo conhecimento e experiência acaba atuando como modelo e conselheiro respeitado, numa relação que envolve realizações no presente e no futuro.

Algumas organizações utilizam o *mentoring* como estratégia de integração e formação de novos colaboradores, acelerando a adaptação à cultura organizacional e aumentando o compromisso com a nova empresa.

Estar preparado para exercer este papel é uma das atribuições da liderança contemporânea e moderna.

A seguir compreenderemos como os processos de *coaching* e *mentoring* podem ser utilizados para apoio, direcionamento e transição de carreira.

O processo de *coaching* e *mentoring* como apoio na transição de carreira

Quando inicio atendimentos de *coaching*, muitos executivos chegam para uma primeira conversa trazendo um ponto em comum: insatisfação com a carreira atual e dúvidas sobre o futuro.

Às vezes as dúvidas são relativas à continuidade da carreira na organização que trabalha, possibilidade de mudança para uma outra empresa, transição para uma nova carreira como por exemplo a acadêmica ou mesmo a possibilidade de abertura de negócio próprio.

São inúmeras possibilidades que chegam a confundir a cabeça do executivo.

O ponto de partida para uma discussão como essa é saber o quanto o indivíduo se conhece. Quais são seus princípios e valores? Quais as áreas de interesse? Que competências possui? Qual nível de remuneração deseja alcançar ou manter?

Identificados esses primeiros elementos, vamos para o segundo estágio que é compreender como o mercado de trabalho está disposto a remunerar aquilo que a pessoa identificou como pontos de interesse e as competências que ele traz.

Em resumo, o ponto de intersecção entre a área de interesse, as competências e a disposição do mercado comprar estas competências é o que chamamos de trabalho ideal.

O processo de aconselhamento ou *Coaching* de Carreira ocorre por meio de reuniões em que são exploradas as potencialidades do indivíduo e, ao mesmo tempo, busca-se um alinhamento com seu propósito pessoal e profissional.

Essa é uma ferramenta poderosa, que apoia tanto o indivíduo como a empresa. Para que se tenha êxito no processo, devemos focar o desenvolvimento de competências de liderança, que sejam importantes para a empresa e ao mesmo tempo ajudem o indivíduo a atingir seus objetivos, realizando-se e desenvolvendo-se. É o que chamamos de alinhamento de propósitos pessoais com os propósitos organizacionais.

Normalmente, o final de um processo de *mentoring* ou *coaching* ocorre quando são instaladas as novas competências, que vão apoiar o desenvolvimento da carreira do indivíduo e, ao mesmo tempo, ajudar a organização alcançar seus resultados.

Conclusão

Com o cenário de mudanças e rápidas transformações organizacionais, as competências dos líderes passam por revisões constantes.

Estar atento a essas mudanças e se adaptar-se torna-se fundamental para manter-se nas posições de liderança.

Os processos de *coaching* e *mentoring* são ferramentas de apoio ao desenvolvimento dos executivos e suas carreiras, dentro desse novo cenário de transformações.

Estar aberto para passar por esses processos é fundamental, pois a única certeza que temos é de que as mudanças continuarão a nos desafiar, nos tirando da zona de conforto, exigindo novas competências que estarão alinhadas ao novo contexto.

Coaching & Mentoring

15

"Valor *Gera-ação*"

"Valor é o que motiva e crença é o que permite."
Sulivan França

Para se construir uma geração de valor, é preciso que os indivíduos dessa mesma geração conheçam a si próprios de tal forma que seus verdadeiros valores primários possam ser por eles descobertos, que aflorem e sejam plenamente vividos

Dario Neto

Dario Neto

Jovem com atitude empreendedora e agente da boa mudança; Idealizador da plataforma coletiva de educação *coach* Mural do *Coach* – muraldocoach.com. Coautor do livro *A Elite do Coaching no Brasil*. Membro Emérito da Sociedade Latino Americana de *Coaching*; Sócio-fundador da ECI Engenharia Ambiental e Negócios. Estudante de Engenharia Ambiental pela UNESP de Rio Claro/SP e cursando MBA em Gestão Empresarial e *Coaching* pela Sociedade Latino Americana de *Coaching* e FESP/SP. Prospect no Instituto de Formação de Líderes de São Paulo (IFL); Autor da Coluna *Coaching* para uma Performance de Excelência no site itu.com.br. Cofundador, presidente da gestão 2011 e presidente do Conselho Administrativo da EJEAmb (Empresa Júnior de Engenharia Ambiental de Rio Claro) no ano de 2012. *Master Coach* pela Sociedade Latino Americana de *Coaching (Life Coach Program, Executive Coach Program, Master Coach Program, Leader Coach Program, Advanced Executive Coach Program e Expedition Coach Program)*. Habilitado nas ferramentas de assessment DiSC, SixSeconds e Assess.

Contato
dario@muraldocoach.com.br

Tenho acompanhado há meses pelo Facebook todo o engajamento e movimentação da página do Geração de Valor, idealizada pelo bem-sucedido jovem empresário brasileiro Flávio Augusto. Nesse espaço, ele compartilha seus conhecimentos e experiências, visando orientar toda uma massa de seguidores para uma trajetória de sucesso pessoal e profissional. O Flávio tem uma trajetória vitoriosa e, certamente, ele contribui dentro do seu propósito para criar uma geração de pessoas mais bem preparadas e melhores, uma geração de mais valor.

A minha reflexão nesse artigo toca justamente nessa expressão: geração de valor. Acredito verdadeiramente que podemos ter sim uma geração de valor, porém é preciso que cada parte integrante dessa massa de indivíduos intitulada "geração" consiga olhar para dentro de si e encontrar as reais e mais puras fontes de motivação. Estamos falando de valores, meus caros. Quais são os seus valores primários? O que, lá dentro do seu coração e da sua mente, verdadeiramente o motiva? O que mexe com as suas emoções e extrapola em sua fisiologia o fazendo sorrir?

Descobrir os meus valores transformou a minha vida e, se você me permitir, apesar de minha pouca idade e experiência, gostaria de apoiá-lo nessa importante jornada de descoberta do seu verdadeiro EU. Vamos lá?

Antes de chegar na parte prática quero, brevemente, refletir sobre o momento demográfico e econômico brasileiro de nossos dias, bem como sobre a Geração Y. Marcos Calliari e Alfredo Mota começam sua obra *Código Y: decifrando a geração que está mudando o país* dizendo:

"Estamos vivendo tempos extraordinários. Tempos de enorme criatividade, de manifestações culturais de todo tipo em todos os campos de conhecimento e mobilizando, ao contrário do que ocorreu em outros movimentos artísticos e científicos ao longo da história, não apenas uma elite, mas o conjunto da sociedade".

No mundo todo estamos observando uma série de iniciativas desses jovens inquietos da geração Y (apoiadas e catalisadas já pelos multiconectados adolescentes da geração Z) brotando simultaneamente em todas as áreas da sociedade. Basta adotar uma postura pouco menos cética e abrir os olhos para enxergar! Eu resumo esse momento geracional com uma palavra: esperança. Eu tenho esperança sim que o mundo em que vivemos pode ser melhor e acredito que muitas das pessoas que conheço, se bem orientadas e alinhadas a valores, podem impactar o meio local, regional e (por que não?) global com microrrevoluções colaborativas. Edgard Gouveia Jr., criador de inúmeros projetos de alto impacto social e um grande nome entre os agentes da boa mudança, em entrevista ao Portal da Veja Online no início do ano de 2012 disse o seguinte a esse respeito:

"Os jovens atuais são mais ágeis e querem resultados mais concretos. A transformação que buscam tem de ser consistente, aqui e agora. Como são mais "pé no chão", eles não se pautam por sonhos de promover grandes revoluções sociais, políticas e econômicas. Seu foco é o mundo à sua volta. Chamamos essas mudanças de microrrevoluções. Os jovens hoje não se estimulam com o embate. Ao contrário. Eles querem traçar um caminho alternativo, sem usar a força, a guerra, o confronto. O que mais gostam e sabem fazer é o trabalho em grupo".

Como diz meu amigo e atual presidente da Brasil Júnior, Marcus Barão, quando eu paro e penso nesse "mar de gente", eu vejo um grande potencial para transformar! E são, segundo o Instituto de Política e Economia Aplicada (IPEA, 2009), 51 milhões de jovens entre 15 e 29 anos no Brasil! Comparando com o resto do mundo, nossa massa de ípsolons é consideravelmente grande! Imagine essa galera toda conectada em rede e empoderada para transformar! Nem dá para imaginar, né? Seria fantástico!

Quando migramos para a questão demográfica, o Brasil está reconhecidamente em um momento intitulado de bônus demográfico. Isso só acontece uma vez na história de cada país justamente quando a população em idade economicamente ativa está no pico ou próximo dele. Nossa pirâmide demográfica está em um momento ímpar quando transita para um formato novo com base menos estreita, pico mais largo e com sua porção central repleta de alguns membros da geração X e muitos *millenials* da Y com potencial para fazer nosso Brasil crescer, prosperar e se desenvolver!

Para fechar esse cenário, que eu diria ser único, temos um momento econômico bastante interessante também. Em um mundo em contexto geral de baixíssimo crescimento com algumas poucas exceções, temos um Brasil (segundo Marcelo Salomon, co-chefe de economia e estratégia para América Latina do Barclays) com projeção de crescimento do PIB na casa dos 3% para 2013. Caro leitor, a mensagem que extraio disso tudo é simples: a hora é AGORA!

Temos uma geração especial, uma massa enorme de jovens e um momento da economia favorável, certo? O que falta, então, para que tudo aconteça? Não acredito que a "receita desse bolo" exista pronta em algum lugar, mas acredito muito que existam diversas maneiras de despertar, inspirar e empoderar toda essa massa de jovens brasileiros para expirar grandes realizações e transformações. A maneira que quero explorar aqui e que eu acredito poder contribuir muito para termos uma geração de valor, é traduzida pela utilização dos próprios valores como grandes geradores de ação, quebradores de inércia e fontes perenes de motivação.

Nesse momento você pode estar me classificando como um idealista e sonhador (ainda mais se for um colega da geração X ou de gerações anteriores a esta) e, na verdade, você está certo! O que me faz dissertar até aqui é a primeira parte de uma frase proferida pelo vigésimo sexto presidente dos Estados Unidos, chamado Theodore Roosevelt. O que me faz continuar a escrita desse artigo em sua porção mais prática que vem logo abaixo é a segunda parte dessa mesma frase: **"em seus ideais mantenham seus olhos nas estrelas e mantenham seus pés no chão".**

O sonho está lançado! Vamos agora buscar encontrar nossas perenes e verdadeiras fontes de motivação?

Método Ilha

Antes de clarear os passos do "Método Ilha[1]", gostaria de introduzir rapidamente a temática de princípios e valores.

O professor, autor de livros e autoridade de renome em liderança, Stephen Covey, diz que princípios sempre serão atemporais, inespaciais e autoevidentes, o que significa que não importa quando e onde estejamos, mesmo que ninguém nos fale sobre eles, os princípios são aplicáveis e funcionam sempre perfeitamente bem, enquanto valores, em contrapartida, são temporais, espaciais e não são autoevidentes, o que significa que valores são aplicáveis e funcionam bem em certos contextos e dependem de certos mecanismos de suporte e controle.

Em entrevista realizada para André Ribeiro, em Barcelona, no *Fórum Mundial de Alta Performance*, em Junho de 2005, Covey falou sobre crenças, princípios e valores: **"os valores são a maneira como teriam que ser as coisas. Os princípios governam, nós não governamos. Os valores conduzem-nos".**

Em síntese, princípios refletem a verdade absoluta; refletem as coisas como elas são de fato. Já os valores refletem interpretações particulares acerca dessa realidade. Um bom exemplo para isso seria que a justiça é um princípio à medida que é autoevidente (não se discute a sua existência), atemporal e inespacial; enquanto que o significado de se fazer justiça ou de ser justo varia no tempo e no espaço para diferentes povos e culturas de acordo com suas interpretações. O fato é que herdamos e também construímos nossos próprios valores. Eles representam um estado ideal das coisas para nós (de acordo com a nossa percepção), então clarificar a sua existência é um passo imprescindível para se falar em essência e propósito de vida. Vamos lá?

I) Quero que comece relaxando, ativando a sua imaginação e se colocando em uma situação inusitada: você terá de morar por dez anos em uma ilha totalmente deserta e isolada. Imaginou? Nesse período você terá direito de eleger cinco pessoas (sinta-se à vontade para posicionar pessoas próximas no mesmo "bloco" colocando, por exemplo, "família" como uma das cinco pessoas, ok?) que passarão esse tempo todo com você. É importante listar também abaixo cinco pessoas (raciocínio dos "blocos" também vale aqui!) que você em hipótese nenhuma gostaria de ter ao seu lado por lá durante esses dez anos. Sinta-se à vontade para escolher pessoas, seres, personagens que existem ou não para ambos os casos, ok? É importante pensar e preencher com calma!

Ilustração pelo designer 3D Gustavo Profeta – gustavoprofeta.com

II) Pense agora e anote em algum lugar a resposta referente a CADA escolha: por que você escolheu essas pessoas para levar com você? Quais características delas você aprecia? Que valores elas têm que você preza? E por que você não escolheu de jeito algum aquelas

[1]Método ilha é uma metodologia para descoberta de valores ensinada dentro da sociedade latino americana de *coaching* em uma de suas certificações internacionalmente reconhecidas.

outras pessoas? Quais características delas você não aprecia? Quais valores elas não têm que você preza?

III) Nas respostas dessas perguntas estão diversos valores relacionados. Identifique-os. Observe palavras, características, valores explícitos que se repetem, bem como valores não escritos por você nas respostas às perguntas, mas claramente identificáveis para você nas pessoas escolhidas. Olhando para essas pessoas e as respostas dadas, quais valores você abstrai? No caso das pessoas descartadas para essa temporada na ilha, certamente você encontrará palavras e características que têm em seu antônimo um valor importante para você (exemplo: se você relacionou a característica da maldade a uma das pessoas que não levará, certamente a bondade é um valor para você!).

IV) No final deste artigo, a tabela 1 poderá ajudá-lo a identificar possíveis valores seus. Assinale agora na tabela quais valores dali apareceram na sua ilha, acrescentando aqueles que não estão na tabela também, contudo são valores para você. Eu não sei qual o número de valores que você classificou nesse momento como sendo valores seus, porém é hora de filtrar!

V) Olhando para esses valores, quais deles seriam os seus três principais? Quais deles fazem seus olhos brilharem e mexerem mais com você? Quais dessas palavras motivam mais a sua jornada?

Temos agora boas chances de ter seus três valores *core*! Eles fazem sentido para você? Como seria vivê-los intensamente em todos os projetos e ações do seu dia a dia? Se apareceram muitos sonhos em sua mente e é mais do que claro para você que seria perfeito poder fazer tudo alinhado com essas três palavras, creio realmente termos definido fontes inesgotáveis de motivação para a sua jornada!

Dentro de pirâmide de Níveis Neurológicos, de Robert Dilts, crenças e valores estão em patamares elevados. Albert Einstein já dizia que não se resolve um problema no mesmo nível em que foi criado e, portanto, para se falar em mudar valores, estamos falando em uma transformação em nível de identidade pessoal! Quem é você? Esse tipo de mudança é pouco comum e nem sempre é uma necessidade para as pessoas, logo, é importante sim olhar para dentro de si e ter claros os seus valores!

E o que fazer com eles?

Meu caro, apenas sonhe e alinhe todos os seus sonhos com essas palavras mágicas! Se houver alinhamento, eu garanto que motivação não faltará! E com motivação clara e manifesta temos uma predisposição para ação muito maior! Uma geração de valor tem valores claros e parte para a ação cheia de motivação! Estamos falando de autoconhecimento, de propósito claro, de sonho pleno

Coaching & Mentoring

e de uma postura voltada para resultados com significado maior e relevante para você! Viva seus valores e tenha uma excelente jornada!

ANEXO:
Tabela: procure seus valores aqui e, caso não constem na tabela, acrescente os seus.

Tabela com Exemplos de Valores				
Amor	Dinheiro	Motivação	Comprometimento	União
Fé	Disciplina	Saúde	Excelência	Coerência
Esperança	Família	Alegria	Franqueza	Amizade
Paz	Confiança	Felicidade	Humildade	Relacionamento
Saúde	Dignidade	Perfeição	Poder	Deus
Respeito	Segurança	Responsabilidade	Cooperação	Integridade
Persistência	Lealdade	Honestidade	Liberdade	Gratidão

REFERÊNCIAS
CALLIARI, Marcos e MOTA, Alfredo. *Código Y: decifrando a geração que está mudando o país*. São Paulo: Évora, 2012.
Revista Veja (2012). No lugar das grandes causas, microrrevoluções. Acedido em 26 de fevereiro de 2013, em http://veja.abril.com.br/noticia/economia/no-lugar-das-grandes-causas-microrrevolucoes.
Secretaria Nacional da juventude (2013). Dados sobre Jovens no Brasil. Acedido em 26 de fevereiro de 2013, em http://www.juventude.gov.br/ .
 Revista Exame (2013). Barclays projeta crescimento de 3% no Brasil em 2013. Acedido em 26 de fevereiro de 2013, em http://exame.abril.com.br/economia/noticias/barclays-projeta-crescimento-de-3-no-brasil-em-2013.
ExtraCoaching (2005). Entrevista realizada em Barcelona no Fórum Mundial de Alta Performance em junho de 2005. Acedido em 27 de fevereiro de 2013, em http://www.extracoaching.com/portugues/entrevista-stephen-covey

16

A arte de fazer a pergunta certa

Os *coaches* são famosos por suas perguntas instigantes. Como usar a arte de perguntar para buscar a própria excelência e a excelência daqueles que trabalham com você? Veja de que formas práticas podemos enxergar novos caminhos apenas perguntando – mas fazendo as perguntas certas!

Diego Pisano

Diego Pisano

Coach executivo, *life coach* e *trainer*. Formado em Administração de empresas, com extensão em Recursos Humanos na FGV/SP. *Instrutor* do curso Líder *Coach*, do ICI – *Integrated Coaching Institute*. *Coach* Sênior pelo ICI, em curso credenciado pela ICF – *International Coach Federation*. *Coach* certificado da Axialent e consultor associado. *Trainer* e *Coach* no programa de *coaching* jurídico da SVA – Silber Vasquez and Associates. Atuou por mais de 20 anos em empresas multinacionais de diversos setores, ocupando posições de liderança em Recursos Humanos, Controladoria Financeira, TI e Jurídico. Sócio da C-nergy, empresa de *Coaching* e Desenvolvimento de Líderes, atuando como *coach* e *trainer* em português, inglês, espanhol e francês.

Contatos
www.cnergy.com.br
diego.esm@cnergy.com.br
(11) 3742-6493

Afinal, qual a grande importância das perguntas? Perguntas ajudam a descobrir o que não sabemos ou a confirmar o que suspeitamos. Ajudam a ampliar o conhecimento sobre um assunto, buscando mais perspectivas, ou a aprofundá-lo, trazendo mais detalhes e informações precisas. Perguntas são a chave para interagir com o mundo, seja interior ou exterior. Perguntando aos outros, interagimos com mundo externo. Perguntando a nós mesmos, interagimos com o mundo interno.

Além disso, perguntas bem orientadas podem conduzir a grandes descobertas. Podem ajudar a focar na excelência e a se diferenciar. É disso que vou falar agora.

Perguntando

Uma das habilidades mais importantes do bom *coach* é saber escutar. Diferente do que muitos pensam, escutar é mais do que ficar em silêncio deixando o outro falar – é incentivar o outro e direcionar seu raciocínio para o bom entendimento do que está sendo narrado. Isto é feito fundamentalmente por meio de perguntas.

Por isso, dizem que *coaching* é "a arte de fazer as perguntas certas". Mas, afinal, o que são "as perguntas certas"?

Ouvi vários professores dizendo que existem dois tipos de perguntas: as inteligentes e as burras. As perguntas burras são aquelas que são engolidas e ficam no silêncio. Se a pergunta é expressada, ela só pode ser inteligente. É um ponto de vista interessante para uma sala de aula, já que o interesse do professor é que os alunos captem o máximo daquilo que está sendo exposto. Assim, quanto mais perguntas, melhor – as perguntas de um aluno podem ajudar a esclarecer dúvidas de outro.

Porém, essa classificação deixa a desejar quando se trata de aumentar o desempenho fora da sala de aula, de superar seus próprios limites na vida real.

Proponho então diferenciar dois tipos de perguntas: abertas e fechadas. As perguntas fechadas são aquelas que têm uma resposta curta e objetiva, em geral um "sim" ou um "não". Elas são úteis para buscar informações precisas, para enxergar detalhes, mas não ajudam a estimular uma narrativa.

Exemplos de perguntas fechadas:
- O relatório está pronto?
- Você gostou da apresentação a que assistiu?
- Qual sua meta de faturamento para este ano?

Coaching & Mentoring

As perguntas abertas, por outro lado, são aquelas que permitem infinitas respostas, incentivando o outro a falar mais do assunto, desafiando o outro a pensar no que está dizendo.

Exemplos de perguntas abertas:
• Fala-me sobre o andamento do relatório, em que pé está?
• Quais suas impressões sobre a apresentação a que você assistiu?
• Quais são os maiores desafios em termos de faturamento para este ano?
• Conte-me mais sobre isso?

As perguntas fechadas limitam as respostas e não convidam o outro a se estender sobre um tema. As perguntas abertas, ao contrário, geram diálogo, promovem a expansão dos temas conversados e fazem o outro pensar.

Fazer o outro pensar é um dos objetivos do *coach*. Por isso, as perguntas abertas são tão úteis – elas são provocadoras. O *coach* não oferece soluções, ele abre o caminho para que o outro encontre a própria solução – e faz isso por meio de perguntas.

Cabe aqui um breve alerta: cuidado com a falsa pergunta – parece que se está perguntando, mas se está indicando o que fazer. É uma sugestão disfarçada de pergunta.

Exemplos de falsas perguntas:
• Você já apresentou um resumo executivo e pediu a opinião da diretoria sobre este assunto?
• Você já pensou em propor uma reunião para discutir o assunto em conjunto com todos os envolvidos?
• Você falou para seu chefe que o assunto é delicado e urgente, pedindo ações imediatas e explicando os detalhes da situação?

No filme "Eu Robô", o falecido Dr. Alfred Lanning orienta o detetive Spooner a resolver o mistério de sua própria morte estimulando-o a fazer as perguntas certas. O Dr. Lanning não dá as respostas, já que é um programa de computador que fala no lugar dele, mas ele leva o detetive Spooner a pensar em determinadas perguntas e isso faz com que siga a trilha certa (obviamente, resolvendo o mistério). As perguntas certas levam o interlocutor a enxergar caminhos que ele não tinha pensado antes.

Mas, por que tanta gente tem dificuldade para perguntar? Na minha adolescência, eu tinha sérias restrições a fazer perguntas. Eu achava que perguntar era sinal de fraqueza, uma demonstração de que eu não sabia. Ou então, tinha que perguntar coisas muito elaboradas, que mostrassem "como sou inteligente". Com isso, perdi a oportunidade de aprender muitas coisas interessantes, e talvez muitas coisas importantes e úteis para mim. Tudo por querer fazer "perguntas brilhantes".

Ao contrário do que podemos pensar, as boas perguntas são frequentemente muito simples. Mas, dentro de sua simplicidade, nos levam a refletir e, eventualmente, a interessantes *insights*. Exemplos de perguntas simples, mas muito úteis:

. Qual a sua meta?
. Onde você quer chegar?
. Isso é de fato relevante para você?
. O que você vai fazer para chegar lá?
. Como você vai fazer isso?
. Em que prazo você vai fazer isso?
. Que recursos você precisa para fazer isso?

Quando comecei a atuar como *coach*, me surpreendi muito com o efeito de perguntas desse tipo. Antes de me formar em *coaching*, achava que deveria rebuscar e aprofundar minhas ferramentas de investigação. Quando aprendi o poder da simplicidade, acreditei e experimentei. Também desisti de fazer "A Pergunta", aquela que mudaria tudo, que faria meu cliente encontrar seu caminho subitamente. O que funciona é fazer várias perguntas, deixar que o assunto vá aos poucos se resolvendo. Às vezes, calha de uma dessas perguntas ser mais impactante e reveladora, e muitas vezes nem era a que eu teria imaginado.

E, na prática, como usar isso tudo? Se quero "ultrapassar a barreira do comum", como posso fazer bom uso das perguntas certas? Vejo o assunto de duas formas distintas e complementares. Voltando ao início deste texto, as perguntas nos ajudam a interagir com o mundo externo e interno.

Mundo Externo

Vamos começar pelo mundo externo. Se sou líder e tenho uma equipe se reportando a mim, posso usar as perguntas para obter melhores resultados. Na posição de líder, meus resultados vêm pelo trabalho dos outros. Como tirar o melhor de cada um? Fazendo as perguntas certas! Ajudando minha equipe a pensar e elaborar soluções junto comigo.

Ao fazer isso, estimulo as pessoas a buscar novos pontos de vista, novas soluções, novos conhecimentos – enfim, estimulo a equipe a crescer profissionalmente. Ao fazer isso, ultrapasso a barreira do líder comum, que vive dando respostas e limitando sua equipe. Ao fazer isso, ganho efetividade, ganho agilidade e gero maior motivação.

O interessante é que isso se estende ao mundo externo em geral. Posso usar perguntas com meus pares, com clientes, com forne-

Coaching & Mentoring

cedores e até com meus superiores. Posso fazer o mesmo com amigos que quero ajudar, com filhos que quero orientar e com pessoas que me enxergam como mentor.

Aproveitando o tema, faço um parêntese: boas perguntas são essenciais também num processo de seleção de candidatos a uma vaga. Se estou entrevistando pessoas para minha equipe ou para minha empresa, posso tirar muito mais proveito se preparar antes as perguntas a fazer. Uma boa forma de fazer isso é pensar "de trás para frente" – o que quero saber? Que coisas quero descobrir a respeito do candidato? Como vou explorar mais os assuntos que interessam em cada caso? A partir desse raciocínio, posso montar um conjunto de perguntas para me guiar durante a entrevista, me ajudando a conhecer o candidato.

Mundo Interno

Agora vamos falar do mundo interno. Nós vivemos numa época que nos induz à inconsciência. É como se estivéssemos o tempo todo dormindo, ou funcionando no "piloto automático". Isso é o comum à maioria dos seres humanos. Mas, se quero resolver algum problema, se quero mudar alguma coisa, o primeiro passo é tomar consciência do assunto.

Existem dois grandes motores para provocar uma mudança. Um é o olhar futuro: sonhos, anseios, desejos, aspirações. O outro é o sofrimento presente: coisas que me incomodam, que doem, que são insatisfatórias. Podemos também ter uma combinação de ambos – algo insatisfatório na atualidade me faz sonhar com algo melhor, que se torna uma aspiração. Ambos contribuem para nos trazer a consciência, para nos darmos conta de que temos uma oportunidade de mudar algo, de evoluir, de crescer.

Uma vez consciente da necessidade e da vontade de mudança, como posso concretizar meu objetivo?

Primeiramente, devo ter claro em minha mente onde quero chegar. Seja para resolver algo que me faz sofrer ou para realizar um sonho, é importante visualizar o resultado que quero alcançar.

É nesse ponto que posso fazer uso das perguntas certas. É aqui que começo a liderar a mim mesmo. De forma semelhante ao que vimos acima para usar com a equipe (ou com o mundo externo em geral), posso conduzir meu próprio raciocínio por meio de perguntas. Elas vão me levar a estruturar meu pensamento e, de forma mais consciente do que a habitual, a preparar um plano de ação.

Conclusão

Aumentando nossa consciência, esclarecendo nossas metas e objetivos, elaborando bons planos de ação, ultrapassamos a barreira do comum. Isso traz excelência. E como fazemos isso? A partir de simples perguntas, claro!

Coaching & Mentoring

17

Eliminando as crenças limitantes por meio da ressignificação

Temos muitos sonhos e objetivos na vida, porém, muitas vezes não tentamos realizá-los por acreditarmos que não dará certo ou que somos incapazes, ou seja, porque temos crenças que nos limitam e nos impedem de trilhar o caminho das vitórias. Este artigo mostra o quão destrutivas podem vir a ser as crenças limitantes e como combatê-las, substituindo-as por crenças positivas, utilizando-se da técnica da ressignificação

Diego Reis

Diego Reis

Bacharel em Comunicação Social com Habilitação em Publicidade e Propaganda pelo Centro Universitário de Brasília – UniCEUB, com pós-graduação em Comunicação com o Mercado pela Escola Superior de Propaganda e Marketing – ESPM. Coach profissional formado pela Academia Brasileira de Coaching – AbraCoaching. Consultor em Marketing Digital, especialista em links patrocinados (Google AdWords e Facebook Ads), certificado pelo Programa de Certificação Google AdWords. Participou de vários treinamentos em *Marketing Digital e Coaching*.

Contatos
msndiegoreis@hotmail.com
(61) 9174-5447

Começo este artigo fazendo a seguinte pergunta: quantas vezes você já deixou de perseguir a realização de um sonho por ficar pensando como isso seria aceito por sua família, sobretudo seus pais, o que pensaria o(a) seu(sua) cônjuge ou namorado(a), seus amigos, colegas de trabalho, seu chefe, professor ou quem quer que seja? Quantas vezes se sentiu "preso" ou "imóvel" por levar em conta a opinião de um ou mais deles?

Agora, faça uma outra reflexão: quantas vezes já deixou de perseguir seu sonho, por que VOCÊ MESMO não acreditava ser possível ou por que você pensava ser muito difícil ou até mesmo impossível, ou ainda por que simplesmente o geraria um esforço a mais, um trabalho maior, algo que o tomasse mais tempo e que ameaçasse seu conforto, seu momento de lazer, ou seja, seu estilo de vida? E quantas vezes se viu infeliz por não ter realizado esse sonho? Ou por não ter nem ao menos tentado?

Muitas vezes, o que nos impede de progredir em relação a realização de um sonho são as crenças que temos a respeito de nós mesmos e de nossos objetivos. É comum, por vezes, nos sentirmos impotentes ou incapazes de realizar certa tarefa ou conquistar algum sonho ou objetivo. Mas qual seria a razão de pensarmos assim? Por que temos medo a ponto de nos sentirmos incapazes ou não merecedores? E como esse tipo de sentimento nos faz permanecer inertes, imóveis, sem ação diante de nossos propósitos, sonhos ou objetivos?

Nós, seres humanos, somos altamente influenciados pelo meio em que vivemos e pelas pessoas com as quais nos relacionamos e pela sociedade como um todo e, assim sendo, somos moldados, esculpidos à maneira aceita pela sociedade, seguindo padrões de pensamento e comportamento. Desde crianças, em casa com os pais e, principalmente, quando iniciamos nossa vida escolar, com os professores e educadores em geral, nos é dito o que aprender, como aprender, como agir, como falar, como nos comportar, o que devemos ser no futuro, como deve ser nossa vida.

Esse amontoado de comandos e padrões de comportamento que nos é imposto vai aos poucos minando nossa autenticidade, nosso entusiasmo, nossa coragem e aumentando nossa incerteza, nosso medo, nossas fraquezas, pois fomos treinados para agir daquela determinada forma, de modo que ficamos sempre sujeitos à aprovação das outras pessoas.

Acontecimentos de nossa vida, fracassos em projetos, perda de pessoas que amamos, fim de relacionamentos, e outros "insucessos" na vida nos geram culpa e nos tornam pessimistas, rigorosos com nós mesmos, pois sempre tendemos a avaliar um resultado ruim ou

Coaching & Mentoring

a ausência de um resultado como decorrente de algum erro, defeito ou falha nossa. Com isso, nossa confiança diminui junto com nosso entusiasmo e coragem de perseguir nossos objetivos. Sem falar nas atitudes que outras pessoas tiveram em relação a nós, nos dizendo certas coisas, brigando conosco, duvidando de nosso potencial, julgando-nos incapazes de reagir, enfim, comportamentos que nos fazem sentir mal, descrentes, sem confiança em nós mesmos - que nos prendem numa situação de insegurança e nos mantêm no estado de inércia, imobilidade, insegurança, medo e passamos a duvidar de nós mesmos, de nosso potencial, de nossa capacidade e deixamos de perseguir sonhos de toda a vida. Com isso, o tempo vai passando e a pessoa vai se sentindo cada vez mais desmotivada e desanimada, pois parou de admirar a si mesma. Desta forma, a autoestima se vai junto com a autoconfiança.

Tais sentimentos são ocasionados não pelos acontecimentos ruins que ocorrem em nossas vidas, e sim pelos significados ruins, negativos que atribuímos a esses acontecimentos em nossa mente. Esses significados têm como consequência aquilo que chamamos de crenças limitantes ou limitadoras, pensamentos negativos, pessimistas, algo em que acreditamos e que nos limitam e muitas vezes nos impedem de chegar onde desejamos, pois passamos a acreditar em coisas do tipo "não sei se mereço isso" ou ainda "não vou ser promovido porque meu chefe não gosta de mim" e o pior de todos "não sou capaz ou não consigo fazer isso".

Acontece que, ao permanecermos inertes, parados, sem agir em prol de nossos desejos e dos nossos sonhos vamos nos tornando pessimistas, infelizes, depressivos, tristes, sem propósitos e sem alegria para viver e lutar pelos nossos objetivos e sonhos.

Isso acontece porque as crenças que temos a respeito de nós mesmos têm relação direta com nossa autoconfiança e com nossa automotivação e, portanto, é o que nos faz acreditar ou não em nós mesmos e na realização de nossos sonhos, assim sendo, é imprescindível que, para que consigamos atingir metas e objetivos acreditemos em nós mesmos, tenhamos confiança de que iremos conseguir, que somos capazes e merecedores, e que é possível. Falando assim pode parecer simples, mas daí surgem os seguintes questionamentos: como mudar o que pensamos em relação a nós mesmos? Como "quebrar" ou eliminar as crenças limitantes de modo a nos fazer sentir aptos a agir, realizar e conquistar o que desejamos?

A melhor maneira de se conseguir eliminar os efeitos que as crenças limitantes exercem sobre nós é transformá-las em algo positivo, dando a elas um novo sentido, novo enfoque, a partir de um ponto de vista diferente, mais positivo e otimista. E nessa tarefa, assim como em todo o processo de *coaching*, o papel das perguntas é fundamental. Portanto, o profissional, o *coach*, precisa ter a habilidade necessária para fazer as perguntas certas que irão instigar, motivar seu cliente a enfrentar tais crenças, desafiá-las, analisá-las de modo diferente, tirando bons aprendizados das experiências e projetando como usá-los no futuro, libertando-o daquilo que o impede de se mover em relação ao seu objetivo.

Existe uma série de técnicas e procedimentos que nos ajudam (*coaches*) a fazer com que o *coachee* enfrente, elimine ou transforme suas crenças e, dentre elas, destacarei uma, na minha forma de ver, a mais poderosa dentre elas que é a Ressignificação.

Ressignificação, como o próprio nome diz, consiste em propor um novo sentido a algum evento, acontecimento ou situação que possa ter gerado uma crença limitante, negativa. É uma habilidade que nos permite atribuir um significado positivo a algo que nos incomoda, atormenta, prejudica e alterá-lo em nossa consciência de tal forma que passe a ser enxergado como uma nova oportunidade de crescimento, que nos faz progredir, aprimorar-nos e, com isso, a crença se transforma em uma crença positiva, motivadora em vez de limitante.

A função do *coach* ao se utilizar dessa técnica é por meio de perguntas desafiar, motivar o cliente/*coachee* a enxergar os aspectos positivos de um acontecimento que gerou uma crença, algo que enalteça a parte positiva do fato ou evento, enfim, algo que o faça se sentir melhor, que o faça perceber que aquela crença era resultado de um significado que ele mesmo atribuiu a um acontecimento e que existem outros significados, podendo substituí-lo a fim de gerar percepções e sentimentos positivos.

Para demonstrar como pode funcionar a Ressignificação, falarei de uma experiência própria e marcante em minha vida. Durante vários anos eu estava estagnado profissionalmente e mesmo tendo vários objetivos e sonhos eu me sentia perdido, sem rumo, parado no tempo vendo a vida passar, mas mesmo me sentindo mal por isso, permanecia como estava. O tempo foi passando e com ele começaram a surgir críticas por parte das pessoas mais importantes para mim, meus pais, irmãos e amigos me criticando e questionando a respeito do meu modo de ser, me dizendo que eu não deveria estar assim, que eu deveria encontrar um propósito, lutar pelos meus sonhos, trabalhar, estudar, enfim, tentavam me propor soluções. Acontece que, como nessa época eu andava muito deprimido por conta dessa minha situação de inércia e confusão a respeito do meu futuro, eu passei a enxergar, a julgar todas essas sugestões e proposições como duras críticas e até mesmo ofensas. Comecei a acreditar que ninguém me entendia, que eu estava sozinho e, por vezes, até que ninguém gostava de mim ou se importava comigo.

Com o tempo, comecei a perder a admiração das pessoas e isso foi me derrubando, me deprimindo ainda mais, até que, um dia, cansado de tudo isso que estava vivendo, comecei a tentar dar ouvidos ao que me haviam me dito, analisar de outra forma, de forma positiva, a fim de tirar algum sentido, alguma lição de todas aquelas coisas que as pessoas me diziam e tentei entender o porquê algumas delas me cobravam tanto.

Pensei nisso incessantemente até que cheguei ao seguinte significado: "se eles me cobram tanto assim é porquê enxergam em mim algo que eu ainda não enxergo". A partir daí, fui percebendo que EU precisava enxergar o que estavam me dizendo e minha conclusão foi a de que eles me cobravam e ficavam irritados de ver minha situação ao me ver desperdiçando meu tempo e meu potencial, a me verem lamentando minha vida ao invés de lutar pelo o que eu queria. Ao perceber isso, um novo significado veio à tona trazendo uma nova crença: "se eles enxergam meu potencial então EU TENHO potencial", assim comecei a me reerguer e passei a ver os problemas e as dificuldades de uma outra forma, pois agora acreditava em mim e sabia que resolvê-los seria apenas uma questão de encontrar a melhor forma e não mais de eu ser capaz ou não. Sem contar que ao chegar a tais significados percebi o quanto cada um deles me amava e se importava comigo o que me fez recuperar minha autoestima, minha alegria, meu entusiasmo e seguir adiante, trabalhando em prol dos meus objetivos e sonhos. Após algum tempo, pude colher o resultado desse trabalho, o qual um dentre muitos deles é a participação nesse livro que você lê agora.

Essa foi uma experiência minha, mas existem outros exemplos práticos de como ressignificar situações de vida como no caso de alguém que tenha sido demitido – aquilo pode representar que ele não servia para a empresa ou para o serviço ou, pode significar uma nova oportunidade de recolocação profissional, de se reciclar fazendo cursos, às vezes até uma nova graduação ou pós, quem sabe até uma mudança de área profissional que venha a trazer mais satisfação pessoal ou melhores ganhos financeiros, ou ainda que isso motive a pessoa demitida a realizar um antigo sonho de abrir o próprio negócio e isso vir a ser muito mais satisfatório do que permanecer no emprego, enfim, várias oportunidades se apresentam quando não nos limitamos à crença negativa.

Enfim, a influência que um acontecimento tem sob nossas crenças depende do significado que damos a esta experiência, da maneira como a enxergamos e guardamos isso dentro de nós, do modo como acreditamos naquilo. O modo como significamos o que acontece em nossa vida é o que define nossas crenças e nossas crenças nos definem juntamente com nossos valores.

Logo, quando o resultado de um evento de nossa vida se transforma em crença positiva, isso passa a ser algo que nos motiva, nos impulsiona, nos encoraja. Ou pode se tornar uma crença limitante, algo que nos prende, nos impede de seguir adiante com nossos objetivos.

O *coach* deve indagar, questionar, motivar e impulsionar o seu cliente a Ressignificar experiências que desencadearam crenças limitantes, mas não deve ele próprio determinar um significado, pois o cliente é sempre o mais indicado a encontrar soluções para si mesmo, visto que a experiência é dele e que os benefícios obtidos pela ressignificação serão para ele.

Coaching & Mentoring

18

Coaching de Alta Performance

"O encontro da preparação com a oportunidade gera o rebento que chamamos sorte." - Anthony Robbins

Dirlene Costa

Dirlene Costa

Professional & Life Coach; Executive & Leader Coach; Master Coach em Finanças Pessoais; Consultora de processos organizacionais e desenvolvimento de líderes e equipes de alta performance. Formada em Administração pela Pontifícia Universidade Católica de MG; Pós-graduada em Administração Financeira pela Universidade UNA - MG; Certificada em *Professional & Life Coach* pelo IBC, European Coaching, Global Coaching Community, International Association of Coaching. Certificada em L*eader Coach* pelo BCI - Behavioral Coaching Institute. Certificada em Behavioral Anlyst pelo IBC e pela Global Coaching Community. Certificada em Spiral Dynamics Level One and Two pelo Spiral Dynamics Integral Technologies - Santa Barbara EUA. Certificada em *Master Coach* em Finanças pelo Instituto de *Coaching* Financeiro.

Contatos
www.coachinghighperformance.com.br
www.criandoriqueza.com.br
contato@coachinghighperformance.com.br
(21) 7515-6622

O *coaching* por meio de suas técnicas e metodologias comanda mudanças fantásticas para o *coachee* (cliente) principalmente comportamentais, estimulando o seu potencial para superar desafios e aprimorar de forma rápida e consistente. A mudança é definitiva, porque atua no nível da consciência, abrindo uma janela para novas habilidades e caminhos.

A alta performance é bastante tratada no mundo dos esportes, mas todos podem trazer alta performance para sua vida, seja pessoal ou profissional. Performance é desempenho, e podemos desempenhar melhor cada parte da roda da vida para atingir os nossos objetivos, superando a nós mesmos.

Como o *coaching* entra nesse contexto? O *coaching* entra por meio de suas poderosas técnicas e as perguntas que fazem o cliente refletir, conscientizar e criar soluções. Cada passo é uma superação, idêntico ao que se faz um esportista.

No *coaching* segmenta-se de forma visual a vida numa roda, denominada "roda da vida". É uma forma de trabalhar os diversos pontos em torno da vida, para aumentar a satisfação e o sucesso ao que se pretende.

1 – Roda da Vida

A Roda da Vida é compartimentada da seguinte forma:
- Pessoal: saúde, desenvolvimento intelectual, equilíbrio emocional
- Profissional: propósito, finanças, carreira
- Relacionamentos: família, vida social, desenvolvimento amoroso
- Qualidade de Vida: lazer, espiritualidade

No dia a dia, as pessoas não analisam e planejam suas vidas. Dessa forma, muitas vezes, focando um ou dois pontos da "roda" e esquecendo ou tratando com pouco empenho os demais. Isso gera satisfação em algumas partes e outras não. Em alguns casos, a pessoa está num nível de *stress*, insatisfação grande e não entende porque. Mas quando analisa sua vida por partes e define em que ponto está hoje, o *coachee* se depara com muitos pontos a aprimorar.

A atuação do *coach* (treinador) nessa fase é definir junto com o *coachee* quais são as partes que ele deseja trabalhar e focar, priorizando o que vai de encontro com sua missão e objetivo de vida. A cada passo trabalhado, o *coachee* começa a perceber resultados criando uma motivação interna para seguir em frente.

2 – Missão & Visão

A "roda" é a fase de diagnóstico, porém o diagnóstico sem ação não gera resultado. Por isso, a missão e visão do *coachee* serão fundamentais para dar base ao processo. Os objetivos (aonde quer chegar) precisam estar alinhados com a missão de vida do *coachee* e sua visão estratégica. A missão e visão pessoal orientam todo o plano de vida" e estão vinculados à forma como se vê o mundo, suas crenças e valores. O trabalho de *coach* precisa estar alinhado com as crenças e valores do *coachee*, do contrário não fará sentido para ele e no futuro pode desistir ou desestimular-se.

Importante perguntar ao *coachee* para definir a Missão:
- O que você gosta de fazer?
- O que o deixa feliz?
- Quais são seus sonhos?
- Qual o seu propósito de vida?

Exemplo: "ser um profissional que trabalha no desenvolvimento de pessoas, potencializando as mesmas e gerando resultados de alta performance para suas vidas".

Quanto a Visão, perguntar:
- Feche os olhos e sinta onde gostaria de estar hoje?
- O que gostaria de estar fazendo?
- Como seria sua vida financeira?
- Como seria sua vida profissional?
- Como seria sua vida pessoal?
- Aonde você quer chegar?

Exemplo: "um profissional bem-sucedido, reconhecido pelos seus resultados, atuando com excelência, bem remunerado e com qualidade de vida".

O processo de alta performance precisa também trabalhar o tempo todo com "Metas e Objetivos", idêntico ao que se faz no esporte para alcançar o máximo de um esportista. A "roda" é a fase de diagnóstico, depois você define a "missão e visão" e a fase seguinte é a definição e elaboração dos objetivos a alcançar, bem como quais as metas que precisam ser criadas para chegar ao ponto desejado.

3 – Plano de Ação

A próxima fase do processo é a criação de um Plano de Ação totalmente focado nos objetivos do *coachee*, entendendo o nível de consciência, bem o que precisa fazer para dar cada passo.

O plano de ação precisa estar em convergência com a Missão e

Visão, para ser potencializado e gerar alto desempenho para o *coachee*.

Ocorre muito nas organizações e em trabalhos de consultoria propor um plano de ação, porém não são tratados os valores, crenças, missões, gerando um plano de baixo desempenho. Para realizar o plano de pico performance é preciso alinhar o propósito de vida do *coachee* com as ações e estratégias.

É importante colocar ao *coachee* que o plano de ação funciona como uma empresa. Para uma empresa realizar seus objetivos, ela se planeja, executa e realiza. Empresas bem sucedidas, são aquelas bem planejadas e de alta execução com seus planos. O mesmo ocorre com nossa vida. É preciso colocar objetivos, planejar, saber aonde quer chegar, executar com foco e determinação.

O processo de perguntar nessa fase conquista resultados satisfatórios à frente. Colocar o *coachee* em contato com sua consciência durante a definição do plano dá mais estrutura ao plano.

Exemplo de perguntas:
- O que deseja realizar?
- Em qual área da sua vida (roda da vida) está esse objetivo?
- Por que deseja alcançar isso?
- Quais os ganhos?
- O que pode perder?
- Quanto pretende investir para alcançar esse objetivo?
- Quais pessoas ou recursos podem apoiá-lo durante a trajetória?
- O que compromete a fazer em uma semana?
- O que fazer em trinta dias?
- O que fazer em noventa dias, etc?

Essas perguntas vão trazer para o *coachee* a responsabilidade por sua vida e pelo sucesso do processo. Entendendo que o potencial está com ele e que é totalmente possível, mas que ele precisa se dedicar. Além disso, é o momento que o *coachee* entende se aquele sonho realmente faz sentido ou não. Muitas vezes, o mesmo quer algo que outra pessoa deseja por ele e não seu desejo em si, isso é mais comum do que parece. E durante essa fase o *coachee* pode ter grandes descobertas, detectando que tem outras aptidões e sonhos, começando a construir uma nova trajetória de realização e satisfação.

Outro ponto a salientar é que imprevistos podem ocorrer durante o processo, mesmo tendo um plano de ação. O fator persistência terá muito valor quando isso acontecer. E o plano precisa ser ajustado para a nova realidade, mas sempre alinhado com o objetivo macro.

No plano de ação você define O QUE FAZER, ainda não é a fase do COMO FAZER. É a fase de definição clara e coerente dos objetivos

Coaching & Mentoring

do *coachee*. Quanto mais bem definida essa fase, mais eficaz será a próxima, que é a construção de metas.

4- Metas

Após a definição do plano, a clareza dos objetivos é muito relevante para todo o processo, saber quais os passos e onde se quer chegar. É preciso agir, com consistência, foco, disciplina e muita determinação. E as metas precisam ser escritas com especificidade e clareza. Quanto mais bem definida uma meta, maiores as chances de concluir um passo e chegar a outro. Como numa escada, construir e executar o passo a passo para chegar ao ponto desejado. O interessante é que, muitas vezes ao concluir um passo, algumas ações realizadas já apoiarão um passo mais a frente, resultando num ciclo contínuo de desenvolvimento.

Uma ferramenta muito útil nessa fase é utilizar a matriz 5W 2H, principalmente tratando O QUE, POR QUE, COMO, QUEM, QUANDO.

Abaixo o modelo da matriz:

Ação No.	O quê?	Por quê?	Como?	Quem?	Onde?	Quando?	Quanto?
1							
2							
3							
4							
5							

Fonte: www.sobreadministração.com

Como o processo de *coaching* precisa de muito foco para realização, o ideal é escolher no máximo cinco ações para atingir um passo, pois assim mantém a visão de onde quer chegar e o *coachee* vai conquistando mais rápido, ganhando bastante motivação.

É muito importante à execução das tarefas pelo *coachee*, esse ponto deve ficar claro no início do relacionamento e/ou contrato. Para o *coachee* transitar de um ponto a outro e obter resultado é preciso empenho e realização das tarefas. Não existe alcance de metas e objetivos sem ação. E quem faz as atividades é o próprio *coachee*, o *coach* nesse caso apresenta as ferramentas, motiva e potencializa.

A alta performance nos objetivos requer muita atitude, motivação e superação. A cada passo alcançado, reconhecer os resultados e estimular o *coachee* a propor novos desafios. Dessa forma, o *coachee* cresce muito e cria uma vida espetacular.

5 – Resultados

A alta performance é totalmente factível para vida de todos, não é um fator exclusivo de esportistas. Com certeza um esportista apoiado por um *coach* vai superar ainda mais desafios, mas o mesmo pode ser feito com todas as pessoas e profissões.

Viver uma vida de alta performance pede entusiasmo, motivação, crenças e valores fortes, determinação, foco, disciplina, execução, finalização e dedicação. São competências que o *coach* precisa desenvolver com o *coachee*, pois elas são as ferramentas para construção de uma base sólida e realizações contínuas.

Apenas colocar o *coachee* em contato com sua consciência não é prova de alcançar resultados, ainda mais de alta performance. É preciso alinhar consciência com ação. Por isso, a definição de missão, valores, objetivos, metas e um plano de ação será a conquista de alto desempenho no processo. É o casamento da consciência e da ação que vai coroar o resultado final.

Quando o *coachee* conquistar os primeiros resultados, o nível motivacional aumenta tanto que ele começa a criar estímulos próprios para outros passos. Claro que em todo processo vão aparecer *coachees* com dificuldades, com baixa estima, e neste momento, pode ser recomendada uma avaliação terapêutica, que não é a missão de um *coach*. O *coach* precisa entender qual a sua linha, seus limites e ter coerência com a sua profissão. Para ter resultados de alta performance o *coachee* pode estar confuso, é natural, mas ele precisa querer estar no processo. Precisa ser um desejo seu e não de outra pessoa.

Quando outra pessoa escolhe um processo de *coaching* para o *coachee* e este não acredita ou não concorda, por mais técnicas, métodos e expertise do *coach*, os resultados serão de baixo desempenho. Mesmo no *Coaching* Executivo, em que empresas contratam o *coach* para trabalhos com equipes e lideranças, é preciso um alinhamento com o *coachee* para colher os melhores resultados.

Coachee alinhado, com consciência e ação, *coach* trabalhando com conhecimento, informação, estudos, expertise, técnicas sugeridas e amor pelo que faz, a vitória é garantida e satisfatória. O *coachee* vai se sentir como um corredor de uma maratona rompendo a linha de chegada, vitorioso, brilhante e repleto de felicidade. Pois a conquista foi por meio dos seus desejos, sonhos e objetivos, do que faz sentido para ele, dos ganhos e das melhores escolhas para sua vida.

Coaching & Mentoring

Coaching de Alta Performance é superação de desafios, de metas, de objetivos, mas vai além disso, é a expansão do potencial humano, que é ilimitado e gigantesco.

Aprender com o passado, realizar no presente e conquistar no futuro, isso é *Coaching* de Alta Performance.

> "O degrau de uma escada não serve simplesmente para que alguém permaneça em cima dele, destina-se a sustentar o pé de um homem pelo tempo suficiente para que ele coloque o outro um pouco mais alto". **Thomas Huxley**

REFERÊNCIAS

WHITMORE, John. *Coaching para Performance* – Editora Qualitymark.

COVEY, Stephen. *Os 7 hábitos das pessoas altamente eficazes* – Editora Best Seller.

ECKART, Tolle. *O Poder do Agora*.

Apostila Professional & Self Coaching – PSC, Instituto Brasileiro de Coaching.

19

Gestão de pessoas aplicada ao *coaching*

Nesse capítulo apresento um conceito de liderança que me fez realmente refletir sobre o assunto e exponho algumas reflexões baseadas em minhas experiências profissionais sobre gestão de pessoas aplicadas ao *coaching*

Eduardo Alencar

Eduardo Alencar

Servidor público federal especialista em gestão de projetos. Possui MBAs em Gestão pela FGV e pela Universidade da Califórnia. É graduado em Economia pela UnB. Certificado Project Management Professional – PMP, ITIL e COBIT. Trabalhou de 2003 a 2005 no Instituto de Pesquisa Econômica Aplicada – IPEA, tendo participado de pesquisas sobre os setores industrial, automobilístico e de serviços e em estudos de comércio exterior e tecnologia. Na Agência Nacional de Telecomunicações, atuou como assessor da Superintendência de Administração-Geral na implementação de metodologia de gestão de projetos e planejamento estratégico, na implementação de diversos sistemas (gestão de projetos, gestão de indicadores, integração de informações do setor de telecomunicações, reestruturação societária). Também atuou como gerente de gestão de pessoas na Anatel, responsável pela capacitação, avaliação de desempenho individual e desenvolvimento na carreira. Atualmente trabalha na Secretaria de Assuntos Estratégicos da Presidência da República - SAE/PR.

Contatos
eduardocna@gmail.com
br.linkedin.com/in/eduardocna
Twitter: @eduardo_cna

1. Liderança

Existem várias definições de liderança, mas eu apresento a definição de liderança que me fez realmente refletir sobre o assunto. Segundo Dean Williams[1], **a verdadeira liderança reside na capacidade de mobilizar as pessoas a enfrentar e resolver os seus principais e mais difíceis problemas.** Essa definição de liderança é muito interessante, pois foge dos conceitos e características convencionais de liderança. A liderança não é necessariamente vinculada a uma pessoa. Caso os líderes consigam diagnosticar seus desafios com clareza, estabelecer e executar intervenções e aprimorar as habilidades de refletir e aprender enquanto estão participando do processo, então eles terão maiores possibilidades de criar e manter o progresso. A liderança deve ser abordada como um processo interativo.

Williams (2005) afirma que para liderar em contextos de múltiplos desafios são necessárias uma alta capacidade de diagnóstico e flexibilidade no estilo de intervenção. Desafios técnicos requerem uma grande aplicação de conhecimento em resolução do problema, enquanto desafios adaptativos são mais complexos, pois demandam mudanças nos valores, hábitos, práticas e prioridades das pessoas. O processo de liderança faz com que as pessoas encarem a realidade.

2. Reflexões sobre gestão de pessoas aplicadas ao *coaching*

É muito difícil influenciar o comportamento das pessoas. Cada pessoa, e eu me incluo, tem a tendência inicial de achar que seu próprio ponto de vista está correto. O primeiro passo é superar essa disposição e gerar um clima de empatia, pois para praticar o *coaching*, é necessário e fundamental que exista um clima recíproco de confiança entre o *coach* e o *coachee*. A criação desse clima de confiança é de responsabilidade principalmente do *coach*.

Creio que o *coaching* seja o cotidiano. Exercite o *coaching* para seu autoconhecimento e evolução emocional.

2.1. Crie um ambiente aberto ao diálogo

Tenha uma postura aberta aos pontos de vista e opiniões do *coachee*. Uma forma bastante interessante de gerar um ambiente mais descontraído e de abertura me foi apresentado por Jamil Mahuad, uma das pessoas mais fascinantes que tive a oportunidade de conhecer. Segundo o professor Mahuad, é importante identificar algo em comum entre o *coach* e o *coachee* para gerar empatia e iniciar a

---

[1]Williams, Dean. Real Leadership: Helping People and Organizations Face Their Toughest Challenges. Berrett-Koehler, 2005.

conversa. Pode ser uma preferência esportiva em comum, o gosto pela música, um *hobby*, região de nascimento, desafios em comum.

Lembro-me de quando tive aula com o professor Mahuad na Universidade de Harvard em 2011 e ele contava sobre o processo de negociação de paz em 1998 entre o Equador, quando ele era o presidente, e o Peru, presidido na época por Alberto Fujimori. O cenário de conflito entre as duas nações era complexo e o processo de aproximação com o presidente do Peru muito complicado. Porém, o que facilitou a abordagem inicial do novo presidente Mahuad com o experiente presidente Fujimori foi exatamente o fato de ambos serem presidentes de suas nações e compartilharem o desafio de liderarem seus países em um momento de alta turbulência. Além disso, as decisões e posicionamentos dos dois presidentes naquele momento poderiam afetar o futuro não só de seus cidadãos, mas também das futuras gerações. Outro ponto em comum era o bom relacionamento desses dois países com o Brasil, presidido na época por Fernando Henrique Cardoso. Foi a partir desses pontos em comum que, com a intermediação de Fernando Henrique Cardoso, se iniciou um diálogo entre os presidentes que, enfim, assinaram o acordo de paz em 1998.

Esse relato do professor Mahuad sobre a importância de criar um clima para o diálogo também vale para o *coaching*. Busque sempre dar a prioridade e oportunidade para que o *coachee* se sinta confortável e fale, compartilhe suas impressões. Pergunte, ouça e depois responda questões do *coachee*. Ouça mais, entenda a outra perspectiva, identifique a causa raiz do problema e busque formas de resolvê-la em conjunto.

2.2. Tenha e demonstre ter real interesse nas pessoas

Para realmente fazer a diferença na sua vida e na vida das pessoas, é importante que você acredite em si mesmo e no que está fazendo. Também é fundamental que você tenha realmente interesse nas pessoas, caso contrário é melhor nem tentar um processo de aproximação e realização de *coaching*. Sem o real interesse o processo não será transparente e perene e consequentemente não irá trazer resultados para o *coach* e o *coachee*. Além disso, será uma perda de tempo para ambos.

2.3. Tenha coerência entre discurso e ação

A falta de coerência entre seu discurso e suas ações irá minar a relação de confiança ao longo do processo. Dessa forma, é necessário que você seja sincero consigo mesmo e com os outros e seja o que diz que é. As pessoas não são ingênuas e estão constantemente observando e analisando seus atos e a coerência deles com os seus valores. Se não houver sinceridade e coerência uma hora você entra em contradição e a máscara cai. Seja você mesmo, sincero, mas saiba como expor suas opiniões, pois a forma de expô-las faz toda a diferença entre criar um ambiente saudável ou um ambiente de desconfiança e conflito.

Uma boa comunicação é fundamental e tão crucial nas organizações que, na visão de Falconi, Vicente. *O Verdadeiro Poder.* INDG, 2009, pode ser a diferença entre a vitória e o fracasso. Comunicação é uma arte: por mais esforço que se faça para passar a mensagem pretendida, sempre existirá a possibilidade do receptor não entender/receber/aceitar essa informação. Isto gera ruído na comunicação.

A coerência também facilita para que as pessoas o percebam como líder e, caso elas tenham algum tipo de admiração por você, elas terão maior probabilidade de ouvi-lo.

2.4. Exercite a capacidade de observação

O desafio é exercitar a capacidade de perceber e compreender outros pontos de vista e confrontá-los com os seus para definir uma nova abordagem que considere essa multiplicidade de perspectivas sobre um mesmo tema.

Exemplificando. Tenhamos o seguinte contexto empresarial hipotético e simplificado: o corpo gerencial de uma instituição tem sob sua responsabilidade equipes de pessoas. Na visão da alta gestão desse órgão, os gerentes conseguem produzir ótimos resultados para a instituição, as metas são superadas e a produtividade é maior do que a média de mercado. Na percepção dos próprios gerentes, eles estão realizando uma gestão de excelência, pois uma das principais atribuições de um gestor é cumprir metas. Porém, um ponto intriga esses gerentes, a rotatividade de suas equipes é alta e eles percebem uma alta resistência ou receio de suas equipes em discutir assuntos com os gerentes. Já a percepção das equipes sobre a gestão é diferente, segundo eles, a alta produtividade deve-se a um ambiente de alta pressão por resultados e intimidação. As equipes têm receio de sofrer algum tipo de retaliação caso não concordem tecnicamente com algum posicionamento dos gerentes. Adicionalmente, as equipes nunca são elogiadas ou reconhecidas pela alta gestão. Esse clima pouco amigável e sem perspectiva de crescimento ou reconhecimento profissional leva vários membros das equipes a buscarem uma nova atividade.

Analisando esse cenário, vemos como agentes diferentes (alta gestão, gerentes e equipes) têm percepções diferentes sobre uma mesma realidade. A mudança dessa situação para um patamar de desenvolvimento mais elevado (alinhando alta produtividade, qualidade e bom clima organizacional) poderá ser atingida caso a percepção destes três agentes seja compartilhada.

Podem existir inúmeras possibilidades diferentes de atingir esse desenvolvimento organizacional mais elevado. E esse é um dos aspectos mais interessantes da gestão aplicada a pessoas, pois essa não é uma ciência exata.

Quando qualquer assunto, problema ou desafios envolvem mais de uma pessoa, as possibilidades de resultado são variadas. Dois profissionais altamente capacitados e reconhecidos podem fazer um ótimo trabalho juntos, como também podem produzir um resultado desanimador.

Mas basicamente qualquer um desses três agentes poderia refletir se essa situação é a melhor possível. Do ponto de vista da alta gestão, poderia ser analisado se somente o atingimento de metas é suficiente. Será que caso o clima organizacional estivesse em melhor situação, as equipes estariam mais felizes em trabalhar, haveria menos faltas por motivo de saúde, a rotatividade seria menor e a produtividade seria ainda maior?

Esse mesmo questionamento não poderia ser feito pelos próprios gerentes?

Do ponto de vista das equipes. Essas não poderiam quebrar a barreira da comunicação e buscar expor seus posicionamentos e dificuldades com seus gerentes a fim de buscar um melhor ambiente de trabalho, que por consequência, aumentaria ainda mais os resultados organizacionais?

2.5. Ajuste pontos privadamente e elogie publicamente

Esse aspecto é interessante e não se aplica somente ao *coaching*, mas creio seja aplicável para qualquer gestor de pessoas.

Receber elogio é uma legítima necessidade humana, essencial nos relacionamentos saudáveis. Mas é importante que o elogio seja sincero e específico. Entrar no seu departamento e dizer "pessoal, pessoal, vocês fizeram um ótimo trabalho". Este elogio pode não causar o efeito esperado, pois não foi específico. Seria mais recomendado identificar especificamente a contribuição de cada um da equipe no resultado e fazer este elogio, por exemplo, "Maria, parabéns pela elaboração da apresentação, ela foi clara e objetiva" ou "José, parabéns por ter liderado o projeto de modernização do departamento e superado as expectativas de resultado".

Por outro lado, ninguém gosta de ter a atenção chamada em público. Pelo menos eu nunca conheci ninguém. Se o gestor quer que seu subordinado o ouça e tenha uma postura mais aberta às possibilidades de melhoria, repreender ou falar o que deve ser aprimorado ou melhorado pessoalmente, um a um e de maneira tranquila, pode fazer a diferença.

2.6. Evite a tendência de identificar ou apontar o responsável

Não nos damos conta de que, na maioria das vezes, o principal responsável pela situação em que nos encontramos somos nós mesmos.

Façamos uma analogia, quando apontamos o dedo para alguém, o dedo indicador é direcionado para a pessoa que pretendemos identificar e curiosamente o polegar aponta para o chão e os demais dedos apontam para a própria pessoa. De cinco dedos, três estão apontando para você enquanto que apenas um está apontando para a pessoa que se pretende identificar. Dessa analogia eu extraio uma lição, 60% das questões dependem de você mesmo, outras 20% referem-se ao contexto no qual você está inserido e somente as 20% restantes são de fato afetas à pessoa para a qual você está apontando ou "culpando".

Um servidor reclama do seu ambiente de trabalho, diz que não gosta da atividade que realiza nem da própria instituição em que trabalha. Diz que quer sair e fazer outra atividade, mas não faz. Neste caso, este profissional já está decidindo continuar na empresa.

O próprio fato de não fazer nada para mudar a sua situação atual já é uma decisão. Muitas vezes não nos damos conta disto. Assim, creio que seja importante assumirmos que, na grande maioria das vezes, nós somos os responsáveis pela nossa própria situação e nós que influenciamos o ambiente.

2.7. Dê boas notícias na sexta e más notícias na segunda

Essa é uma dica que ninguém me ensinou, aprendi errando na prática. Certa vez, estava em uma função de gerente e um coordenador da minha equipe não estava gerando os resultados esperados. Já havia conversado com ele algumas vezes sobre a necessidade de ajustar alguns procedimentos e posturas, mas não adiantou. Decidi então substituí-lo da coordenação por outro membro da equipe. No entanto, conversei com ele numa sexta-feira. Fiquei todo o final de semana pensando em como o funcionário estaria se sentindo e não pude acompanhar ou continuar a orientá-lo. Provavelmente ele não deve ter tido um bom fim de semana. Se tinha familiares, talvez tivesse compartilhado uma notícia que não é boa. Se não tivesse familiares ou amigos para conversar a respeito, ficaria todo o fim de semana refletindo negativamente sobre o assunto.

Na segunda-feira seguinte, o funcionário se apresentou ao trabalho, mas percebi que ele estava muito mal e teve um péssimo fim de semana. Senti-me culpado por isto. Eu poderia ter conversado e ter dado a "má notícia" numa segunda-feira. Dessa forma ele teria toda uma semana de trabalho para refletir sobre o assunto, eu poderia estar melhor acompanhando suas reações para auxiliá-lo e continuamente explicar que existem outras possibilidades e alternativas para seu desenvolvimento.

Por outro lado, comuniquei ao futuro coordenador na mesma sexta feira. Na segunda percebi que o novo coordenador estava muito disposto e feliz. Ficou evidente que ele se sentiu reconhecido e compartilhou a "boa notícia" com seus amigos ou familiares no fim de semana.

Estraguei o fim de semana de um funcionário da minha equipe e alegrei o de outro. Minha lição que compartilho: dê boas notícias numa sexta-feira e más notícias na segunda, pois assim as pessoas têm um melhor ambiente para absorvê-las.

20

Mensuração do desenvolvimento e do resultado no processo de *coaching*

O uso adequado das metodologias de avaliação de desempenho traz benefícios ao processo de desenvolvimento do *coachee*. Avaliar resultados levanta informações que sustentam planos de ação e tomadas de decisão; amplia a reflexão do *coachee* sobre seu contexto, gerando maior efetividade nas ações. As ferramentas avaliativas e o hábito de autoavaliação propiciam autonomia e autodesenvolvimento

Ettore Riter

Ettore Riter

Sócio da PensarAção - Estratégias para Desenvolvimento, prestando consultoria em gestão estratégica de pessoas. Psicólogo graduado pela PUC-Campinas/SP. MBA em Gestão de Pessoas por Competências pelo IPOG/GO; Executive *Coach* e *Life Coach* certificado pela Academia Brasileira de Coaching/GO. Especialista em Desenvolvimento de Potencial Humano nas Organizações pela PUC-Campinas/SP e Especialista em Psicoterapia Breve pelo Instituto Cefas/SP. Professor universitário e Palestrante. Como *coach*, atua apoiando empresários, executivos e profissionais autônomos a alcançarem efetividade nas ações, desenvolvimento profissional e pessoal e sucesso em seus negócios e objetivos.

Contatos
www.pensaracao.com.br
ettore@pensaracao.com.br
(62) 8124-2979 / 9114-0404

Ettore Riter

> "Não se gerencia o que não se mede,
> não se mede o que não se define,
> não se define o que não se entende,
> não há sucesso no que não se gerencia".
> *William Edwards Deming*

O processo de *coaching* é uma parceria estratégica no processo de desenvolvimento. O *coach* auxilia e acompanha o *coachee* no alcance dos seus objetivos e metas. O processo de *coaching* é conduzido de forma personalizada e pragmática, com efetividade, sigilo e comprometimento das partes. Faz uso de metodologias, ferramentas e técnicas e é orientado para o futuro e para o resultado.

Apesar de o epílogo apontar para o modelo da qualidade que tanto influenciou diversos vetores da evolução das organizações em geral, não faremos uma simples transferência desse paradigma ao processo de *coaching*. Pretendemos apresentar as contribuições dessa lógica ao desenvolvimento da pessoa, trazendo uma perspectiva dos benefícios oferecidos pelos métodos de avaliação.

É valiosa a mensuração dos resultados e o monitoramento do desempenho durante o processo de desenvolvimento do *coachee*. O resultado observável de uma ação indica mudanças de modelo mental, comportamentos e conhecimentos. A avaliação oferece uma referência entre o ponto de partida e o de chegada; auxilia nas tomadas de decisões para correções de rumo, ritmo, estratégia, ou mesmo de objetivos; também permite uma conexão direta e atualizável com a realidade experienciada. Esses são elementos essenciais à condução promissora do crescimento, quer autorregulado, quer auxiliado. A capacidade de avaliação do seu próprio desempenho é uma ação de autogerenciamento fundamental aos desdobramentos do processo de desenvolvimento das competências e forças da pessoa. A busca permanente da superação das próprias fragilidades tem sido o combustível para o aperfeiçoamento e alcance de altos graus de excelência. Mas é preciso também considerar as forças e virtudes pessoais que encorpam as contribuições humanas ao negócio, à sociedade, ao outro.

Gestão de desempenho

A ideia central da gestão de desempenho[1] é escolher, baseado em fatos e evidências, os métodos para observação, medição e acompanhamento de resultados das ações do *coachee*. Essa escolha deveria se orientar pelo histórico e pelos objetivos do processo e servir a um propósito: o desenvolvimento. A simples reprodução de

---

[1] CHIAVENATO, I. Desempenho Humano nas Empresas: como desenhar cargos e avaliar o desempenho. 5. ed. São Paulo: Atlas, 2001.

padrões ou instrumentos é de pouca eficácia ao desenvolvimento, seja para alta performance, seja para o bem-estar. Esse erro limita os benefícios do *coaching* por levar à despersonalização da realidade do *coachee*. Deve-se pautar e modelar as estratégias de avaliação de resultados especificamente em função das necessidades e objetivos do processo. A observação e o monitoramento das mudanças apontam ao *coachee* e ao *coach* o andamento e a adequação das estratégias aos objetivos traçados. No início do percurso de desenvolvimento, a clareza de um futuro ideal[2] é ponto de base crucial para a construção de um sistema pessoal de autoavaliação e autorregulação das ações. Esse sistema se vale de evidências da performance pessoal, de ferramentas utilizadas e modelos orientativos para identificar e mensurar o valor agregado da ação realizada; esse sistema também age alinhando as estratégias de ação aos objetivos do processo de desenvolvimento.

Em linhas gerais, uma avaliação privilegia as ações baseadas na estratégia, as orientadas ao alcance de metas e as que preveem a maximização dos recursos disponíveis à realização das tarefas. Então, como fazer uso de ferramentas ou sistemas de mensuração para mostrar como estão sendo dados os passos? Como averiguar se a direção, o ritmo, a estratégia, os métodos e os recursos disponíveis permitem alcançar o alvo estabelecido? A avaliação de desempenho não deve ser um instrumento de controle ou classificação, gerando o julgamento do desempenho ou das qualidades da pessoa[3]. Ela deve se concentrar no fornecimento de informações que subsidiem a tomada de decisão e os planos de ação.

Entre as críticas comuns à avaliação de desempenho, têm relevo: a excessiva subjetividade e o foco excessivo no cargo ou no modo de realizar as tarefas. Esse excesso faz perder de vista as competências e virtudes. Aquela gera inconsistência, parcialidade e descredibilidade. Fazem-se necessárias ações intencionais para substituir as definições de padrões de desempenho gerais por modelos de avaliação que privilegiem a análise e a avaliação ativa[4]. Nas organizações, alguns empecilhos[5][6] são apontados à construção e consolidação de sistemas de avaliação de desempenho: definição inadequada de objetivos, avaliação assistemática, baixo comprometimento das partes envolvidas, critérios estabelecidos unilateralmente, sem a participação do avaliado, ênfase nos resultados quantitativos (o que ignora as diferenças individuais), despreparo dos atores sociais para lidar com esse instrumento gerencial e as metodologias que visam controle e classificação (distorcendo os objetivos da avaliação de desempenho). No processo de *coaching* corremos os mesmos riscos,

---

[2]JULIANI, B. Questionamento baseado em soluções. In: França, S., Roma, A. *Leader Coach: um guia prático para gestão de pessoas*. São Paulo, Editora França, 2011.
[3]SOUZA, V. L. (et al) *Gestão de Desempenho*. Rio de Janeiro: FGV, 2005.
[4]SOUZA, V. L. *Gestão de desempenho: julgamento ou diálogo?* 3. ed. Rio de Janeiro: FGV, 2002.
[5]GIL. A. C. *Gestão de Pessoas*. São Paulo: Atlas, 2001.
[6]MOSCOVICI, F. *Desenvolvimento Interpessoal: Treinamento de Grupo*. 13. ed. Rio de Janeiro: José Olympio, 2003.

subutilizando as ferramentas de avaliação e limitando os reflexos positivos propagados.

Métodos de avaliação

Ao medir resultados de uma ação, obtemos informações sobre o avanço, a estagnação ou o retrocesso em direção a um dado objetivo. Identificar e medir a evolução do processo é importante para a conscientização de si mesmo e de sua jornada, para avaliar o caminho feito e as estratégias adotadas até então, para monitorar a aproximação do alvo e as possíveis correções de rota. O impacto do conhecimento desses elementos ao processo de desenvolvimento pode ser, ironicamente, sem medida, já que se pode gerenciar com mais efetividade o progresso. Sem dados sobre si mesmo e seu contexto, a autorregulação de sua trajetória e seu desenvolvimento sustentável ficam comprometidos.

Uma avaliação pode ser realizada de diversas formas, em diversos níveis, mas sempre de modo a gerar informações que apoiem as decisões a ser tomadas e apontem possíveis próximos passos ao desenvolvimento. Tanto dados quantitativos quanto qualitativos podem ser úteis. Perguntar ao *coachee* no final de uma sessão "Nosso tempo valeu a pena? Como valeu?" apresentam informações indicativas de movimento de um ponto (A) para outro (B) e pode-se refletir e analisar os benefícios, as ações, as decisões, as mudanças ocorridas em uma fatia de tempo. É interessante fazer registro dessas reflexões finais, podendo retomá-las em sessões posteriores para evidenciar as mudanças, por exemplo, no foco, na postura, nas palavras. As mudanças podem ser tão claras e necessárias à pessoa que são assimiladas prontamente e passam a fazer parte de seu repertório como se sempre fora assim; nessa situação perde-se a dimensão das alterações e realizações conquistadas. Nesta perspectiva, ter consciência das pequenas mudanças incrementa o autoconhecimento, a autoconfiança e a efetividade. Esses elementos constituem um valioso hábito gradativamente instalado, manifestado na capacidade de estabelecer metas desafiadoras e de atuar para alcançá-las *(strech goal)*.

Entendemos que os métodos de avaliação usualmente aplicados em organizações não podem ser simplesmente transliterados ao processo de *coaching*. Precisam de uma releitura para atender às necessidades do contexto vigente e os objetivos desse processo. Ignorar isso pode gerar superficialidade, empobrecimento ou simplificação das complexidades humanas envolvidas. Tecemos adiante apreciações sobre alguns métodos avaliativos conhecidos e amplamente utilizados nas organizações, considerando que podem ser valiosos também no processo de *coaching*.

1. Método de Escalas Gráficas de Classificação tem como base fatores predefinidos e dispostos em gradiente no qual se atribui pontos. Suas escalas são objetivas e permitem comparação quantitativa entre momentos distintos de avaliação. Pode-se correr o risco de empobrecer a reflexão por sua tendência a classificação. A "Roda da vida" e a "Escala de 0 a 10" são exemplos dessas escalas.

2. Método da Pesquisa de Campo é uma entrevista estruturada realizada com as pessoas envolvidas de um dado contexto. Permite levantar causas e efeitos de determinados comportamentos ou desempenho. A análise de fatos e situações propicia grande aprofundamento sobre motivos e consequências; gera base para o planejamento do desenvolvimento e seu alinhamento com o negócio no qual está envolvido.

3. Método dos Incidentes Críticos apoia-se na observação e registro sistemático de fatos extremos, positivos e negativos que afetam o desempenho. O foco é a anormalidade dos eventos. Considera os fatores externos interferentes nos resultados aproximando do sucesso ou do fracasso da ação.

4. Método da Autoavaliação estimula o olhar sobre si mesmo, levando a pessoa a analisar suas próprias características de desempenho, apontando pontos fortes e de melhoria.

5. Método da Avaliação por Resultados refere-se à comparação periódica entre o resultado esperado e o realizado; permite identificar pontos fortes e de melhoria e providenciar ações para o próximo período.

6. Método da Avaliação 360 graus[8] trata de compartilhar informações e percepções *(feedback)* sobre o trabalho do avaliado fornecidos pelas pessoas que recebem diretamente os resultados. Propicia autoconhecimento, integração com o seu ambiente e comprometimento com resultados.

7. Avaliação por competências[9] é a identificação e medição, por meio de instrumentos específicos e entrevistas, de competências (conceituais, técnicas e interpessoais) essenciais ao resultado desejado e realizado. Enfatiza o desenvolvimento de competências e suas aplicações. Exemplo: *assessment*.

Alguns cuidados são necessários ao adaptar um método de avaliação ao contexto do *coachee*: definir com clareza e objetividade as metas a ser alcançadas e estabelecer indicadores que permitam monitoramento e mensuração. Os indicadores podem ser quantitativos ou qualitativos, servindo de referência de um aspecto da realidade.

---

[8]REIS, G. G. *Avaliação 360 Graus: Um Instrumento de Desenvolvimento Gerencial*. 3. ed. São Paulo: Atlas, 2010.
[9]LEME, R. *Avaliação de Desempenho com Foco em Competências: A Base Para Remuneração por Competências*. Rio de Janeiro: Qualitymark, 2012.

Em se tratando de desenvolvimento e mudança de padrões de ação, é importante considerar os indicadores de comportamento[10]. O comportamento é um dado patente e consistente, observável e passível de controle e mudança. O desempenho é uma tradução dos comportamentos (assim como de seu potencial de desenvolvimento), alinhado aos objetivos predefinidos e aos resultados esperados. Desses se estabelecem padrões de desempenho, os quais devem ser viáveis, mensuráveis, específicos e atualizáveis, mantendo-se assim adequados ao contexto do *coachee* e aos objetivos do processo. O zelo por esses aspectos facilita a visualização do impacto das ações propostas e executadas e da abrangência das mudanças efetivadas.

Considerações finais

Entendemos que um processo de *coaching* contribui para que pensamentos e decisões sejam transformados em ação em direção a um alvo. Nesse processo, avaliar resultados amplia a conscientização e a reflexão do *coachee* sobre seu contexto, levando seus projetos adiante de maneira efetiva, transpondo obstáculos. A importância de mensurar vem da necessidade de se obter marcadores para orientar os passos dados neste percurso. A avaliação de resultado não pode perder de vista a complexidade do indivíduo, a sua integração com seu meio e uma gama de interações de vetores que atuam sobre seu modo de ser no mundo. O *coach* pode propiciar a instalação desse hábito da autoavaliação pelo uso adequado dos modelos avaliativos; assim, se amplia a autonomia do *coachee* sobre seu caminho de melhoria contínua das competências. Acreditamos que a capacidade de medir seu progresso e seu rumo é tão importante quanto a capacidade de estabelecer metas e efetuá-las. O desenvolvimento é facilitado por essas ferramentas contribuírem para uma comunicação sistemática, levantando informações relevantes que sustentem planos de ação e tomadas de decisão.

---

[10]SOUZA, P. R. M. *A Nova Visão do Coaching na Gestão por Competências: A Integração da Estratégia: Como Desenvolver Competências na Prática, Diminuindo Subjetividades e Ajustando o Foco*. Rio de Janeiro: Qualitymark, 2011.

Coaching & Mentoring

21

Coaching aplicado a equipes & liderança efetiva

Muito se ouve falar em *coaching*. Na sua essência é uma metodologia para ser aplicada pelo *"coach"* numa relação de ajuda ao *"coachee"*. O grande objetivo da relação entre *coach* e *coachee*, é o *"coach"* auxiliar o *"coachee"* a definir claramente seus objetivos, determinar uma estratégia para conquistá-lo, antever obstáculos e dificuldades que possam ocorrer, se preparar adequadamente desenvolvendo competências necessárias para agir de forma focada objetivando a conquista do resultado desejado

Eugênio Ferrarezi

Eugênio Ferrarezi

Autor do livro o *INSUBSTITUÍVEL CÉREBRO* - Manual do Proprietário, é graduado em *Coaching* Sistêmico pela Metakomunication da Alemanha, pós-graduado em Psicopedagogia clínica, *Master Practitioner* em PNL e graduado em Engenharia Eletrônica pela Universidade Federal de Itajubá. É diretor de desenvolvimento e *"head trainer"* do INSTITUTO FERRAREZI, ministrando cursos e programas de *Coaching* aplicado a equipes para o desenvolvimento de competências para o exercício da liderança efetiva, no Brasil e exterior. É responsável pela customização e aplicação de programas corporativos para o desenvolvimento de Lideranças e a utilização do *Coaching* Sistêmico na gestão de equipes objetivando alto rendimento na definição e conquista de resultados.

Contatos
www.institutoferrarezi.com.br
eugenio@institutoferrarezi.com.br
facebook – Instituto Ferrarezi
(12) 3204-6101

Eugênio Ferrarezi

O capítulo que segue, nos leva ao entendimento sobre a importância em se desenvolver a habilidade necessária para o gestor utilizar as competências da liderança associadas às ferramentas do *Coaching* Sistêmico para aplicação em equipes para estimular o comprometimento e proatividade dos indivíduos na conquista de resultados.

Podemos entender as competências da liderança como habilidades necessárias para o gestor manter a harmonia, pró atividade e comprometimento da equipe rumo à conquista de resultados, mas para que haja resultados é necessário conhecer a metodologia específica do *coaching* que possibilitará atingir o objetivo:

1. Definir juntamente com a equipe qual o resultado a ser alcançado e estabelecer meios para atingi-lo.
2. Aproveitar as experiências de sucesso e evitar ações sem efetividade.
3. Antever obstáculos e dificuldades que possam influenciar no sucesso das ações.
4. Estabelecer uma estratégia bem detalhada com definição de cada passo, prazos, responsabilidades, recursos, e acima de tudo a gestão da equipe.
5. Estar presente, ouvir, fazer a gestão de conflitos e problemas.
6. Levantar competências necessárias para se atingir o resultado e capacitar a equipe.
7. Mensurar a cada etapa o que era esperado e o que se conquistou, corrigir distorções e manter o foco no resultado.

Mas qual o papel do *coach* e o papel do líder neste contexto de fazer a Gestão da Equipe e não o processo de aconselhamento individual?

O "lado *coach*" do gestor necessita desenvolver as habilidades do professor, do treinador e preparador da equipe. Como um técnico, o *coach* não joga, orienta, direciona e corrige as ações que não produzirem os resultados desejados. Dessa forma mantém toda a equipe alerta para correção de procedimentos, processos e ações que sejam necessárias.

O líder além de se comprometer com o Resultado, também se compromete a realizar JUNTO, pois é conhecedor da função e dos procedimentos internos. Como líder conhece cada elemento de sua equipe e dos processos de interações humanas. Sabe evitar conflitos, sabe motivar a equipe e como se relacionar de forma situacional com cada indivíduo.

É um elemento catalisador e orientador nos momentos de conflitos e desânimo da equipe, reorientando para manter a visão e objetivo maior da equipe.

Dessa forma, o GESTOR no papel de *coach* estabelece uma relação de compromisso e orienta, e estimula a equipe a ampliar sua

Coaching & Mentoring

visão e conhecimento para maximizar seu desempenho. Já no papel de Líder, o GESTOR entende de gente, joga JUNTO com o time e compartilha a responsabilidade para a conquista de resultados, delega, controla atividades com foco em resultados.

Associando as habilidades do *coach* e do líder, teremos:

1. **COACH** – Treinador, não joga.
   LÍDER – Está junto facilitando as ações específicas na realização do trabalho.
2. **COACH** – Orienta para soluções, não é especialista na função, estimula o outro a encontrar soluções.
   LÍDER – É especialista na função, se necessário orienta e corrige os liderados para evitar erros e prejuízos.
3. **COACH** – Acompanha o resultado das ações e orienta para mudanças que produzam alterações positivas nos resultados, quando necessário.
   LÍDER – Controla a realização das atividades e mensura resultados intermediários e se necessário corrige.
4. **COACH** – Orienta para a manutenção do foco no resultado.
   LÍDER - Resolve situações problemas, assume a responsabilidade por decisões críticas.
5. **COACH**- Utiliza metodologia que leva a equipe a definir as soluções para alcançar objetivos intermediários.
   LÍDER- Dá *feedbacks* positivos e se necessário auxilia na correção e otimização das ações.
6. **COACH**- É um facilitador para ajudar na maximização de resultados.
   LÍDER – Facilita a comunicação na equipe e o consenso nas situações de divergências.
7. **COACH**- Auxilia as pessoas a serem criativas, a buscar o aprendizado e decidir com confiança.
   LÍDER- Estimulam a criatividade e inovação nos especialistas de sua equipe.
8. **COACH**- Otimiza o potencial individual, orienta separadamente se necessário.
   LÍDER- Ajuda a equipe a acreditar e superar momentos críticos.
9. **COACH**- Sua comunicação é direta e focada em resultado, identifica competências a serem desenvolvidas.
   LÍDER- É hábil na comunicação em grupo, é persuasivo, sabe cativar a confiança e o consenso.

Eugênio Ferrarezi

O processo de desenvolvimento das habilidades necessárias para um GESTOR efetivamente ser um LÍDER efetivo na aplicação das ferramentas do *coaching* requer uma série de competências a serem desenvolvidas e colocadas em prática de forma sistematizada e com acompanhamento. O volume muito grande de informações durante dias de imersão pode não produzir um resultado satisfatório, pois o futuro *"coach"* não terá tempo de transformar em hábitos os novos conhecimentos.

Vejamos algumas das habilidades necessárias para a formação completa de um gestor que exerce a liderança efetiva sobre a equipe:

1. Técnicas para definir estratégias em equipe para SOLUÇÃO de problemas
2. Técnicas de reuniões altamente produtivas
3. Técnica de questionamento para estimular soluções
4. Técnica para estabelecer a melhoria contínua
5. Estratégia de Definição, Acompanhamento, Medição de atividades.
6. Metodologia para estimular a criatividade e inovação
7. A metodologia da melhoria contínua na equipe
8. Métricas de avaliação de resultados
9. Técnicas de comunicação com a equipe
10. Técnicas de gestão e organização de prioridades em equipe
11. Técnicas de negociação com foco na solução sistêmica
12. Técnica de identificação e mudança de crenças conscientes
13. Relacionamentos e persuasão
14. Comunicando e facilitando a comunicação
15. Como evitar conflitos e eliminar
16. Trabalhar desenvolvendo C.H.A.V.E. na equipe
17. Motivar com foco em resultado
18. Promover o equilíbrio pessoal e evitar o estresse
19. Promover o comprometimento e confiança da equipe.
20. Lidar com as gerações X,Y... Z
21. Negociação persuasiva com a equipe
22. Equilíbrio pessoal x profissional... etc.

Será que é possível num período compacto de alguns dias, adquirir todo esse conhecimento e desenvolver a tranquilidade e habilidade na aplicação dos mesmos numa equipe? O que será que ocorre quando se "tenta" aplicar o conhecimento? O resultado é muito parecido com a situação de quando alguém aprende a dirigir na teoria e depois experimenta a prática pela primeira vez... Naturalmente haverá insegurança, resultados não esperados, vontade de desistir, dificuldades não esperadas, necessidade de alguém que a motive a continuar.

Existem duas formas do perfil da liderança se manifestar:

1- Habilidades naturais

A evolução comportamental é transmitida pela genética, de geração a geração, definindo perfis básicos que determinam as diferenças na forma de agir do ser humano.

Na formação do comportamento humano surgem ainda habilidades naturais ao executarmos funções específicas. Há pessoas que têm habilidades para a medicina, outros para a área de exatas, alguns para o futebol, alguns para outros tipos de esportes, habilidades de relacionamento, comunicação e a habilidade natural para a liderança.

Existem estudos que mostram que essas habilidades são determinadas entre o nascimento e a adolescência, período em que ocorre uma "poda neuronal" de cerca de 50% no volume dos neurônios. Isso ocorre devido às ligações neuronais entre 100 bilhões de células que realizam de 1000 a 10000 ligações entre elas causando uma expansão no cérebro que não caberia dentro da caixa craniana.

Essas habilidades naturais quando estimuladas e praticadas principalmente até a adolescências serão determinantes na formação de padrões de comportamentos dominantes na vida do ser humano.

2- Programas de desenvolvimento

Outra forma de se desenvolver um comportamento é criar um conjunto de atributos e habilidades que irão determinar o comportamento desejado. Para isso é fundamental desenvolver essas habilidades na prática, corrigindo resultados indesejados e potencializando as ações positivas. É importante o acompanhamento e monitoração das atividades para a formação de novos hábitos que irão determinar o perfil da liderança.

Se não existe a disposição genética é praticamente impossível formar um Líder em de 8h ou até mesmo uma semana. Assim como a habilidade em dirigir não é possível de ser adquirida num único dia, a habilidade da liderança também vem com a prática.

Isso acontece pois somente por meio da ação motora repetitiva nosso cérebro irá registrar a sequência neuronal associada às ações e dessa forma transformar essas habilidades num conjunto de ações automáticas que determinarão os resultados em nossas ações.

Logo, para conseguirmos resultados expressivos e definitivos na formação de lideranças e habilidade prática, o *coaching* deve ser aplicado juntamente com o desenvolvimento de comportamentos e competências necessárias a um líder.

O *coach* que tem a habilidade de aplicar o *coaching* numa equipe requer que o desenvolvimento dos atributos do líder que entende de gente, saiba distinguir diferentes tipos comportamentais para que possa estimular a união e comprometimento da equipe focado na produção de resultados sistêmicos. O Líder sabe identificar como estimular a motivação de forma situacional em cada um dos elementos de sua equipe, pois as pessoas são diferentes e se interessam e se motivam com estímulos diferentes.

Por outro lado, o Líder possui algumas habilidades essenciais para direcionar a equipe para resultados. Vou citar apenas duas habilidades essenciais:

1- Habilidade na comunicação e oratória persuasiva

Essa habilidade é fundamental para a condução de reuniões e encontros. Persuasão é evidenciar o "ganho" pela conquista dos resultados. Este "ganho" vai muito além do valor financeiro, mas é o ganho moral, o respeito, a admiração, a valorização e reconhecimento do seu valor para a equipe. O líder persuasivo sabe criar a visão na equipe para a satisfação de quatro necessidades comportamentais essenciais ao ser humano, SIGNIFICADO dentro da organização, a CERTEZA da solidificação de seus empregos e a CONEXÃO que terão com os demais departamentos da empresa ou até mesmo da sociedade pelo reconhecimento de suas conquistas.

Para isso não basta apenas "falar bem", tem que desenvolver a habilidade de estimular durante a sua fala com a equipe, criar a visão do sentimento da conquista.

2- Habilidade no relacionamento e comunicação interpessoal

O líder sabe manter e estimular a criatividade e não aceita desculpas e justificativas em situações de dificuldades, mas auxilia a equipe a criar soluções para seus próprios problemas. Para isso é fundamental conhecer as ferramentas do *Coaching* Sistêmico para promover formas eficazes de estimular a criatividade e sistematizar a produção de soluções e o comprometimento na sua implantação.

Por meio de técnicas como metamodelo da linguagem, técnicas sistematizadas do *Coaching* Tradicional, métricas para mensurar resultados obtidos e a definição de ações estratégicas para o cumprimento de um cronograma, o líder mantem um íntimo relacionamento e comunicação para identificar fatores que comprometem o rendimento e então estimula a produtividade

Utiliza constantemente técnicas de *feedback* para elogiar as ações positivas e quando é necessário a correção de algum procedimento ou correção de algum procedimento, procura ampliar a visão de seus liderados para que eles percebam o que deve ser feito, de que forma contribui para o aumento da autoestima de todos.

Há muito mais a falar e desenvolver para se desenvolver a habilidade de exercer a liderança associada às ferramentas do *coaching* aplicado à equipe, no entanto o maior objetivo deste capítulo é trazer à luz da consciência essas reflexões do por que tantos e tantos cursos e intervenções no sentido de criar líderes terminam em frustrações.

"O *coaching* em equipe associado às competências da liderança é que permite a manifestação na prática de habilidades e valores que precisam ser praticados e validados para serem transformados em hábitos que produzam sinergia e engajamento necessários para a equipe produzir RESULTADOS efetivos sem conflitos e estresse nos relacionamentos."

22

Manual (manual, enciclopédia, dicionário e atlas)

Saiba exatamente o significado do que trata com as pessoas. Trace mapas, use roteiros, entenda a técnica a ser utilizada na ação, tenha *scripts*. Descubra como o *coaching* e o *mentoring* poderão ajudá-lo a alcançar o sucesso e a ter uma vida plena

Fredh Hoss

Fredh Hoss

Master Coach e *Menthor Holomentor ISOR* – Certificado pelo Instituto Holos. Teólogo e Radialista de formação. Realizou a primeira cerimônia aos 12 anos de idade no púlpito da Igreja. Desde então locutor, Cerimonialista público e privado, mestre de cerimônias e palestrante. Um dos pioneiros em *coaching* familiar no Brasil. Entre suas centenas de clientes estão empresas e instituições renomadas no Brasil e no mundo, como: Leroy Merlin, Petrobras, Alpargatas, SEBRAE, SESCON e UNISESCON, Banco do Brasil, SENAC, SUNSET relationship branding, FIAT, Mind Agency, Forma Promocional, Guias FREESHOP, ARCO SPM, CORREIOS, APADEP, MURR Eletronick, ABRAPHE, Super Clubs – Sonesta Colletion, Potência Seguros, Rabobank, SBT, Sindicomunitário, Navarromed, Draxer Investimentos, Nadir Figueredo, Sator, Telefonica, FAAP, SPC Brasil, Brookfield Incorporações, TAM, BOSCH. Presidente e Cofundador da HV7 Cerimonial Treinamentos e Eventos e Idealizador da Brides Parade Brasil.

Contatos
www.hv7cerimonial.com.br
fredh@hv7cerimonial.com.br

Fredh Hoss

Deveríamos ser recompensados por aquilo que sabemos fazer. Desde que comecei a trabalhar fui muito esforçado, aprendo rápido. Mesmo assim ouço que não deveria reclamar, porque quanto mais eu soubesse mais seria valorizado. Quando isso vai finalmente acontecer? – Alexandre 40 anos. Doutorado. Diretor de marketing.

- Animada por conseguir enxergar algumas coisas que acontecerão nos próximos 6 meses! – Monique 26 anos. Bacharel. Empreendedora independente.

- Procuro a satisfação em tudo que faço. Para mim excelência é isso: ficar satisfeita. Inês Brandão – Bacharel. Profissional de TI.

Durante vinte e nove dias realizei uma pesquisa de campo com o objetivo de descobrir a impressão que as pessoas têm sobre as expectativas que criam quando pensam, buscam ou desejam a excelência. Perguntei individualmente a um total de 37 pessoas o que era excelência, sob seu ponto de vista. Disse estar à procura de pessoas obstinadas pela excelência. Senti que tabulei com as pessoas o que foi uma das conversas mais difíceis de todos os tempos. Invariavelmente levávamos um tempo para sair do silêncio inicial, isso depois que expliquei que pelo motivo da pesquisa faria uma pergunta pessoal. O que é excelência para você? Na reação física das pessoas percebe-se quando estão incomodadas e ficavam diante do que creio ser o pensamento que se revelava nas palavras, "acho"; "no meu caso"; "procuro". De qual pensamento me refiro? Esse pensamento que rapidamente nos assola nos dando impressões desconfiadas. Fácil pensar que serei julgado, dependendo da resposta que der. Colocamos rapidamente a prova da idoneidade de qualquer questionamento. Quem já não disse como resposta, diante de uma pergunta direta a pergunta ou perguntas: "O que foi agora?". "Que é que tá acontecendo?". "Qual é o problema?". Refletimos pensamentos julgadores. Raramente começamos a resposta sem passar por nossas cabeças alguma tentativa de antever o seguimento do diálogo.

Deveria ser óbvio crer que cada um tem sua opinião sobre assuntos pessoais e não devemos falar a respeito para que o outro não se sinta julgado? Pensar sobre o que vem a ser excelência é tão pessoal assim?

Pensando em inúmeras dificuldades que poderia encontrar durante o percurso da pesquisa para obter bom resultado, escrevi um breve manual para o pesquisador.

Saber suficiente

Orientações: saiba exatamente o significado do que trata com as pessoas. Trace mapas, use roteiros, entenda a técnica a ser utilizada na ação, tenha *scripts*.

Significado: obstinar – tornar-se obstinado. Teimar e persistir; não ceder; perseverar.

Excelência – Qualidade do que é excelente. (excelente: muitíssimo bom; ótimo; perfeito; distinto.) Grau elevado de perfeição, de bondade. Equivalente à superioridade. Forma de tratamento destinada a pessoas nobres ou ilustres, e em geral dada às pessoas consideradas de alta categoria social, nomeadamente em correspondência formal.

Por excelência: no mais alto grau, com primazia sobre todos.

Assim como presumimos que todos desejam alcançar a felicidade, podemos presumir que todos desejam alcançar excelência? Não é, mas poderia ser tão simples assim.

Como atingir um grau elevado de perfeição, de bondade? Se colocássemos em fórmula, talvez fosse uma sequência assim: sonhe – pense – idealize – tente – faça – faça de novo – e de novo – faça novamente – continue fazendo – até obter sucesso.

Perfeição e bondade. Práticas que podem se repetir com obstinação. Saber sobre essas coisas é muito importante, no entanto, não é presumível que todos o saibam e menos perceptível é ver pessoas praticando agir assim.

A maioria de nós, quando em rara oportunidade aborda esses assuntos; deixa escapar outros sinais. Insinua que somos assim como o assunto descreve, mesmo sem investigarmos qual nosso grau de excelência. Como seria possível ter foco na excelência sem ter foco em ser humilde? O fato de simplesmente pensar em quão bom somos naquilo que fazemos já nos coloca em duelo. Nossa confiança versus nosso reconhecimento de limitações pessoais.

Conhecimento (espelho mágico do ego).

Nossa base, nosso alicerce, nosso trunfo. Nosso trunfo? Conhece pessoas que se validam diante do espelho?

– Sem nenhuma coerência com a realidade me coloco diante do espelho e me aproximando cada vez, mais tento encontrar um poro aberto, um cravo ou espinha. Melindros se tornam os gestos de arrancar os pelos que acredito distorcerem minha simetria capilar. Penteio o cabelo várias vezes... (passamos longo tempo diante e tão perto de nós mesmos).

Muito próximos não é mesmo? Isso me faz recordar a instrução que um dermatologista fez ao paciente. Para que ele obtivesse um resultado excelente do seu barbear, deveria parar de se barbear mais próximo que 40 cm do espelho. Assim não esfolaria a pele com a lâmina tentando arrancar quase que a raiz do pelo. Para convencê-lo o médico o questiona sobre quantas pessoas costumam se aproximar dele mais que a esta distância.

Nossa autocrítica não funciona bem, nem quando nos avaliamos muito próximos a nós mesmos a ponto de extirpar a bondade de nosso "eu" e nem muito distante a ponto de perder de vista a perspectiva da realidade presente.

Presumimos nossa felicidade assim como presumimos que somos excelentes como nós acreditamos que somos. Arriscamos presunçosamente continuarmos nossa vivência em uma realidade inventada por nós mesmos.

Procuramos saber tudo sobre o todo de todos. No entanto, somos desafiados, submetidos a provações, revirados do avesso e exigidos emocionalmente quando curiosamente não suportamos que falem de nossa pessoa, aliás, nossa real identidade tende a ser secreta.

– Não fale de mim. Não o dou direito de me analisar, não gosto de ser julgado. Sabe com quem está falando? Até mesmo nossos pares de ofício nos desafiam. Fui abordado por um desconhecido em público da seguinte maneira: "estou fazendo *coaching* como gente grande. E você?".

Que resposta poderia lhe dar? Abstrair o desconhecido quando o mais familiar e constante é receber crítica negativa? Sim, é possível. Podemos dizer objetivamente como fazemos. De modo simples e objetivo, sem deixar que a resposta se contamine com colocações subliminares de defesa. Sabendo que o que fez foi bem feito, não ficará aprisionado ao anseio de aprovação, validação ou consentimento.

Assim, contrário a prática dessa atitude defensiva, a grande ultrapassagem é facilitar que ser apoiado funcione. Sim, você já concordou com as avaliações em que as planilhas trazem seus números, *feedbacks* em que a proatividade é o assunto, e a eficiência exigida, e a liderança eficiente espera transformar você e toda a equipe. Todas as medidas de interação, orientação, ensinamento, treinamento e especializações são medidas objetivas para justificarmos a busca pela excelência.

Então avaliemos o quanto podemos dizer que mudanças positivas estão se processando e onde ações facilitadoras para alcançarmos nossas metas estejam funcionando. Essa análise é subjetiva e facilmente a descartaríamos. Provamos nossa obstinação quando saímos do lugar comum e nos interessamos por uma perspectiva sobre a vida, tão nova quanto é *"coaching* e *mentoring"*!

Todos os processos conhecidos já se tornaram comuns. Ter foco na excelência é buscar um novo pensamento. Como ensina o Professor Marcos Wunderlich "o pensamento que detecta, reconhece um problema e ou uma dificuldade; não é o mesmo pensamento que o resolve".

O desejo

Durante todo o tempo em que se mantiver totalmente satisfeito consigo mesmo, não haverá poder capaz de te levá-lo a mudança nenhuma. De acordo com o pensamento cristão universal, fomos criados para uma vida de perfeição e sobrevivência indefinida. Atributos de ocupação lançados sobre o ser humano restringiam-se a dar nome às espécies viventes. Após seu complemento com a criação da espécie fêmea, que foi chamada de mulher, a procriação para "encher a terra", tornaria ser o segundo objetivo humano quanto à materialidade. O que então tira o ser humano desse papel primordial?

Nesse momento, dezenas de pessoas estão trabalhando obstinadamente para que este livro se torne um absoluto sucesso editorial. Nosso desejo de sucesso emerge da constatação da falta total de garantia de alcançarmos a perfeição. Não faz parte de nossa realidade humana melhorar naturalmente nossa capacidade de sobrevivência. Há um esforço fenomenal da ciência para que possamos, combatendo os males físicos, sermos longevos.

Ultrapassar a barreira do comum e ter sucesso pessoal e profissional. Comum como básico, sem acréscimo de nenhuma sofisticação. Contrariando o funcionamento simples da vida diante das complicações de envelhecer sabendo do morrer, nossos desejos nos sabotam turvando o que por natureza seria uma realidade simples.

Necessitamos descansar nosso "poço de desejos". Podemos acalmar nosso "nervo ótico" para enxergarmos a realidade com maior realismo. Podemos "desobstruir nossos ouvidos" para ouvir a nós mesmos e assim o mundo ao redor. Podemos "descamar nossa pele" para sentirmos a brisa da vida. Podemos aguçar nossas "papilas gustativas" para sentirmos o sabor natural da vida. Podemos "empinar nosso nariz" para desfrutarmos o aroma do dia e da noite com suas diferenças. Podemos intuir, "antever sentimentos", que nos desestabilizam. Devemos descobrir o sétimo sentido da vida. Este sentido é o responsável pela crença que os gatos possuem *"seven lives"*.

Descobriremos uma maneira de usufruir ainda mais da vida. Multiplicando pela sua intensidade o quanto extraímos da experiência, o sentido de "viver a vida" nos dará a percepção de muitas vidas. Um aproveitamento maior pelo que se obtém resultante da oportunidade já existente do presente. Deixar a vida passar em brancas nuvens é algo inconcebível por falta de coerência com a realidade. Mesmo pelo intelecto nada passa em brancas nuvens. Há um novo prisma de cores e tons passíveis de descoberta. Tenhamos disposição e encontremos o incentivo e apoio corretos e necessários.

Podemos viver em todos os sentidos, mais do que acreditamos ser possível, o que nos tem impedido essa ousadia é o medo do desconhecido. Algo de estranho contamina nossos sentimentos quando estamos diante do ineditismo da experiência. Quando nos sentimos inseguros, nós retrocedemos e imputamos ao "mal" aquilo que não compreendemos. Negamos qualquer falha na investigação, garantindo que verificamos tudo do todo que existia. Ao final, obrigatoriamente teremos que nos render à obviedade de que a resposta sempre está bem debaixo do nosso nariz.

Reflita o suficiente sobre cada primeira impressão que obtiver de cada instante da vida. A primeira impressão não necessariamente é a que ficará. Ela de verdade apenas nos dá justificativa plausível para concedermos maior tempo e até esforço por aquela causa, pessoa ou novidade. O Homem dos dois milênios diante da compreensão do que lhe reservava o futuro próximo se exilou por 40 dias no deserto. O que procurava que necessitou de tamanha disponibilidade para refletir faz parte do desenrolar da história de sua vida terrena e afetou direta ou indiretamente o mundo. Não é ousado dizer que um homem que dispõe dessa disposição e muda o mundo merece que aprendamos com ele.

Foco, eficiência

Como então manter o foco? Quais ferramentas podem ajudar a não perder a perspectiva correta? Como obter e manter a objetividade e como vencer os obstáculos?

Podemos assumir uma nova atitude assim que encontramos espaço para a prática que essa nova atitude exigir. Levará um tempo em repetições para desenvolvermos habilidades e essas habilidades se tornarão nossas novas competências.

Ultrapassarmos nossas dificuldades está mais relacionado à vida sutil do que com os aspectos que consideramos práticos. Será eficiente quando por tempo suficiente se pratique e se acerte o funcionamento e seu direcionamento. Esse sistema validará a atitude promovendo seus resultados.

Então um sistema eficiente realmente trará resultados satisfatórios. Acontece que para cada "coisa" existente, sendo nosso reconhecimento desta "coisa" consciente ou não, existe um sistema para estar funcionando. Não por acaso existem sistemas em coexistência. Entre sistemas do bem e sistemas do mal, fará muito mal a si mesmo não verificar minuciosamente.

Sabe aquele conselho de que o Novo Testamento nos faz lembrar para não deixar que o sol se ponha sobre nossa ira?

    Pense no quanto é importante vigiarmos nossos sentidos. A maneira que nos sentimos quando vamos dormir é tão importante quanto como nos sentimos quando levantamos. Praticarmos nosso exame mental rigorosa e religiosamente é um ideal nada fácil de ser praticado sem a solicitude de um mentor. Assim, nosso *coach* nos proverá instrumental eficiente para um caminhar vencedor. Com seu *coaching* e *mentoring* sistemicamente planejados, impossível que você seja alguém impedido pela barreira do comum. Desejo-lhe muito sucesso, conte comigo. Que se encontre em seu melhor momento.

23

Afinal, como fazer para ter sucesso e virar o jogo em uma era tão competitiva?

"As pegadas na areia do tempo não são deixadas por pessoas que estão sentadas." (A. C. Lee)

Giulliano Esperança

Giulliano Esperança

Bacharel em Educação Física (Unesp - Rio Claro), especialista em Fisiologia do Exercício (Escola Paulista de Medicina) e também especialista em Marketing pela Madia Marketing School. Possui MBA em *Coaching, Master Coach, Profissional Coach, Leader Coach, Professional Executive Coach* pela Sociedade Latino Americana de *Coaching* e *Professional & Personal Coaching* pela Sociedade Brasileira de *Coaching*. Fundador do sistema "Wellness Manager" em treinamento personalizado e diretor executivo do Instituto do Bem Estar Giulliano Esperança. Membro da Sociedade Latino Americana de *Coaching* e Membro do Conselho Consultivo da Sociedade Brasileira de *Personal Trainer*. Pai, marido, empresário, *personal, coach*, mentor e palestrante. "Venho cumprindo a minha missão de motivar pessoas a transformar intenção em ação, e ação em resultados, por meio de treinamento personalizado e hábitos saudáveis".

Contato
(19) 9 8246-5252

Giulliano Esperança

Para chegarmos a qualquer lugar precisamos de ação e também enxergar o que já foi feito. Porém, primeiro devemos decidir para onde desejamos ir e o que aspirarnos com essa escolha. Essa é a síntese da afirmação acima. Quando o objetivo é o sucesso, o nosso cérebro já nos diz: "eu quero tudo." Isso mesmo e sem modéstia: "quero ser rico, fazer exercícios, ter destaque na vida pessoal e profissional e ser feliz". É uma lista interminável de desejos. E logo vem a seguinte pergunta: "por que é tão difícil ter tudo isso?"

No dia 28 de janeiro de 2013 recebi uma visita de um grande empresário, que se queixava do diabetes, das fortes dores no joelho e da fraqueza muscular generalizada. Ele disse que tem 58 anos e que o seu corpo não estava acompanhando sua mente. É triste ver um profissional de sucesso como um fracassado na saúde. Todo o dinheiro do mundo não pode trazer de volta sequer um dia da saúde perdida. Esse item não existe na prateleira de um hipermercado e nem no pátio de uma concessionária. A hora de se conscientizar é agora: sem saúde nada importa, aliás esse é um conceito secular.

> "Quando falta saúde, a sabedoria não se revela, a arte não se manifesta, a força não luta, a riqueza é inútil e a inteligência é inaplicável."
> (Heriphilus 335-280 A.C.)

Oriento pessoas para conquistarem qualidade de vida e as apoio para que suas escolhas estejam alinhadas à realidade, ao momento e à experiência pessoal. A minha posição é muito privilegiada, cultivo a saúde. E o tal sucesso? Ele (tão almejado e alvo de lutas diárias) será aproveitado plenamente desde que se tenha saúde, pois os excessos da modernidade criaram um cenário onde ter saúde é um grande desafio e algo muito valioso. Outro pensamento secular foi sabiamente sintetizado por Confúcio.

> "Há homens que perdem a saúde para juntar dinheiro e depois perdem o dinheiro para recuperar a saúde. Pessoas assim pensam ansiosamente no futuro e se esquecem do presente, de tal forma que acabam por não viver no presente nem no futuro. Vivem como se nunca fossem morrer e morrem como se nunca tivessem vivido...".

Se alguém me mostrar o que quero, isso irá me ajudar?

Geralmente queremos mudar o mundo e ainda entrar em forma, estudar idiomas e por que não nos engajarmos como voluntários em ações sociais? Só que o cérebro se satisfaz também com as futilidades, as calorias e os ladrões de tempo, como a internet e a televisão. Todos temos a intenção de fazer e de realizar, mas apenas o que fazemos é o que pode se tornar concreto. Em minhas conversas como *coach* apoio e incentivo as pessoas a definirem uma meta, ou seja, o que elas querem.

Apoio para uma conexão com um futuro que ainda não existe, mas isto é fundamental para ativar as regiões cerebrais mais avançadas e reorganizar as escolhas do presente. Na maioria das vezes a mensagem enviada pelo cérebro é que devemos reduzir as expectativas, nos cobrar menos e também esperar menos da vida. Essa é até uma forma do cérebro dizer que está alcançando maturidade, uma autossabotação, ou seja, nivela por baixo os seus sentimentos e coloca os sonhos em um certo congelamento, um estado inerte e até mesmo perigoso.

Paulo Coelho faz uma observação muito congruente com essa questão, "o mundo está nas mãos daqueles que têm a coragem de sonhar, correr o risco e viver seus sonhos...".

A estagnação é de fato uma prisão que tem como carcereiro o hábito. O cotidiano está simplesmente entorpecido e até assustado com a 'não orientação'. Caro leitor, relembro que até aqui discutimos sobre o quanto é importante ter uma meta, saber que existem interferências mentais durante a caminhada e que é preciso conectar-se a um futuro para ajustar o presente, principalmente elaborar um plano de ação, pois o cérebro na maioria das vezes conduz para uma mesmice. Sendo assim, sabemos que precisamos de um norte.

Quando apresento a Roda Vida, muito utilizada em processos de *coaching*, a pessoa percebe que o equilíbrio entre as áreas que compõem a sua vida é fundamental para ter sucesso. O acesso a esta ferramenta esclarecedora torna visível as oito áreas mais importantes da vida (a espiritual, a profissional, o ambiente, o desenvolvimento pessoal, o relacionamento, o lazer e diversão, dinheiro e a área da saúde). Isso permite a reflexão sobre cada área, as possibilidades de melhorias e o impacto positivo ou negativo que o desenvolvimento de uma área pode gerar sobre as outras.

Cada área está aberta à reversão de perdas, porém, algumas perdas na área da saúde são irreversíveis. Então, surgem algumas perguntas:

1- Qual é a capacidade física que, se desenvolvida irá aumentar a sua performance no trabalho?

2- Qual é o principal músculo responsável por alimentar o seu cérebro de nutrientes para os pensamentos, os raciocínios e a solução de problemas?

3- Como compatibilizar a experiência de vida e as conquistas profissionais com o aumento da minha capacidade física, para que eu possa desfrutar do patrimônio conquistado?

O mesmo coração que ama é o que enfarta e só há um caminho

para tornar esse coração mais saudável: fazer exercícios e ter uma alimentação saudável. Na verdade quem ama é o cérebro. É ele que gera as bioquímicas das emoções e dos sentimentos. É o que eu vejo, sinto e percebo que fazem o meu corpo acelerar e se adaptar à necessidade, por isso sinto o meu coração pulsar ao ver o sorriso de quem eu amo. É aí que está o significado de praticar exercício: um coração saudável é capaz de viver mais intensamente as emoções positivas.

É proibido proibir

Em meus processos de *coaching*, *mentoring* e treinamento personalizado tenho muito cuidado ao definir as metas, pois naturalmente o cérebro tende a achar que dieta significa passar fome e que nunca mais vai poder ter prazer num prato de comida. A primeira atividade física que um bebê aprende é o movimento da sucção ao mamar, num cenário de carinho, amor e segurança no colo da mãe. Veja que desde o primeiro dia de vida iniciamos um relacionamento emocional com o alimento. É por isso que as dietas restritivas não funcionam, pois lidamos com uma questão emocional muito profunda e de extremo valor. Mais uma vez, caro leitor, lembro que estamos falando de sucesso, que o sucesso depende de ações relacionadas a uma meta e que independente da área que tratamos, a falta de saúde afeta negativamente todas as outras áreas da vida.

O sedentarismo é o primo-irmão da preguiça. Nem acho que ele seja ruim, apenas penso que como tudo na vida o excesso é preocupante e prejudicial. Vamos pensar num exemplo simples com um avião: você teria coragem de viajar em um avião sem revisão e que está parado há mais de um ano? Acredito que pensou rapidamente: "claro que não". Continuando o raciocínio, imagine que você encheu um copo de água de uma fonte limpa e cristalina, ou seja, potável e ideal para o consumo. Em seguida, você vai tampar esse copo para que a água não evapore deixando-o em seu criado mudo por dois anos. Pergunto: após todo esse tempo parado, como estará a qualidade dessa água? Claro que imprópria para o consumo, provavelmente cheirando mal. Esse é mais um exemplo de que tudo precisa de movimento. Assim é o Universo.

Se estamos de acordo com relação à importância do movimento, por que é tão difícil vencer a inércia do sofá? Precisamos perder saúde para algo para mudar? Por que muitas vezes o comportamento é dominado por um prato de comida ou um copo de bebida?

A minha resposta é que nos esquecemos do potencial de outros caminhos para satisfazer emocionalmente o nosso cérebro. O excesso alimentar nos suborna, ele dá em troca o prazer passageiro, o que nos faz literalmente um passageiro na vida e não condutor. O sentimento de culpa depois, não é por acaso. Ele serve para nos conscientizar de que há algo de errado, de que essa escolha não é a mais adequada e que em algum momento isso pode ser um problema.

Curiosamente é a mesma coisa com o sedentarismo. Ao decidir não treinar, você ganha o repouso e o breve prazer, mas é mergulhado por um sentimento de culpa milagroso. Ele move o seu corpo para o exercício, o mesmo corpo que receberá ao final do treino a magnífica mensagem: "valeu a pena estar aqui".

Observe. Precisamos melhorar a comunicação com o nosso próprio EU.

Recomendo que sempre pergunte a si mesmo: essa escolha é construtiva? Ela vai me elevar acima do nível em que me encontro? Minha autoestima será elevada? Ganharei saúde? Terei uma felicidade verdadeira?

Não precisaremos mais do que um segundo para essa consulta cerebral. Se a resposta não atender a esses quesitos, sabemos que estamos caminhando no sentido contrário ao da felicidade, da qualidade de vida, da prosperidade e da produtividade.

O caminho da felicidade, prefiro assim chamar a vida, não é fácil. Assim como viver o caminho do comodismo é algo pequeno, deprimente, insatisfatório e pesado.

Observe a importância da comunicação interna com o EU, para identificar se não estamos viciados nos comportamentos degenerativos e antinaturais. A nossa mente tende a carregar fardos do passado, como se fosse possível viver algo que aconteceu há um minuto, imaginando coisas de anos passados.

O caminho da felicidade é algo que só acontece daqui para frente. Ele não voa para além e nem retorna, ele apenas decola e se mantém batendo asas, assim como um pássaro. As aves usam os movimentos, o equilíbrio, todos os seus sentidos, principalmente a visão, mas não carregam pesos a mais. Elas sabem que o pouso depende delas. É a sua escolha, suas asas e a sua visão que garantem o sucesso.

Um dia desses, ao entrar no banheiro de um shopping, eu ouvi: "Vamos filho, mais um passo. Parabéns, você está conseguindo. Estou orgulhoso de você." O garoto, que aparentava uns sete anos de idade, sorriu retribuindo ao seu pai o incentivo, vencendo o desafio de suas limitações físicas. Como pai, mentor, *personal trainer*, e *coach* vários sentimentos pulsaram em meu coração.

Primeiro, como é importante o apoio de um pai, de um mentor reconhecendo uma vitória em cada pequeno passo. Segundo, como *personal trainer* pensei na seguinte questão: "Como pessoas perfeitas que podem andar e se levantar são viciadas em preguiça?" Elas se drogam diariamente com o sedentarismo e cultivam um fruto amargo, rico em pressão alta, diabetes e depressão. Terceiro lugar, como *coach*, tive um aprendizado mais que valioso: "viva a vida plenamente".

Após esse evento do shopping, durante os três dias seguintes, fiquei integralmente com o meu filho, primeira vez sem a presença da mãe, irmãos e avós. Minha esposa estava em um curso e fui escalado como babá, ou melhor, como babão.

Nessa época, meu filho estava com dois anos e sete meses. Gabriel me proporcionou dias inesquecíveis. Sorrimos, brincamos, conversamos, levei bronca, dei bronca, fomos ao parque jogar bola e até ao Mercado Municipal de São Paulo, onde comemos um lanche de mortadela.

Aprendi que só posso viver um dia por vez, que esses dias são feitos de horas, que essas horas são feitas de momentos, que esses momentos são vividos no presente. Momentos alimentados por um coração que pulsa e ao mesmo tempo ama; por um cérebro que soma as experiências profissionais e utiliza a musculatura cognitiva para carregar a alegria de viver, colocando cada área em seu lugar.

Agora é hora de ser pai. A felicidade é esculpida quando caminhamos, desenhada quando abraçamos e saudável quando inspiramos fé e expiramos amor.

Quero despertar no leitor uma vontade de cuidar da saúde, praticar exercícios criando alicerce para as outras áreas da vida e que adote hábitos saudáveis, estes vão contribuir para conter o ritmo frenético, o responsável pelo estresse. O segredo está em como iremos nos comunicar com o nosso cérebro, pois ao criar uma meta, um futuro desejável, ativamos recursos para o realinhamento das ações atuais. Como podemos ativar esse cérebro do futuro? Com mensagens esclarecedoras, reais e ajustadas a minha realidade quanto ao estilo de vida, focando uma direção e utilizando as coisas alcançáveis e no momento certo. Não devo me preocupar em comer e me lambuzar no aniversário do meu filho, essa será certamente uma meta de sofrimento e angústia, ou seja, tem hora e lugar para se pensar em equilíbrio alimentar. É no dia a dia, na rotina, não em momentos festivos importantes. Esse exemplo me agrada muito, pois podemos tirar dele uma meta: "quero desfrutar de todos os momentos festivos e importantes da minha vida, sem peso na consciência", ou seja, quem pratica exercício e monitora a sua saúde pode fazer isso e com direito adquirido.

Por fim, não serão as descobertas científicas que irão transformar o sucesso, são as suas escolhas. Inúmeras vezes você já deu o primeiro passo e que na verdade o difícil é o segundo, porém não existe o segundo. Só existe o agora e o futuro desejável só existirá se todo dia dermos o primeiro passo. O melhor momento para iniciar um programa de exercício e cuidar da sua saúde, foi há seis meses, o outro melhor momento, é agora.

Dedico esse trabalho ao meu sábio mentor, minha esposa companheira, aos meus enteados, aos meus queridos pai e mãe, aos nobres amigos, minha equipe querida e ao meu grande *coach* Gabriel.

24

Autoconhecimento como alicerce para uma vida plena e feliz

Reflexões e ferramentas do *coaching*, auxiliando na descoberta de valores e missão de vida. Um mergulho interior em busca de independência, autonomia e especialmente do equilíbrio como fator decisivo para uma permanente parceria com a felicidade

Goreth Sousa

Goreth Sousa

Pedagoga, graduada pela Faculdades Integradas Colégio Moderno - FICOM. Especialista em Educação e MBA em Gestão de Pessoas, ambas pela FGV. Mestre em Planejamento e Políticas Públicas pela Universidade Estadual do Ceará. Especialista em *Human Performance, Professional e Personal Coach*, pela Sociedade Brasileira de *Coaching*- SBC. *Master Coach* pelo *Behavioral Coaching Institute* - EUA. Longa experiência como Educadora em Faculdades e Universidades, atua como professora de Pós-graduação e MBAs. Possui muitos anos de experiência na área de Gestão, foi durante oito anos Diretora-Presidente da Escola de Governo do Amapá, apresentando excelentes resultados com Programas de Desenvolvimento Pessoal e Profissional de Servidores Públicos; Coautora do Livro *No meio Do Mundo Esquina com o Rio Amazonas* Ed. UECE, onde escreveu sobre Desenvolvimento e Treinamento. É *Trainer* e Palestrante da *Quatrho Coaching* e Consultoria, sobre temas diversos ligados à Liderança e Autoconhecimento.

Contatos
gorethsousa@uol.com.br / quatrho@quatrho.com.br
twitter@gorethsousa
faceboock: Goreth Sousa
www.quatrho.com.br
(96) 4141-0363
(96) 9114-9443

Goreth Sousa

Quando se fala em humanidade, logo lembramos do grande sentimento que move o homem, o desejo intenso de ser feliz. Desde sempre, a principal razão da existência humana é a busca incessante para encontrar a felicidade.

Mas, o que o faz feliz? Essa é uma pergunta, que para muitos fica sem resposta. Impactados por essa tímida interrogação, que a princípio parece se acomodar, se aquietar, mas que aos poucos reaparece, e subitamente volta a incomodar, e sem saber responder com exatidão, deixam ecoar na cabeça, como uma batida de martelo, "o que me faz feliz?... O que me faz feliz?". E você já tem a sua resposta? Esse artigo é um convite para a realização de uma viagem mental, em busca de encontrar os reais valores, aqueles capazes de alimentar a sua felicidade. E o primeiro questionamento é: você está agindo em concordância com seus valores?

Desrespeitar os valores é o primeiro passo para distanciar a pessoa de sua felicidade. Quando se ouve falar em valores parece simples, principalmente nas afirmações comuns do cotidiano e que são motivadas por convenções sociais, no entanto, os valores são bem mais abrangentes, e ao mesmo tempo, subjetivos e individuais, porque correspondem a tudo que faz sentido à pessoa.

Certa vez, uma pessoa passou em um concurso público, com um salário relativamente bom, iria aumentar consideravelmente seu poder aquisitivo, com perspectivas grandes de crescer profissionalmente. No entanto, com um agravante, o referido concurso era em outro Estado, portanto, teria que mudar de residência, passar a morar só e longe da família. Decisão tomada demonstrava-se feliz com a nova oportunidade, não era possível visualizar nada que pudesse atrapalhar os planos de atuar no serviço público.

Todavia, ainda no primeiro mês, começaram a aparecer indícios de que essa não tinha sido sua melhor decisão. Sinais evidentes de profunda tristeza, isolamento, doenças frequentes. Sendo posteriormente diagnosticado como depressão. E a causa dessa depressão foi associada à distância de seus familiares somada à falta de habilidade de lidar com a nova realidade de vida. Desfecho da história, essa pessoa decidiu abandonar o emprego, mesmo com as condições econômicas que lhe favoreciam.

Friamente, pode-se pensar: alguém é capaz de abandonar um emprego promissor e com grandes oportunidades de crescimento profissional? A resposta a esse questionamento virá a partir de você mesmo. Cada pessoa possui seus valores centrais, aqueles que servem de motor, que conduz à felicidade. Sendo assim, o ponto de partida para a felicidade é descobrir os valores escondidos nas ações cotidianas. Colocar esses valores em evidência ajuda a identificar o que realmente a pessoa quer e o que poder realizar para sentir-se feliz.

Até para definir seus objetivos de vida, suas metas pessoais e profissionais o primeiro passo para isso é descobrir o que você é capaz de fazer sem ferir seus valores. Uma vez que valores são critérios pessoais, considerados importantes para nossa vida, e por serem assim, favorecem a sensação de realização. Todos buscamos o processo de desenvolvimento mediante realização pessoal e profissional, ultrapassando as barreiras e limites que possam atrapalhar e limitar nosso desempenho. A partir dessa consideração reitero a necessidade de se observar e refletir sobre o que promove sua motivação pessoal. Eis aí as questões: o que lhe faz feliz? O que é importante para você? Por que isso importa?

Você já parou para pensar sobre isso alguma vez na sua vida? Pense, reflita e tente responder para você mesmo: "o que é realmente importante para mim?". Feche os olhos. Crie várias situações imaginárias e faça uma viagem mental, relacionando, pelo menos três situações que realmente importam para você. Tente imaginar sua vida sem essas coisas. Agora, reflita sobre as sensações sentidas frente a ausência das mesmas.

Se a sensação foi apenas um sentimento de perda, mas com possibilidade de seguir em frente apesar da ausência delas, significa que são ações importantes, mas não essenciais. Se a sensação foi extremamente desagradável e até mesmo insuportável, significa que essas ações estão relacionadas a seus valores centrais. Sendo assim, elas estão ligadas ao que chamamos de realização pessoal, o que convencionalmente se designa como felicidade.

Foi o que aconteceu com a personagem da nossa história, morar longe da família foi algo insuportável que teve como agravante o estado depressivo, e a cura só foi possível quando tomou a decisão de se demitir e retornar para o seio de sua família. Histórias como essa reforçam a importância do reconhecimento dos valores nas tomadas de decisões, de modo que se evite que tais decisões afetem o contexto geral da vida, ocasionando tristeza, vazio, falta de ânimo na execução das atividades, enfim, sensação de infelicidade. Quando não temos definido nossos valores, até tomar uma decisão fica algo muito doloroso.

As ferramentas do *coaching* são excelentes para conduzir esse processo de descobertas, uma vez que ele tem o propósito auxiliar nas mudanças necessárias em prol da melhoria pessoal, seja qual for o objetivo e qual área se deseja crescer. Atualmente, existe um vasto campo de atuação do *coaching*: pessoal, de vida, de negócios, profissional e executivo. E são inúmeros os benefícios do *coaching* que repercutem em melhorias no âmbito geral da vida.

As grandes histórias de sucesso das quais temos conhecimento são consequências de um árduo trabalho de esforço pessoal, que se obteve mediante persistência, motivação, capacidade de não desistir frente às primeiras barreiras, no entanto, tudo isso somado a partir da descoberta do que verdadeiramente importa para cada um, onde e quando se quer chegar.

Quando temos valores bem definidos, identificar o melhor caminho é sempre mais fácil. Isso porque mensurar, medir, e avaliar os avanços e dificuldades torna-se mais leve. E assim, quando houver necessidade, novos caminhos deverão ser traçados, sempre baseados no que verdadeiramente importa.

Você deve estar a se perguntar: descobrir os meus valores centrais, é suficiente para alcançar o sucesso? A resposta para essa pergunta é, não é suficiente. Você deve apenas confiar que esse mergulho no autoconhecimento vai para ajudá-lo a clarificar cada vez mais sobre suas mais profundas informações pessoais.

De fato, até aqui você já pensou e descobriu muito sobre sua vida, seus valores, o que é importante e porque é importante, mas isso não basta, você precisa saber qual a sua missão. Então, volto a lhe perguntar: qual a sua missão de vida? Por que e a quê você veio a este mundo? Quais são os seus talentos que lhe diferenciam das demais pessoas?

Convido você a penetrar no seu mais íntimo, no seu mundo interior, e continuar a viagem de autoconhecimento. Descubra coisas em você que mais ninguém sabe e nem saberá, por que fazem parte da "sua" história de vida. Por alguns momentos, feche os olhos e viaje nas suas memórias. Tente relembrar coisas que você executa na atualidade, a forma como você as realiza, os métodos que você utiliza para realizar essas coisas. Se outra pessoa fosse fazer, como faria? Faria diferente de você? Quem faz melhor, você ou essa outra pessoa imaginária?

Agora volte um pouco no tempo, volte em alguns anos, e tente lembrar das coisas que você fazia naquele tempo, visualize-as. Como você as fazia? Hoje você ainda faz algumas dessas coisas? O que você sente em realizar essas coisas? Faça esse exercício mental!

O propósito e a missão de vida é que definem como agimos, estão ligados as nossas ações. Quando mentalmente você visualiza as suas ações, você está identificando seus talentos. Pegue uma caneta e um papel e relacione os seus cinco maiores talentos. Para fazer isso, feche mais uma vez os olhos e imagine as principais características que lhes vem a mente. Pronto, esses são seus talentos, escreva-os.

Se ainda assim você precisa confirmar se esses são realmente os seus talentos; imagine em quais dos seus comportamentos esses talentos se manifestam. Por exemplo, se o seu talento é falar em público, imagine situações em que foi necessário você falar em público.

Qual foi o resultado dessa experiência? Foi positivo? De acordo com o resultado, pode-se atestar que esse é de fato o seu talento.

A missão de vida está estritamente ligada ao seu talento, àquilo que você faz de melhor. Então, se você estiver realizando aquilo que faz de melhor, respeitando os valores que o motivam, seguindo objetivos e metas, você está construindo seu sucesso. Dessa maneira não tem barreiras que possam interpor sobre seu desempenho pessoal e profissional.

Não houve a pretensão aqui de se criar um guia didático de um processo de *coaching*, tampouco delinear técnicas e metodologias de sucesso. A nossa maior intenção foi interagir com você, leitor, de modo que lhe possibilitasse refletir principalmente sobre sua vida pessoal e profissional, suas ações, seu cotidiano, identificando o seu grau de satisfação, para saber se está ou não no caminho certo, oferecendo ainda indícios de novas possibilidades, caso a insatisfação e sintomas de infelicidade ainda forem persistentes.

A busca pela felicidade, condição motriz da humanidade, deve estar presente em todos os momentos da nossa vida. E se por alguma razão, ainda não se sente feliz no que faz, é hora de conhecer mais e participar de um processo de *coaching*, que estando voltado para o desenvolvimento de pessoas, é um excelente caminho para alcançar resultados positivos que lhe farão se sentir realizado, contribui com a expansão do potencial criativo, aumentando a autoconfiança e, por ser um processo que auxilia na identificação dos seus valores, ajuda a eliminar possíveis bloqueios na vida pessoal e profissional, não lhe distanciando do que lhe faz feliz; por ajudar a ter clareza na definição dos objetivos e em traçar as suas metas, ajuda-o a chegar aonde realmente quer, diminuindo os altos níveis de estresses, próprios de situações de insatisfação pessoal. Enfim, melhora a qualidade de vida, promove o autoconhecimento, diminui a resistência às mudanças, auxilia na gestão de problemas e conflitos, dentre tantas outras vantagens.

O autoconhecimento é importante não só para quem está insatisfeito com o que faz e pretende melhorar sua performance conhecendo-se mais e melhor, mas também para quem já tem bons resultados e gostaria de ampliá-los. A saída do estado atual é imediata e o que é melhor, com total independência, porque tem como principal resultado ter em mãos a sua bússola, ou seu GPS. Isso propiciará segurança nos caminhos que irá trilhar e, ampliará as certezas na sua vida. Com esse processo, mesmo frente a novas dificuldades que forem surgindo, você estará cheio de certezas e com autonomia para saber vencê-las. Conhecendo-se cada vez mais você aprenderá a ultrapassar a barreira do comum, viverá por recompensas extraordinárias e encontrará o sentido do seu viver. Quem precisa de mais?

25

De *Coach* para *Coach*
Pensando sobre nossas competências

A missão do *coach* é facilitar o desenvolvimento dos seus clientes e, por isso, ele tem uma responsabilidade acrescida de ter uma prática reflexiva sobre o seu próprio fazer e ainda de promover o seu autoconhecimento, autodesenvolvimento e formação contínua. Este artigo traz algumas reflexões: qual o perfil de competências de um *coach*? Como saber se estamos preparados para atuar com maestria, sendo o melhor que podemos ser como *coaches*?

Gracieli Pizzatto

Gracieli Pizzatto

Psicóloga, Consultora Empresarial, Professora e *Coach Executiva* e *Life Coaching* formada pelo ICI – Integrated *Coaching* Institute, Curso de Formação e Certificação Internacional de *Coaching* Integrado. Diretora da Pizzatto Consultoria, possui mais de 10 anos de experiência na área de gestão de pessoas e desenvolvimento de líderes, atuando como psicóloga empresarial, consultora, facilitadora em treinamentos e gerente de Recursos Humanos. Docente nos cursos de pós-graduação nas disciplinas relacionadas a Liderança, Gestão de Pessoas nas Organizações, Gestão por Competências, *Coaching*, Motivação e Clima Organizacional, Empreendedorismo e Planejamento Estratégico. Possui MBA em Gestão Empresarial pela FGV - Fundação Getulio Vargas e é especialista em Didática do Ensino Superior. Membro fundador e Vice Presidente da International *Coach* Federation - ICF, Capítulo Regional Mato Grosso.

Contatos
facebook.com/pizzattoconsultoria
gracielipizzatto@gmail.com
pizzattoconsultoria@cardozosantos.com.br
(65) 3055-8400

Gracieli Pizzatto

I. Coaching: panorama da profissão
"Crie o seu futuro, a partir do seu futuro, não do seu passado."
Werner Erhard, criador do treinamento EST no Instituto Esalem.

O *coaching* se espalha pelo mundo. Presenciamos diversas formações, artigos, livros e profissionais discutindo o *coaching*. Os indivíduos, as empresas, as instituições e o mundo acadêmico estão particularmente atentos a tudo o que se relaciona ao *coaching*. O que é *coaching*? É uma profissão? Uma área de atuação? Uma atividade? Quais os seus benefícios? O que o diferencia de outras formas de ajuda, suporte ou apoio? Quais as premissas fundamentais do *coaching*? Quais as ferramentas e técnicas utilizadas? O que é necessário para que o método realmente funcione? Percebo que o *coaching* envolve essencialmente a existência de uma ideia central, alguns conceitos básicos e uma metodologia. Porém, sabemos que a relação estabelecida entre *coach* e cliente faz toda a diferença no processo. Embora muitas pessoas se intitulem *coaches*, o que elas fazem e a maneira como fazem pode variar de forma considerável. Por isso assistimos a uma busca contínua de tornar o *coaching* uma profissão regulamentada para que haja uma garantia mínima de qualidade através de certificações e de um código de ética que norteie a prática profissional.

II. O que faz um *coach*?
"As coisas não mudam - nós e que mudamos."
Henry David Theoreau

Coaching é um meio formal de mudança para pessoas físicas e jurídicas já que, desenvolvendo as competências individuais, desenvolvemos e transformamos as competências organizacionais. O *coaching* pode acessar os recursos do ser humano como um todo, para benefício do indivíduo, da organização e até da sociedade.

Gosto muito da frase do Myles Downey (2010) que diz que o *coaching* é importante por que *"tem o recurso de trazer de volta a humanidade ao local de trabalho."* As pessoas trabalham melhor, de forma mais produtiva, mais eficaz, mais criativa, quando são devidamente consideradas. Ele complementa mais tarde dizendo que *"quando o ser humano inteiro, com todas as suas capacidades – inteligência, criatividade, imaginação, sensibilidade e pragmatismo, para dizer apenas algumas – livre da tirania do medo e da dúvida, se expressar inteiramente no local de trabalho, resultados extraordinários aparecerão".*

Através de uma relação de parceria, confiança e aprendizado, o *coaching* é um meio para se chegar a um fim, consiste em facilitar, dar suporte através de ferramentas, conhecimentos e apoio (oportunidades) para o cliente se desenvolver e seguir na direção desejada.

Timothy Gallwey, um dos precursores do *coaching* criou a teoria do jogo interno, onde coloca que nosso maior adversário somos nós mesmos. Ele conceitua *coaching* como *"uma relação de parceria que revela e liberta o potencial das pessoas, de forma a maximizar o seu desempenho. É ajudá-las a aprender, ao invés de ensinar algo a elas."*

Na relação de *coaching*, não é o *coach* que estabelece as metas e objetivos, não é o *coach* que ensina ou define os padrões de performance, não é o *coach* que avalia o que são bons ou maus níveis de desempenho do cliente. O *coach* deve perguntar, em vez de responder, pois as perguntas levam mais ao aprendizado quando nos fazem refletir e pensar nas possibilidades e caminhos.

O *coaching* incentiva a capacidade de aprendizado autodirigido e o crescimento pessoal. Ele facilita a tomada de consciência, a identificação de potencial, a obtenção ou reforço da autoestima, a definição de objetivos e a elaboração e monitoração de planos de ação para liberar o potencial de uma pessoa, maximizar o seu desempenho ou torná-las o melhor que podem.

Outro ponto importante é que o *coaching* está relacionado ao desenvolvimento e não a saúde mental. Identificar a necessidade e encaminhar para uma terapia ou para um acompanhamento médico psiquiátrico é fundamental.

Enfim, o papel do *coach* é ajudar as pessoas a aprender, a mudar e a se desenvolverem. Mas o *coach* também aprende, muda e se desenvolve na medida em que atua e se relaciona com o cliente. O *coaching* contém, em si mesmo, uma caminhada de aprendizado, reflexões, desafios e operacionalização.

Tenho como premissa que a qualidade profissional esta diretamente ligada a qualidade pessoal. Quanto melhor formos como pessoas, melhor seremos como *coaches*. Sendo a missão do *coach* facilitar o desenvolvimento dos seus clientes, o mesmo tem uma responsabilidade acrescida de ter uma pratica reflexiva sobre o seu próprio fazer e ainda de promover o seu autoconhecimento, autodesenvolvimento e formação contínua.

III. O que são Competências
"O que vemos depende principalmente daquilo que procuramos"
Sir John Lubbock

Para McLagan (1997), competência é um termo que abriga diversos entendimentos. Ela inclui a execução de tarefas específicas, resultados, *outputs*, características das pessoas que estão fazendo o trabalho, como conhecimento, habilidades, atitudes, valores, orientações e comprometimentos. A competência seria identificada pela possibilidade de flexibilizar o *design* de trabalho, acelerar a adoção de novos valores e tecnologias, criar uma linguagem comum para as práticas das pessoas, integrar estas práticas e ligá-las com as estratégias de negócio, facilitando a mudança.

Acredito que o *coach* deve 'flexibilizar o design de trabalho' de acordo com o cliente. Apesar de ter todas as ferramentas e técnicas disponíveis, ele deve saber o momento certo para aplicá-las e se deve ou não utilizá-las em cada processo. Outro ponto importante é que as 'características, valores e orientação das pessoas que estão fazendo o trabalho', também vão influenciar na maneira de conduzir o processo de *coaching* de cada profissional.

Para Parry (1996), competência é uma quantidade de conhecimentos, habilidades e atitudes relatadas, que afeta a maior parte do trabalho de alguém, (trazendo a questão da responsabilidade à tona), estando correlacionado com a performance no trabalho, que pode ser medido por padrões aceitos e que pode ser melhorado através de treinamento e desenvolvimento.

Em relação a este conceito, quais são os 'padrões aceitos' para medir a performance de um *coach*? Acredito que o ICF apresenta padrões de Competências interessantes e mundialmente aceitos e que ajudam a nortear o trabalho do *coach* profissional. Outro ponto importante é que não são quaisquer conhecimentos que interessam para ser competente, mas aqueles que, de alguma forma, em algum grau, colaboram para o trabalho de *coach*, melhorando sua performance.

Para finalizar, o conceito mais usual de competências é o conhecido CHA, o conjunto de Conhecimentos, Habilidade e Atitudes que, colocados em prática, diferenciam uma pessoa de outra. Elas se manifestam através de comportamentos observáveis. Neste sentido podemos ver os Conhecimentos (saber) e Habilidades (o saber fazer) como as Competências Técnicas do *coach* e as Atitudes (atitude do fazer ou o querer fazer) como as Competências Comportamentais.

IV. As Competências do Coach Profissional

"Como podemos ajudar os clientes se não tivermos um profundo conhecimento da evolução individual e coletiva vivenciada pela humanidade, e de que maneira isso se manifesta nas mudanças ocorridas na sociedade?" **John Whitmore**

De que maneira o nível de desenvolvimento do *coach* influencia o cliente? O que acontece quando existe um nível de desigualdade entre o nível de desenvolvimento do *coach* e do cliente? Essa é uma questão que me motiva a ser melhor pessoa e profissional todos os dias. Reforço a premissa que coloquei em outro momento onde digo que a qualidade pessoal define e influencia a qualidade profissional. Tento criar um CHA da nossa profissão com o objetivo de nortear e facilitar o nosso desenvolvimento contínuo.

Por meio de leitura, da minha formação, pesquisas e também da própria reflexão no fazer, listo o que seriam as Competências Técnicas e Comportamentais de um *coach*. Quando fazemos este trabalho, temos um olhar para o IDEAL e não para o REAL. Isso é importante para que possamos olhar para elas e mapear os nossos *Gap's* ou oportunidades de desenvolvimento. Tenho certeza que não consegui englobar todas e convido você, leitor a dar a sua sugestão e dividir as reflexões do seu fazer para a continuidade deste trabalho. Quem sabe no futuro seja a minha tese de mestrado, pois é um tema que tenho verdadeira paixão.

Outro ponto importante é que sabemos que existem inúmeras maneiras de implantar e visualizar a gestão por competências, muitas vezes até contraditórias. Conheço diversas teorias e não tenho a pretensão de defender aqui, o modelo abaixo como o mais indicado, porém, foi o que mais me identifiquei para construir e mapear as competências que fundamentam a nossa profissão.

Competência Técnica: Conhecimentos (Saber) e Habilidade (Saber Fazer)

Competência Comportamental: Atitudes

Conhecimentos (SABER)

a) Fundamentos do *Coaching* e do Comportamento Humano: Tipos e definições de *Coaching*; Diferenciar o *Coaching* de outras formas de ajuda (consultoria, terapia, *mentoring, counseling*); Psicologia Humanista; Construtivismo; Estudos linguísticos e PNL; Técnicas de Planejamento e Ferramentas da Qualidade (SWOT, 5W2H, SMART...); Psicologia Positiva, o estilo pessimista e otimista de Seligman (1980), conceitos de felicidade, forças de caráter e o modelo ABCDE que corresponde as letras iniciais das palavras Adversidade, Crenças, Consequências, Contestação e Energização (**Adversity, Beliefs, Consequences, Disputation e Energization**); Fluxo, estudado basicamente por Mihaly Csikszentmihalyi; Teoria Quântica para *Life Coaching*; Inteligências múltiplas de Howard Gardner; Inteligência emocional de Daniel Goleman; Teoria do Jogo Interno de Timmothy Gallwey; O modelo integral do escritor e filósofo Ken Wilber; Stress (sintomas, funcionamento, estilos de resposta ao stress); A Cultura e o funcionamento mínimo da Empresa (nos casos de *coaching* executivo); Modelo

GROW de John Whitmore; Dinâmica dos Grupos; Processos.

b) Técnicas e Ferramentas do *coaching*: Técnicas de Entrevista (perguntas abertas, perguntas poderosas, entrevista semiestruturada...); Método Socrático; Contrato de *Coaching*; Escuta Ativa; *Feedback* ou Avaliação 360º; Inventários ou testes de Personalidade; Roda da Vida; Declaração de Missão; Identificação dos Valores; Identificação e Definição de Metas (SMART); Técnica da Escala de Inferência; Janela de Johari; *Assessment Individual*; Técnicas de *Feedback*; Linha do tempo; *Team Coaching*; Mapa Mental.

Habilidades (SABER FAZER)
- Criar um projeto de *coaching* e saber apresentá-lo ao cliente.
- Perceber se há uma compatibilidade entre o método utilizado pelo *coach* e as necessidades e expectativas do cliente em potencial.
- Apresentar com segurança os objetivos, benefícios, definição de papéis e funcionamento do *coaching*.
- Estabelecer relação de confiança e proximidade com o cliente, demonstrando continuamente integridade pessoal, honestidade, respeito e ética.
- Ouvir atentamente o que o cliente está dizendo e perceber o que não está sendo dito, mas aparece na linguagem corporal, no tom de voz ou nas palavras do cliente.
- Resumir, parafrasear, reiterar e reforçar o que escutou, para garantir clareza na comunicação.
- Dar suporte para o cliente criar sua missão e seus valores pois são eles que vão nortear sua conduta.
- Dar suporte para o cliente definir a meta de carreira, a meta de competência, os indicadores da competência e as medidas de sucesso.
- Dar suporte para o cliente estabelecer um plano de ação com resultados atingíveis, mensuráveis e específicos (com datas).
- Gerenciar o progresso das ações e metas estabelecidas, reforçando a responsabilidade do cliente com as suas escolhas.
- Formular perguntas certas nos momentos certos, utilizando as perguntas poderosas ao invés de dar respostas prontas.
- Conseguir questionar para ampliar a visão, o entendimento e gerar maior consciência e clareza das escolhas que o cliente tem.
- Usar as diversas ferramentas e técnicas do *coaching* no momento oportuno.
- Auxiliar seu cliente a definir e a atingir suas metas, apoiando e incentivando nas dificuldades/barreiras.

Coaching & Mentoring

- Demonstrar respeito pelas percepções do cliente, por seu estilo de aprendizado e por sua forma de ser, sem julgamentos.
- Dar suporte, encorajar e estimular a mudança que ele deseja, fazendo-o perceber os prós e contras de sua ação.
- Manter o foco no que realmente é importante.
- Entender os desafios do cliente e o contexto em que se encontra (empresa e situação).
- Transformar problemas e desafios em objetivos e oportunidades de melhoria.
- Respeitar o tempo do cliente para evoluir e comemorar os sucessos, sempre!
- Planejar as sessões, mas ter flexibilidade para mudá-las de acordo com a demanda do cliente.
- Buscar o autogerenciamento e o autoconhecimento e incentivar o cliente a fazer o mesmo.
- Respeitar e seguir a orientação ética e padrões profissionais da instituição associativa que escolheu.

Atitudes (SER):
Ter credibilidade; Ética; Ser discreto (sigilo profissional); Ser confiável; Confiar no potencial do outro; Ter autoridade; Ser paciente, respeitar o ritmo do cliente; Ser imparcial; Ter facilidade no relacionamento interpessoal; Ser flexível e adaptável; Ter segurança; Ser empático; Importar-se verdadeiramente com as pessoas; Ser atencioso; Saber ouvir (escuta ativa); Ser perceptivo; Ser alerta; Ter foco; Ter comunicação clara e objetiva; Ser incentivador; Desafiar; Dar suporte; Ser interessado; Ser criativo; Ser autoconsciente; Ter boa memória; Ser organizado; Ter capacidade de Análise Crítica.

Para finalizar, não posso deixar de citar as 11 Competências Principais da ICF – Internacional Coach Federation que devem fazer parte do repertório de desenvolvimento pessoal e profissional do *coach*. Elas foram desenvolvidas para possibilitar a maior compreensão sobre as habilidades e abordagens usadas atualmente na profissão de *coaching* conforme definido pela ICF. Elas podem ser encontradas no site da ICF.

REFERÊNCIAS
DOWNEY, Myles. *Coaching Eficaz*. Cengage Learning, 2010.
DUTRA, Eliana Glasser. *Coaching: o que você precisa saber*. Rio de Janeiro: Mauad, 2010.
DUTRA, Joel de Souza. *"Gestão por Competências: um modelo avançado para o gerenciamento de pessoas"*. São Paulo: Editora Gente, 2001.
FLEURY, A. & FLEURY, M. T. L. *"Estratégias empresariais e formação de competências – Um Quebra-cabeça Caleidoscópico da Indústria Brasileira"*. Rio de Janeiro: Ed. Atlas, 2001.
GALLWEY, W. Timothy. *O Jogo Interior de Tênis*. São Paulo: Textonovo, 1996.
LAGES, Andrea e Joseph O'Connor. *Como o Coaching Funciona*. Qualitymark, 2010.
STÉFANO, Rhandy. Di. *O líder-coach: Líderes criando líderes*. Rio de Janeiro: Qualitymark, 2005.
WHITMORE, John. *Coaching para Performance*, Qualitymark, 2002.
Site da ICF – Internacional Coach Federation
http://www.coachfederation.org/portuguese/index.cfm/p/sobre-a-icf-/competencias-principais-da-icf

26

Coaching – Aprendendo a aprender e descobrindo o seu melhor, no pensar, sentir e querer

Considerar que cada pessoa é portadora de um potencial de predisposições e capacidades e que podem ser desenvolvidas, sem se prender pelas heranças e pelo ambiente é em minha opinião a essência do *coaching*. Surge então, a grande possibilidade de descobrir o melhor de cada um: como pessoa, profissional, mãe ou filha. Desvendar no processo de *coaching* - um caminho sem volta para o melhor que há dentro de nós e para o sucesso em todas as áreas da nossa vida

Ivete Nunes Barbosa Novelo

Ivete Nunes Barbosa Novelo

Instrutora *Coach* da Secretaria de Fazenda de Mato Grosso, *Personal and Executive Coach* certificada pelo Integrate *Coaching Institute*-ICI, *Personal e Professional Coach* pela Sociedade Brasileira de *Coach*. Mestre em Ciência da Computação pela Universidade Federal de Santa Catarina. Pós-graduada em Gestão de Negócios pela Universidade Federal do Paraná, em Matemática Computacional e em Direito Financeiro e Tributário pela Universidade Federal de Mato Grosso, em Pedagogia Waldorf pela Universidade Estadual de Mato Grosso e em Perícia e Investigação Contábil e Financeira pelo Instituto Cuiabano de Educação. MBA em Administração de Empresas pela FIA-USP. Especialização em Gestão Antroposófica pela Federação das Escolas Waldorf no Brasil e Núcleo Maturi - Ecologia Social. Graduada em Direito, Ciências Contábeis e Matemática. Experiência em Assessoramento em Planejamento Tributário, em Gestão de Projetos, em Desenvolvimento Organizacional. Coautora dos livros: "Como sair dessa?" – Edição Independente, com apoio FOREMAT e INBRACO - 2005 e "Como nossa sociedade realmente funciona?" - Editora Cultrix - 2007. Atuação em Projetos de Modernização da Administração Fiscal e do Ministério Público do Estado de Mato Grosso.

Contatos
ivetebarbosa@uol.com.br
(65) 9203-3082

Ivete Nunes Barbosa Novelo

"Viver em amor com as próprias ações e deixar viver em plena compreensão da vontade alheia é a máxima dos homens livres".
Rudolf Steiner

Pelos anos que trabalhei em projetos de desenvolvimento organizacional aprendendo e utilizando métodos e modelos testados e indicados por especialistas e consultores renomados da área, constatei ao término de cada projeto, que os processos haviam mudado; os resultados, por um curto espaço de tempo, haviam melhorado e as pessoas envolvidas mostravam-se mais motivadas e capacitadas. Mas com certa frequência os mesmos problemas voltavam e as pessoas, antes motivadas, sentiam-se insatisfeitas, e grande parte dos modelos adotados como soluções já estavam esgotados.

Evidente que as causas eram examinadas, novos métodos e modelos eram propostos, e praticamente começava-se outra vez: busca de novas soluções; desenvolvimento das pessoas; fase das implantações; acompanhamento e avaliações, adicionados à busca da melhoria contínua para a organização.

Observei ainda que em muitos projetos os problemas haviam apenas mudado de nome, assim como as soluções, mas crenças como *"manda quem pode e obedece quem tem juízo"*; *"não há nada que eu possa fazer"*; *"aqui não adianta, nada vai mudar"*, continuavam a fazer parte do dia a dia, dificultando a manutenção do equilíbrio nos relacionamentos e reduzindo a aplicação do potencial das pessoas em um melhor funcionamento da organização.

Eu também conservava a crença de que a introdução de novos métodos e modelos de sucesso, treinamento e capacitação poderiam trazer as mudanças necessárias. O que acontecia, superficialmente, pois avaliando hoje, percebo que apesar dos novos modelos: tecnológico, organizacional e de gestão, o modelo mental não se alterava muito e o desenvolvimento das competências comportamentais não tinha foco nos resultados, tornando-se de pouca relevância.

Constatei que velhos hábitos e crenças permaneciam como base para a tomada de decisões, impossibilitando que as pessoas tivessem resultados mais duradouros e que a organização mantivesse seu aprendizado. A introdução de novos métodos, ferramentas e inovações tecnológicas não eram suficientes para trazer à tona o que havia de melhor nas pessoas.

Na citação a seguir de Schaefer pude ter uma pista do que falta nas organizações que sofrem com os mesmos problemas.

> "Tradicionalmente, os negócios sempre enfatizaram o prático (Mãos) – o fazer e os altos níveis de atividade, e mais recentemente, o teórico (Cabeça) – visão, estratégia, planejamento de trabalho, etc. O que tem faltado, ou que na maioria dos casos é tratado superficialmente, tem sido o "Coração" dos negócios. Porém as consequências disto são bastante evidentes na satisfação do funcionário, do consumidor e, finalmente, na viabilidade dos negócios e nos resultados econômicos".
> (Schaefer, 2000, p. 25)

Como obter o sucesso desejado, o resultado esperado e ainda ter o melhor das pessoas, independente de obstáculos ou de circunstâncias desfavoráveis? Na formação em *coach* percebi que o processo de *coaching* poderia me dar essa resposta.

Desde o início da formação, ficou claro que os conceitos e métodos de gestão e de desenvolvimento organizacional que utilizava estavam incorporados e estruturados no processo de *coaching*, contendo requisitos para um processo bem-sucedido, focado, sem desperdício de tempo e formador de pessoas concentradas na automelhoria. A condução das pessoas ao entendimento de si, à responsabilidade pela própria vida e às escolhas para melhores conquistas, tanto na vida, quanto nos negócios, está inerente ao processo.

Assim, na prática do *coaching* percebi as etapas do ciclo de melhoria contínua, podendo ser aplicado em qualquer área da vida. Destaco abaixo as etapas que considero de maior importância:

- definição da missão, objetivos e metas;
- desenvolvimento de competências que contribuam com os resultados desejados;
- criação do plano de ação;
- execução das ações com o acompanhando do progresso;
- superação dos obstáculos (internos e externos), com planos de contingência;
- avaliação dos resultados;
- *feedback* e reforço contínuo.

Com o *coaching* compreendi a importância de observar minhas habilidades, não mais para achar defeitos ou me culpar pelos erros cometidos no dia, mas sim para conhecer qual a competência que faltou e o que eu posso fazer da próxima vez para um melhor resultado.

E então iniciei o caminho do *autocoaching* e confirmei o quanto seus conceitos sobre o desenvolvimento humano funcionam na prática. Destaco abaixo o que mais me impressionou:

- nas crenças *limitadoras* – ter a opção de transformá-las em crenças possibilitadoras e descobrir o "meu melhor", aplicando em

[1] O AUTOR CONSIDERA NO NÍVEL "CORAÇÃO" DO NEGÓCIO: OS VALORES, A ENERGIA E A REALIZAÇÃO, QUE SE COMPLETAM NUM SENTIMENTO DE SATISFAÇÃO, TANTO PARA OS FUNCIONÁRIOS, COMO PARA OS CLIENTES.

situações que antes eram causadoras de incômodos e desconfortos;
- *no modelo mental* – ter a habilidade de pensar sobre o meu próprio pensar, sentir e querer:

    a. aprendendo a produzir pensamentos relevantes e distinguir melhor nos pensamentos: o essencial e o não essencial, a verdade e a simples opinião;
    b. aprendendo a lidar com o sentimento de forma mais produtiva;
    c. aprendendo a agir com todo o meu potencial.

- *nos pontos fortes* – reconhecer e utilizar com foco nos resultados que quero em minha vida.
- *nos pontos fracos* – reconhecer e transformar em oportunidade de desenvolvimento de novas competências, com contribuição para o meu sucesso.

No entanto, a minha experiência com o *coaching* confirmou também que o processo impõe um importante desafio: **descobrir e utilizar ao máximo o nosso potencial.** O aceite desse desafio pode nos levar ao encontro de nossas próprias ideias e soluções e de como colocá-las em prática, no caminho de aprender a pensar por si mesmo.

O conhecimento gerado no processo de *coaching* torna-se uma fonte para o reconhecimento do que funciona e do que não funciona na nossa vida, nos negócios e nas relações. Assumir o controle da própria vida, não apenas deixar-se levar, ter o compromisso pelo que realmente gostaria de ser.

Por fim, um destaque importante sobre o *coaching* é de ser um processo consolidado e validado em conhecimento científico e na prática. Seus conceitos são testados e comprovados por meio de estudos e pesquisas, podem ser confirmados em outras fontes que também estudam, entendem e se especializam no ser humano, das quais destaco:
- **Ciclo de aprendizagem** estruturado na metodologia da *Pedagogia Waldorf*[2], que se compõe na sequência rítmica das três fases de cada processo autônomo: **no reconhecimento, na compreensão e no domínio dos conteúdos**. A **primeira fase** do reconhecimento é formada pelo vivenciar, observar e experimentar; **a segunda** pelo recordar, descrever, caracterizar, anotar; e **a terceira** fase pelo processar, analisar, abstrair, generalizar o conteúdo. (Richter, 2002). ***(Aplicado na sequência das sessões do coaching).***

---

[2] PEDAGOGIA WALDORF FOI DESENVOLVIDA DESDE 1906 POR RUDOLF STEINER A PARTIR DE CONFERÊNCIAS E PUBLICAÇÕES E FUNDAMENTADA NA ANTROPOSOFIA. FOI INTRODUZIDA EM 1919, EM STUTTGART, ALEMANHA, INICIALMENTE POR MEIO DE UMA ESCOLA PARA OS FILHOS DOS OPERÁRIOS DA FÁBRICA DE CIGARROS WALDORF-ASTÓRIA (DAÍ SEU NOME), A PEDIDO DO DIRETOR DA FÁBRICA EMIL MOLT, COM UMA NOVA CONCEPÇÃO E AMPLA FUNDAMENTAÇÃO PEDAGÓGICA.

- **Polaridade e harmonização:** outro ponto importante da *Pedagogia Waldorf*, o que é compreendido como - **pensar, sentir e querer:** polaridade entre o pensar e o querer, aos quais o sentir se junta como elemento mediador. O pensar, ligado à observação sensorial e ao conhecimento em geral, pressupõe em certo recuo do indivíduo em relação ao objeto. Em contraste, o querer só pode dirigir-se ao futuro, ao querermos algo, projetamo-nos em direção ao futuro, o esforço para atingir a meta. O sentir, sempre dirigido para uma vivência presente. (Lanz, 1998). *(Aplicado no gerenciamento do pensamento e das emoções, na realização de ações efetivas, como impulsionadoras em direção as metas).*
- **Método de Goethe** também chamado de **Fenomenologia de Goethe:**[3] desenvolvida por Goethe[3] e que envolve quatro passos que obedecem a um caminho de aprofundamento qualitativo para dentro dos fenômenos. Por meio da fenomenologia, observam-se as coisas com os nossos sentidos e chega-se à essência delas, sem conceitos prévios. O importante é aprender a olhar com nossos próprios olhos os fenômenos. Dessa forma, o amplo ato de pensar realiza a sua meta, ou seja, integra dois mundos ou duas naturezas do mesmo mundo: a natureza sensorial que nos chega, de fora, e a natureza que nos chega, de dentro, a partir do mundo das ideias, ambas naturezas fundidas no fenômeno ("fen "= manifestação; "nomen"= nome, essência). (**Pré-condições** para se estudar qualquer coisa no plano da realidade, seja externa ou interna: a capacidade de **admiração, não ter preconceitos, calma interior**). (Ghelman & Rennó, 2006). *(Aplicado na observação do comportamento e das atitudes e na consequente geração de resultados).*
- **Teoria do Negócio:** são as hipóteses que motivam a existência de uma organização: hipóteses a respeito do ambiente da organização: da sociedade e sua estrutura, o mercado, o cliente e a tecnologia; hipóteses a respeito da missão específica da organização e as hipóteses a respeito das competências essenciais necessárias à realização da sua missão. A Teoria do Negócio deve ter a capacidade de mudar a si mesma. (Drucker, 1998). *(Aplicado ao desenvolvimento de competências e mudanças comportamentais no contexto organizacional)*

Acredito que o *coaching* traz hoje excelente condição de transformação, seja com as pessoas, seja nos negócios, facilitando ao

---

[3] JOHANN WOLFGANG VON GOETHE (1749-1832) POETA, FILÓSOFO E CIENTISTA ALEMÃO. FENOMENOLOGIA DE GOETHE-METODOLOGIA CIENTÍFICA RESGATADA POR RUDOLF STEINER, ALUNO DE FRANZ BRETANO QUE INFLUENCIOU HUSSERL, CONSIDERADO O PAI DA FENOMENOLOGIA MODERNA.

profissional *coach* e ao seu *coachee*:
- criar uma base para o desenvolvimento da saúde física, mental e espiritual;
- desenvolver o pensar, o sentir e o querer;
- conduzir do *coaching* ao *autocoaching*;
- capacitar para a liberdade.

> *"Então descobri que o pensar, o sentir e querer podem ser desenvolvidos".*
> **Morgensztern**

REFERÊNCIAS

SCHAEFER, C. *Desenvolvimento de iniciativas sociais: da visão inspiradora à ação transformadora.* Tradução Herwing Haetinger, Karsten Haetinger. São Paulo: Antroposófica: Christiphorus, 2000.

DRUCKER, P. F. *Administrando em Tempos de Grandes Mudanças.* Tradução Nivaldo Montingelli Jr. 5. ed. São Paulo: Ed. Pioneira, 1998.

GHELMAN, R. & RENNÓ A. *Fenomenologia de Goethe Aplicada - Metodologia goetheanística - As Plantas, os Animais e o Ser Humano.* Curso de Especialização em Pedagogia Waldorf, módulo VI. Em junho de 2006 – Universidade Estadual de Mato Grosso.

LANZ, R. *A pedagogia Waldorf: caminho para um ensino mais humano*. 6. ed. São Paulo: Antroposófica, 1998.

RICHTER, T. *Objetivo pedagógico e metas de ensino de uma Escola Waldorf:* São Paulo: Federação das Escolas Waldorf no Brasil, 2002.

Coaching & Mentoring

27

O processo de *Coaching*
A figura do profissional *Coach*
O *Coachee*

No transcorrer do presente artigo, o leitor irá ter ciência de uma forma clara e objetiva do processo de *coaching* e os agentes ativos envolvidos nele. A proposta do artigo é demonstrar por meio de uma linguagem simples que todos podem desenvolver um projeto de melhorar a sua vida e com isso, mobilizar elementos positivos em torno de si, estimulando outras pessoas a fazê-lo também e assim transformar o universo micro e macro em que vivem

Jane Lucas de Moraes

Jane Lucas de Moraes

Administradora com habilitação em Gestão Financeira, Contabilista, Corretora de Seguros, *Coach* e Mentor Profissional Sistema ISOR, Palestrante Motivacional para Adolescentes e Pós-graduanda em Direito de Seguros. Experiência de mais de 15 anos gerenciando empresas de médio e grande porte, com amplo conhecimento técnico e legislação de seguros. Atuando desde 2001 como responsável pelo estado do Rio Grande do Sul em Cia de Seguros nos ramos de responsabilidade civil. Extensa atuação em perícia contábil, assessoria e consultoria nos mercados supervisionados pelo Banco Central do Brasil, criando e organizando empresas para atuar nesse setor. Domínio pleno das técnicas comerciais para venda de produtos e serviços (atacado e varejo), com alta capacidade de intermediação nas relações de grupo e liderança, com foco em resultados e superação de metas.

Contatos
projan2000@hotmail.com
(51) 9155-0766

O processo de *coaching* utiliza ferramentas, métodos científicos e tem base em conceitos fundamentados. Mas de uma forma mais empírica, podemos comparar este processo a travessia de um largo rio, com águas turbulentas, forte correntezas e com monstros escondidos no fundo escuro (nossas crenças, valores) prontos para atacar.

Ao decidir passar pelo processo de *coaching*, você deve estar disposto a se desconstruir, a perder preconceitos, quebrar dogmas, se desafiar, enfrentar seus medos interiores e sair da zona de conforto.

A dualidade de desejar e não desejar a mudança é permanente durante todo o processo, porque o medo e a angústia do desconhecido e do novo fazem parte da existência humana. Essa dualidade pode ser usada como agente positivo, como o "combustível extra" para dar início a chama do desafio. Quando o medo chega ao seu lado é apenas uma criança pequena. Se você o alimenta, se não o enfrenta, ele cresce até tornar-se um gigante que vai imobilizá-lo. O segredo é o movimento.

A decisão é unicamente sua, porque o processo de mudança começa dentro de você. O profissional *coach* é quem vai dar a segurança e o apoio na descoberta do melhor caminho para atravessar este rio. Depois dessa travessia, você nunca mais será o mesmo.

Ao falarmos do profissional *coach*, podemos defini-lo com relação ao seu *coachee*, como a mistura de várias figuras:

O *Coach* Filósofo

Que tem a sua força motriz na busca incessante do conhecimento de si mesmo e do universo e a sua compreensão. Apenas quem adentra na aventura de conhecer-se a si próprio tem a capacidade de ampliar seus horizontes, de aceitar as limitações de cada ser e de amar incondicionalmente, sem pré-julgamento e sem preconceito. Não existem verdades absolutas, todos sao grandes ou pequenos, bons ou maus, dependendo apenas da ótica, momento e da posição que nos colocamos para olhar. O *coach* é um ser entusiasta pela vida e pelas pessoas.

O *Coach* Mestre

Que mostra ao discípulo não a solução do problema, mas o conduz pelos caminhos da busca pelo conhecimento que vai levá-lo a ela. O agente proativo, que faz as descobertas é o *coachee*. Assim como o Mestre é escolhido pelos seus discípulos, também o *coach* é escolhido pelo seu *coachee*, a partir da empatia e sinergia gerada nas entrevistas.

O *Coach* Sacerdote

Exerce a função com amor, pelo amor ao outro e com o objetivo maior de atingir o amor cósmico e infinito do Criador. Que compreende a nossa falibilidade humana e nesse amor que transcende vê em cada moeda as duas faces opostas de amor e ódio inerentes a cada ser.

O *Coach* Diretor de arte

Corrige as cenas, que dirige os atores, indica o texto, dá o tom certo às falas e fica nos bastidores sem aparecer durante o ato. O ator principal, que sobe ao palco pronto para atuar é o *coachee* e é ele quem deve brilhar e receber os aplausos.

O *Coach* Desbravador

Mesmo em território inóspito e desconhecido, ousa adentrar, porque o que o move é o impulso pela descoberta do novo e de suas infinitas possibilidades. Todos carregam dentro de si talento e habilidades, que conhecem ou desconhecem e o *coach* leva o seu *coachee* a buscar e tirar de dentro de si, o seu melhor, a sua centelha de luz interior.

O *Coach* Lapidador

Tem a paciência, a técnica e a persistência de ficar muito tempo em cima da pedra bruta, lapidando uma a uma as suas arestas, para deixá-la com grau de pureza máximo e, assim, aumentar o seu valor no mercado.

Estamos vivendo em uma época que o símbolo da felicidade e sucesso é representado pela tríade: matéria, fama e status. Nesse cenário, a figura do *coach* adquire uma importância vital, porque ele funciona como um agente transformador de pessoas, pulverizador do conhecimento e multiplicador de valores morais e éticos, porque esses são os princípios que o norteiam.

O *Coachee*

A vida pessoal e profissional é uma construção diária, que começa cedo, na adolescência e nesse processo de aprendizagem, de erros e acertos vamos acumulando a bagagem que utilizamos e vamos utilizar vida afora. A todo instante, em todo ambiente, existe um universo se transformando, que pode levar seu nome nele, basta começar o processo. O resultado esperado deste processo é uma nova percepção da sua realidade pessoal e funcional, o desenvolvimento de novas competências por meio da aplicação prática do conhecimento adquirido, a capacidade de gerenciar conflitos internos e externos, a tolerância às diferenças e a aceitação ao tempo e capacidade intelectual de cada um.

A maioria das teorias atuais atribui o sucesso profissional à escolha da profissão que se gosta. Acredito em outra variante do mesmo tema: que somente se atinge a realização profissional e consequentemente o sucesso, quando gosta do que se faz, independentemente do que seja. Quando se faz bem feito, com técnica, persistência, dedicação e entusiasmo. Ao tempo presente e com o ganho que se espera agora. Considerado neste ganho, o valor monetário que a cada profissão estabelece ou limita. Os seus sonhos materiais e ambições de consumo, têm que estar alinhados com a escolha da sua profissão. Eles não podem ser incoerentes, baseados em hipóteses que fogem da realidade do máximo que a profissão oferece.

Aos envolvidos no processo de *coaching*, deixo uma mensagem:

Ao *Coachee*

Que todos nós fazemos parte de um grande projeto comum chamado MUNDO MELHOR e que a realização deste, depende exclusivamente do nosso esforço, superação e capacidade de desafiarmos as limitações pessoais e profissionais. O resultado dessa dedicação irá se refletir no crescimento de cada um e somente a busca incessante pelo conhecimento e pelo aperfeiçoamento levará ao sucesso.

Ao *Coach*

Que a liderança que exercemos sobre o nosso *coachee* seja feita de forma a descobrir os talentos individuais e a maximização de suas potencialidades. Que com nosso exemplo, o levemos cada vez mais a ser ousado, a sonhar e a ter bastante energia para essas realizações, a despeito de todas as adversidades que surgem no nosso dia a dia.

Coaching & Mentoring

28

Coaching, mentoring ou *counselling* e fatores culturais

O *coaching, mentoring* e *counselling*, como toda e qualquer tecnologia, ao ser transplantadas da cultura originária, para a cultura receptora deve, necessariamente, passar pelo processo sociológico da teoria da redução sociológica desenvolvida pelo mestre Alberto Guerreiro Ramos. Daí a necessidade teórica e prática de se desenvolver metodologia de *coaching* alinhada a nossa cultura

Jansen de Queiroz

Jansen de Queiroz

Administrador e pós-graduado, em finanças e recursos humanos, pela FGV. Economista pela UERJ, pós-graduado em dinâmica dos pequenos grupos, pela SBDG. Membro fundador do Grupo de Excelência em *Coaching* do Conselho Regional de Administração de São Paulo – CRASP. Realiza palestras, treinamentos, cursos nas áreas de liderança, *feedback*, gestão do tempo, construção de equipes de alto desempenho e *mentoring*. Coautor dos livros: *Manual Completo de Coaching, Ser+ em Gestão do Tempo e da Produtividade, Ser+ em Gestão de Pessoas e Master Coaches*. Trabalha com *coaching* executivo presencial nas praças de: São Paulo - Capital, Vale do Paraíba e Litoral Norte e por Skype para todo o Brasil e países de língua portuguesa.

Contato
jansen@gestaopolifocal.com.br

Jansen de Queiroz

COACHING tem vários conceitos e inúmeras adjetivações, que mais confundem do que esclarecem, talvez, por ser uma atividade remunerada recente e que, quando bem realizada, gera enormes benefícios para o cliente, para a organização, para a família.(e para o *coach*). Também, por que há uma falsa ideia de que *coaching* é uma atividade que qualquer um pode exercer, pois se trata de uma atividade que um curso de 90 ou 150 horas, independentemente, da formação acadêmica e da experiência do participante prepara o indivíduo para exercer com proficiência a atividade de *coaching*.

A maioria dos cursos de certificação existentes no mercado não define pré-requisitos, quanto ao tipo e nem ao nível de experiência de vida pessoal e profissional do candidato. Muitos acreditam que é só decorar meia dúzia de "perguntas poderosas", fazer a roda da vida, aplicar alguma das ferramentas que identifique o perfil de personalidade, crer que basta ajudar o cliente a formular sua missão de vida, seus objetivos, metas e dar *feedback*. Sobre uma visão heterodoxa de *feedback*, consultar o capítulo 11 do livro Ser Mais em Gestão de Pessoas.

A aparente simplicidade da metodologia alienígena, aplicada com casca e nó, sem a devida redução sociológica, tende a levar ao descrédito, no Brasil, uma atividade tão nobre, complexa como o *coaching*, que exige do *coach*, a combinação de rica experiência de vida pessoal e profissional, enorme bagagem de conhecimento, estudo continuado de várias disciplinas, que influenciam no desempenho pessoal e profissional, requer vocação para amar as pessoas e ter desprendimento para ajudá-las a adquirir as riquezas moral e econômico-financeira, além de favorecer a melhoria da qualidade de vida dos gestores e dos colaboradores, incrementar a produtividade, a lucratividade e garantir a perenidade através do desenvolvimento da equipe, dos processos de produção, dos produtos e da tecnologia e do estímulo à criatividade e inovação.

O Grupo de Excelência em *Coaching* – GEC, do Conselho Regional de Administração de São Paulo – CRASP, conceitua *coaching*, como sendo uma atividade profissional que se dá num processo confidencial, estabelecido em uma relação de parceria entre *coach* e cliente, visando o desenvolvimento pessoal e profissional, apoiando e instigando, com o objetivo de atingir resultados previamente estabelecidos". CRA-SP 15/07/2008. Este conceito possivelmente, até 2014, passará por revisão. Por isso, me atrevo a divulgar uma sugestão que submeterei à avaliação do GEC-CRASP, por ocasião de eventual revisão: *coaching* é a arte e a técnica não diretiva, de apoiar o indivíduo que quer desenvolver-se pessoal e profissionalmente, mediante a ampliação ou aquisição das competências emocionais (intra e interpessoal), técnicas e gerenciais, com vista à autorrealização. É também arte, por que o êxito ou o fracasso é função da imponderável interação entre os atores. É indispensável à construção de relação de confiança, de certeza, segura, confortável e equânime entre o cliente, o *coach* e a organização patrocinadora. Isso não se dá somente de maneira espontânea e natural, requer vontade e competência das partes. Cada relacionamento interpessoal é único e ainda há possibilidade de que se altere no decorrer do processo, por isso precisa ser cultivada pelas partes.

No capitulo 21 do livro *Manual Completo de Coaching*, da Editora SER MAIS, exponho o porquê da necessidade técnica de uma metodologia brasileira de *coaching*. Que vai além do princípio de que o *coach* tem as perguntas poderosas e o cliente às respostas, que o Ser Humano é igual em qualquer cultura. Este entendimento não considera a poderosa influência do fator cultural na percepção, na visão de mundo, nos valores que condicionam ou no mínimo influenciam fortemente o sentir, o pensar e o agir dos indivíduos. Tenho a convicção de que o *coaching* ou qualquer outra metodologia importada precisa ser adequado à cultura receptora, como ensina o saudoso sociólogo da Administração, Alberto Guerreiro Ramos. Devemos observar que nas culturas de origem do *coaching* clássico, se percebe de forma diametralmente oposta da brasileira, entre outras, as seguintes questões: a teoria na prática é outra coisa, por isso, a maioria de nós vai à instituição de ensino superior comprar um diploma e não conhecimento, o futuro pertence a uma divindade, o indivíduo é passivo, dependente quanto à construção de seu futuro, o tempo não é percebido como um fator escasso, de consumo instantâneo e irrecuperável, que não se pode estocar, nem comprá-lo. Tempo é vida! A maioria de nós desrespeita o tempo um do outro. Todos reclamam da falta de tempo ou a usam como justificativa para eternizar a mediocridade e, por consequência, evitar fazer a renúncia e o esforço necessários, para experimentar novas formas de pensar, sentir e fazer que enriqueçam seu repertório de respostas às circunstâncias, que mudam o tempo todo.

Na realidade, a vida nos oferece duas possibilidades: realizar trabalhos dignos ou trabalhos indignos. A vida não nos permite viver sem trabalhar. Trabalho digno é aquele que resulta em benefícios para o indivíduo, sua família, para a organização que trabalha e para a sociedade, sem prejudicar quem quer que seja. Já o trabalho indigno, pode trazer benefícios para a pessoa, sua família, para sua empresa, mas, utilizam meios como: corrupção, roubo, destruição do meio ambiente, usam a boa fé dos outros para trapacear. Esquece-se de construir a riqueza moral. Há um tipo de trabalho indigno pouco comentado, mas, igualmente sórdido: trabalhar para manter-se dependente da boa vontade ou da complementação neurótica de avós, pais e amigos, no âmbito familiar e social, enquanto, no ambiente organizacional de colegas e chefes. Não procuram adquirir conhecimentos, habilidades para terem atitudes de indivíduos adultos interdependentes. Lembrando que em pessoas adultas, a dependência e o excesso de egoísmo são indícios de imaturidade.

Como o *coaching*, o *mentoring* é um processo de ajuda, diferenciando-se daquele por ser mais "diretivo", por que visa orientar e suprir carências conceituais, técnicas, interpessoais, gerenciais e comportamentais que podem contribuir para o desenvolvimento pessoal e profissional do cliente de forma autônoma, isso é, não fazendo pelo cliente, mas o instrumentalizando, com conceitos analisados criticamente, os quais serão utilizados de acordo com a individualidade e circunstâncias do cliente.

O *coach* ao incluir o *mentoring* em sua metodologia, precisa ter sólidos conhecimentos multidisciplinares, competência conceitual, interpessoal, técnica, gerencial e significativa vivência pessoal e profissional, tendo atuado como gestor em posição de elevada hierarquia e grande responsabilidade, tenha variada e sólida experiência em participar de decisões de alto custo e alta complexidade, bem e mal sucedidas, mas que as percebeu apenas como experiências que contribuíram para sua aprendizagem.

O erro é o que diferencia o Ser Humano de uma divindade, portanto, ele é inevitável, daí resultam: a relevância do trabalho em equipe, como fator de minimização da possibilidade de ocorrência de erros, a interdependência e a imprescindibilidade da função controlar, em administração. Mas, não se deixa afetar pelos qualificativos de certo ou errado. Não fica longamente deprimido ou diminuído ou envergonhado ou inseguro por que "errou". Entendeu que os erros são excelentes oportunidades de aprendizagem, de desenvolvimento, mas, também, não tomou homérico pileque seco – isso é não se embriagou com o êxito - por que acertou ou logrou obter um sucesso incomum. Todo sucesso é fruto de trabalho passado de preparação e novos sucessos dependerão de continuar no trabalho duro, apoiado por terceiros, que tenham o conhecimento e as habilidades complementares as suas, para construir novas realizações exitosas.

O *mentoring* também poderá ser utilizado, como instrumento eficaz de gerenciamento do acervo de conhecimento e dos valores organizacionais.

O *coaching* e o *mentoring* possuem uma característica comum essencial: o acompanhamento, por período suficiente, para que o cliente transforme conhecimento em aprendizagem, isso é, altere os comportamentos que atrapalhem seu desenvolvimento. Esta característica atende à realidade da mudança de comportamento, que é um processo e, não, um evento discreto. Identifico na ausência de acompanhamento, o fator gerador de resultados frustrantes dos treinamentos comportamentais, que resultam mais das vezes, em desperdício de recursos e de tempo das organizações e dos profissionais. Por que os especialistas em Recursos Humanos insistem em indicar este tipo de intervenção? Tenho algumas suposições, que gostaria de confrontá-las com as percepções dos leitores, que podem me encaminhar suas suspeitas, para meu endereço eletrônico. Será que essa insistência, afeta a percepção que o mercado tem sobre as contribuições, competências e entregas do profissional de RH e na sua valorização? No evento de treinamento, um porre de conhecimento e de boas intenções, no dia seguinte ao treinamento, uma enorme ressaca de frustração.

O *counselling* é um *mentoring* pontual, que visa atender a uma questão específica do cliente e como o *mentoring* pode ser realizado tanto por profissional interno treinado ou por um *coach* profissional.

Nos países onde se acredita que nada mais prático do que uma teoria testada, na dura realidade do cotidiano, que, por isso, os profissionais estudam para aprender e não para passar de ano; que acreditam que tempo é um recurso tão valioso que alguns dizem que é dinheiro, mas na realidade, é muito mais que isso. É VIDA! Daí acreditarem, que o futuro determina o presente, por isso funcionam com base nos seus objetivos desdobrados em metas. A tendência é utilizar o *coaching* como metodologia preferencial de desenvolvimento pessoal e profissional, com qualidade de vida, com enormes possibilidades de sucesso e benefícios para o profissional, para a organização, para a equipe e para a família. Mas, nos países que acreditam que a teoria na prática é outra coisa, em que os frequentadores de faculdades estão mais interessados no diploma, do que no conhecimento, com a vã ilusão de que o diploma lhe será bastante e suficiente, para lhe dar sustentação na carreira profissional. No entanto, por não lerem livros técnicos e de cultura geral, não percebem, que aquilo que ouviram nas salas de aula, já poderá ser um conhecimento superado. Esquecem-se de que nada é permanente!

O gestor moderno precisa de conhecimento multidisciplinar de boa qualidade, visão sistêmica para adequar o conhecimento às condições mutantes e turbulentas que a realidade de um mundo em contínua e veloz mudança exige de todos, de flexibilidade e competência interpessoal para trabalhar em equipe. O que vende um profissional? O que o torna desejado pelo mercado? É a feliz combinação de conhecimento com as competências emocionais – intra e interpessoal –, técnicas e gerenciais, para contribuir, em equipe, para a lucratividade, a sustentabilidade econômico-financeira-operacional, para a perenidade da organização com qualidade de vida de todos os atores desse processo com menor tempo, custo e riscos possíveis. Este quadro se completa com alguns conceitos como: o uso produtivo do seu tempo e da equipe; saúde e tempo não são objetivos, mas, condições essenciais para se realizarem quaisquer atividades; nada é permanente, à exceção da mudança; todos são honestos, trabalhadores e responsáveis até prova em contrario, fundamento da teoria Y, etc..

A maioria dos gestores brasileiros – profissionais de Administração e autodidatas – não possuem as características culturais mencionadas no parágrafo anterior, frequentemente encontradas nas culturas originárias do *coaching*. Considerando as circunstancias mencionadas, entendo que o *coach*, no Brasil, deva trabalhar simultaneamente com *coaching, mentoring* e *counselling*. O que fica reforçado, por que ainda somos um país em desenvolvimento, no qual as organizações e os profissionais têm limitações de recursos para comprar simultaneamente serviços de várias metodologias especializadas de ajuda, sem contar com o preconceito de que quem procura ajuda para ampliar suas competências poderá ser avaliado como fraco. Assim como, quem procura um terapeuta comportamental ou psiquiatra ou neurologista, mesmo levando uma vida miserável, não busca a ajuda desses profissionais e quando o fazem procuram esconder o quanto puderem, por medo de serem rotulados, como pessoas sem autocontrole, para dizer o mínimo. Infelizmente, ainda hoje, predomina a falsa percepção de que se investir em se ter um comportamento mais produtivo ou melhorar a saúde mental, que favoreça o desenvolvimento pessoal e profissional é uma fragilidade e, não, tão natural quanto cuidar da pressão alta ou do diabetes. Do lado dos *coaches*, há uma enxurrada de adjetivação à guisa de definir excessiva especialização, que no meu entendimento pode afetar a credibilidade da metodologia. Espero que o *coaching* não chegue ao exagero da piada médica: o individuo foi ao oftalmologista e este lhe disse, por favor, dirija-se ao colega all do outro lado da rua, por que sou especialista em olho direito e seu problema é no olho esquerdo.

A experiência demonstra que o *coaching* é muito mais procurado por vencedores, por executivos e empresários de sucesso do que por profissionais e empresários em dificuldades. Estes têm enorme resistência em perceber e em aceitar suas limitações, que, a razão fundamental do fracasso são seus conceitos improdutivos, seus hábitos limitantes, sua incompetência como gestor, sua rigidez e sua atitude de sempre procurar culpados – pessoas ou circunstâncias - de se acharem autossuficientes, onipotentes ou insubstituíveis, ou que sempre justificam seus fracassos ou seus desempenhos medíocres, apontando o dedo para alguém ou para as circunstâncias. Não se perguntam: o que fiz ou deixei de fazer que contribuí para o resultado não desejado? Estas atitudes os impedem de aprender com seus erros e, o que é pior, eterniza a mediocridade, por insegurança ou vaidade e capricho, ou medo de serem julgados fracos, ou ainda a combinação dos quatros fatores, deixam de se aceitarem como humanos, que inevitavelmente erram. Impossível viver-se sem errar, mas podemos reduzir drasticamente essa possibilidade humana, trabalhando em equipe, cujos membros tenham a certeza de que há respeito, reconhecimento, relação equânime, confiança e um mínimo de segurança.

O que acabei de relatar, infelizmente, não é ficção, é observação de mais de dez anos de atividade como *coach*, como consultor, facilitador de treinamentos, de vinte anos trabalhando em empresas familiares e mais de quarenta anos estudando e convivendo com colegas, em associações patronais e profissionais.

Grandes músicos, os tenores de renomes, os atletas de alto desempenho e os executivos e empresários de sucesso, que com a ajuda de um *coach*, fazem de cada erro um degrau para o sucesso, de cada sucesso celebrado uma oportunidade de agradecimento a todos que participaram de sua construção e estímulo para aprender, trabalhar e ter propósitos de viver e de conviver.

Os que se utilizam das metodologias aqui descritas, valorizam conhecer uma percepção fundamentada de profissional interdependente, competente e mais ampla do que a visão condicionada pela cultura organizacional em que vive com a equipe. Claro que existem empreendedores e gestores iluminados que conseguem compartilhar suas visões e conceitos de maneira a envolver e conduzir suas equipes ao mesmo tempo, que ouvem e incorporam suas ideias, dando-lhes o devido crédito. Mas, certamente, não é a maioria. A maioria, com frequência, sofre de autoengano, de que gosta e solicita a opinião da equipe, mas que por falta de uma clima saudável, o que, com frequência, a equipe dirá é o que o gestor quer ouvir não, o que efetivamente precisaria ouvir. Isso ocorre pela ausência de relação de certeza, confiança e segurança entre gestor e equipe. Tem-se aqui uma característica padrão de quem precisa de *coaching*, mas se nega a participar do processo de *coaching*. Até quando?!

29

Sincronicidade no *mentoring*

A sincronicidade abre caminho para escutar e acionar a intuição, levando a efeito a conexão realizada consigo e com o outo, resultando em algo que é grandioso, em uma transcendência inimaginável. Mentor e *mentorado* podem viver essa experiência

Jean Pierre de Lima

Jean Pierre de Lima

Advogado, especialista em Comércio Exterior, especialista em Direito Público Municipal, especialista em Direito Tributário. MBA Executivo em Gestão Empresarial, *Coach,* hipnólogo, constelado organizacional e palestrante. É idealizador e fundador do Instituto Aziz.

Contatos
www.institutoaziz.com.br
jeanpierre@institutoaziz.com.br

Sincronicidade é um conceito desenvolvido pelo psiquiatra suíço Carl Gustav Jung, para definir acontecimentos que se relacionam não por relação causal e sim por relação de significado. Dessa forma, é necessário que consideremos os eventos sincronísticos não relacionados com o princípio da causalidade, mas por terem um significado igual ou semelhante. A sincronicidade é também referida por Jung de "coincidência significativa".

Em termos simples, sincronicidade é a experiência em que ocorrerem dois ou mais eventos que coincidem de uma maneira que seja significativa para a pessoa ou pessoas que vivenciaram essa "coincidência significativa".

É importante destacar que a sincronicidade difere da coincidência, uma vez que ela não implica somente na aleatoriedade das circunstâncias, mas também, e principalmente, num padrão subjacente ou dinâmico que é expresso por meio de eventos ou relações significativas.

Ocorre que, às vezes, a sincronicidade se manifesta atemporalmente e/ou em eventos energéticos *acausais*, e em ambos os casos são violados princípios associados ao paradigma científico vigente.

Segundo Rocha Filho, inclusive o *"insight"* pode ser um fenômeno sincronístico, assim como muitas descobertas científicas que, de acordo com dados históricos, ocorreram quase simultaneamente em diferentes lugares do mundo, sem que os cientistas tivessem qualquer contato. Acredita-se que a sincronicidade é reveladora e necessita de uma compreensão, e essa compreensão poderia surgir espontaneamente, sem nenhum raciocínio lógico. A esse tipo de compreensão instantânea Jung nomeou *"insight"*.

Abaixo seguem dois exemplos citados pelo próprio Jung:

1 - "Uma jovem paciente sonhou, em um momento decisivo de seu tratamento, que lhe presenteavam com um escaravelho de ouro. Enquanto ela me contava sobre o sonho, eu estava sentado de costas para a janela fechada. De repente, ouvi detrás de mim um ruído como se algo golpeasse suavemente a janela. Dei meia volta e vi que foi um inseto voador que chocava contra ela. Abri-a e o apanhei. Era a analogia mais próxima a um escaravelho de ouro que se pode encontrar em nossas latitudes, a saber, um **escarabeido (crisomélido), a Cetonia aurata,** que, ao que parece, ao contrário de costumes habituais, se via na necessidade de entrar em uma sala escura precisamente naquele momento. Tenho que dizer que não me havia ocorrido algo semelhante nem antes nem depois disso, e que o sonho daquela paciente segue sendo um caso único em minha experiência".

2 - "Na manhã do dia 1º de abril de 1949 eu transcrevera uma inscrição referente a uma figura que era metade homem, metade peixe. Ao almoço houve peixe. Alguém nos lembrou o costume do "Peixe em Abril" (primeiro de abril). De tarde, uma antiga paciente minha, que eu já não via por vários meses, me mostrou algumas figuras impressionantes de peixe. De noite, alguém me mostrou uma peça de bordado, representando um monstro marinho. Na manhã seguinte, bem cedo, eu vi uma outra antiga paciente, que veio me visitar pela primeira vez depois de dez anos. Na noite anterior ela sonhara com um grande peixe. Alguns meses depois, ao empregar esta série em um trabalho maior, e tendo encerrado justamente a sua redação, eu me dirigi a um local à beira do lago, em frente à minha casa, onde já estivera diversas vezes, naquela mesma manhã. Dessa vez, encontrei um peixe morto, de mais ou menos um pé (30 cm) de comprimento, sobre a amurada do lago. Como ninguém pôde estar lá, não tenho ideia de como o peixe foi parar ali".

Antecipando-se aos críticos em relação à existência da sincronicidade, Jung escreve: "o ceticismo deveria ter por objeto unicamente as teorias incorretas, e não assestar suas baterias contra fatos comprovadamente certos. Só um observador preconceituoso seria capaz de negá-lo. A resistência contra o reconhecimento de tais fatos provém principalmente da repugnância que as pessoas sentem em admitir uma suposta capacidade sobrenatural inerente à psique".

Jung sublinha que a sincronicidade parece depender consideravelmente da presença de afetividade, ou seja, sensibilidade a estímulos emocionais. Segundo ele, os pensamentos nos vêm à consciência; as intuições e pensamentos que surgem do inconsciente não são produtos de esforços deliberados para pensar, mas objetos internos, parcelas do inconsciente que pousam ocasionalmente na superfície do ego. Jung gostava de dizer, por vezes, que os pensamentos são como pássaros: eles chegam e fazem ninho nas árvores da consciência por algum tempo, e depois alçam voo de novo. São esquecidos e desaparecem.

Essa é a noção de sincronicidade: pequenos instantes, *insights* que vêm e vão como os pássaros dos ninhos.

Mentoring

Mentoring é uma espécie de tutoria, por meio da qual um profissional mais experiente orienta e compartilha experiências e conhecimentos com profissionais no sentido de oferecer orientações e conselhos para o desenvolvimento pessoal e/ou empresarial.

O mentor acompanha e se comunica com seu *mentorado* de forma sistemática, planejando, dentre outras coisas, o seu desenvolvimento pessoal ou profissional e avaliando a eficiência de seu desenvolvimento. A partir daí, busca orientar de forma clara e organizada o modo como o *mentorado* pode resolver problemas que possam ocorrer durante o processo de *mentoring*.

O mentor conhece as necessidades e soluções que o *mentorado* necessita pelo fato de ter vivenciado semelhantes dificuldades em sua vida pessoal e profissional e por conhecer formas de superá-las.

Nesse sentido, é necessário ressaltar que é frequente encontrarmos no quadro profissional de empresas norte-americanas e em algumas brasileiras a figura do "mentor". Ele é geralmente um executivo que "adquiriu senioridade, liderança e reconhecimento profissional e que, espécie de padrinho ou tutor, 'adota' um jovem empregado e/ou a empresa servindo-lhe de orientador, de conselheiro e até mesmo de protetor".

Essa função é geralmente exercida por uma pessoa bem-sucedida em sua posição, eventualmente líder, e que, numa relação fraternal, meio pai, meio amigo, facilita enormemente o desenvolvimento das pessoas e/ou de empresas, estimulando e orientando o caminho para o sucesso.

No entanto, podemos cair no erro de pensar no mentor como alguém mais velho e no *mentorado* como alguém mais jovem. Apesar de ser a situação mais frequente, pode acontecer o inverso.

Por fim, importante trazer o conceito que bem define *mentoring*, segundo Marcos Wunderlich, presidente executivo do Instituto Holos de Qualidade: "*mentoring* é um processo de transferência e redescoberta a partir do relacionamento do mentor e o *mentorado*. Tem como eixo a felicidade humana com modos de vida mais satisfatórios no mundo processual. Sua profundidade depende do grau de sintonia com as leis universais e da consciência de sabedoria atemporal. Quando alguém é mentor verdadeiramente, significa que age a partir da postura prestadia".

Passados os dois breves conceitos de sincronicidade e *mentoring*, surge dois questionamentos: que relação há entre eles? Qual a resultante da fusão entre esses dois conceitos?

Inicialmente, é necessário ressaltar que sincronicidade está sendo posta aqui no sentido de conexão, de estabelecer uma sincronia entre mentor e *mentorado* no momento em que se desenvolve o trabalho.

Minhas experiências dizem que há uma relação de unidade, ou seja, o mentor e o *mentorado* estabelecem uma relação de unicidade quando a questão e/ou problema a ser trabalhado é apresentado. Ambos tornam-se um só, entram em sintonia de forma que seus conhecimentos vão misturando-se e resultando em *insights* para o mentor e *mentorado*.

Resulta disso uma relação que transcende a questão de mentor/*mentorado*, vive-se e se experimenta um comprometimento que vai além da relação profissional, a sincronia chega a tal ponto que podemos afirmar que há uma relação de "alma" entre ambos.

À primeira vista, a "relação de alma" nos parece chocante ou improvável, mas é essa a relação estabelecida entre mentor e *mentorado*, quando ambos estabelecem uma conexão ou sicronicidade. E é a partir dessa sincronia que o mentor amplia suas capacidades de auxiliar o *mentorado* a chegar ao objetivo pretendido; arriscamos afirmar que é pela sincronicidade que o mentor consegue plenamente atingir o que o *mentorado* espera dele.

No momento em que acontece a sincronicidade no processo de *mentoring*, mentor e *mentorado* sentem-se e percebem-se um no outro e, conforme suas bagagens de vida, os fatos são processados de maneira que resultam em *insights* (ou não). Isso significa que no exato momento em que a sincronicidade é estabelecida, os sujeitos envolvidos no processo sentem-se um ser uno – e este momento é único, mágico, rico em aprendizado.

Dito isso, qual a resultante da fusão estabelecida nessa sintonia entre mentor e *mentorado*?

O resultado da fusão pode ser dois: *insights* que contribuem para o mentor e *mentorado* buscarem as respostas de que precisam ou nenhum resultado, uma vez que os *insights* podem não ocorrer. Isso significa que a conexão entre mentor e *mentorado*, uma vez percebida, pode trazer resultados instantâneos como podem surgir horas, meses ou até anos depois, não há um tempo previsto para isso.

Há sim, uma certeza, poderá despertar ideias, projetos, avaliações, conclusões a respeito de questões pessoais e/ou organizacionais. Mas não se pode decepcionar-se se não houver nenhum resultado. Como já afirmado, os *insights* podem aparecer a qualquer momento ou não.

Creio que, pela experiência já vivida, há sempre algo que vai ser percebido e algum *insight* vai ocorrer dessa sincronia estabelecida entre mentor e *mentorado*. O resultado disso tudo é grandioso, uma transcendência inimaginável.

Cito exemplo vivenciado para esclarecer as ideias abordadas: estava em São Bernardo do Campo para uma reunião junto ao banco acompanhado de dois clientes. Pela manhã, fomos de carro até o local da reunião. Estava chovendo e não havia estacionamento em frente ao banco nem mesmo nas garagens próximas. Um dos clientes questionou o que faríamos diante da situação e prontamente sugeri a ele que desse mais uma volta no quarteirão, porque eu tinha certeza de que teria uma vaga em frente ao banco. A afirmação foi motivo de risos dentro do veículo, inclusive por todos. Diante disso, disse então que, ao invés de uma teriam duas vagas. Novamente risos, pois em São Bernardo do Campo, dia útil, chovendo, 10 horas da manhã, seria impossível ou improvável que tal feito fosse possível. Passei então a visualizar mentalmente a rua, o banco, as duas vagas enquanto fazíamos o quarteirão para novamente chegar ao local desejado. Nos instantes que decorreram até chegar ao local, simplesmente entrei em um estado áureo, o tempo fluía lentamente, havia um estado de silêncio, de paz e uma sensação de uma ligação com o futuro. Voltei à realidade com novos risos no carro, onde um dos clientes rindo afirmava que só havia uma vaga e não duas como eu tinha afirmado. Nesse momento, instantaneamente, obviamente, cai em risos e o primeiro carro, em frente à vaga vazia acendeu as sinaleiras e a luz da marcha ré para sair do local. Houve um instante de absoluto silêncio, mínimos, mas houve, e os risos voltaram a contaminar o ambiente. Estacionamos o carro em frente ao Banco e fomos para reunião.

"Sorte", "casualidade", "coincidência", "isso não acontecerá de novo", "isso raramente acontece", e tantas outras afirmações, são as que costumeiramente ouvimos diante de fatos como esse. Prefiro substituí-las por sincronicidade, conexão, percepção do que está se passando ao nosso redor.

Destacamos que as ideias e informações aqui abordadas visam somente instigar os leitores a terem curiosidade em se aprofundarem mais no que é *mentoring*, sincronicidade e as suas resultantes - das quais aqui foram postas somente duas percepções. É importante, igualmente, ressaltar que todos nós, estejamos na condição de mentor ou de *mentorado* temos a capacidade de perceber esta conexão ou sincronicidade.

Sobretudo, é fundamental que tenhamos consciência de que podemos construir coisas maiores e grandiosas sob este aspecto. E, que é cristalina a nossa responsabilidade com o outro e os demais nessa construção.

Então, mentor e *mentorado*, conectem-se, estejam em sincronicidade.

Coaching & Mentoring

30

Coaching em vendas

No artigo, "Saindo do banco do carona: a atitude *Coachee*", somos motivados a dar o passo de fé, onde deixamos nossa zona de conforto e nos libertamos de diversas crenças, rótulos e preconceitos. Um estímulo à reflexão diante de escolhas e desafios. Não apenas como espectador de sua própria vida, mas tomando consciência da importância de agir e de se responsabilizar pelos resultados obtidos

João Gomes

João Gomes

Coach de Negócios, Apresentador profissional, Consultor, Professor de Marketing e Vendas, formado em Direito e Administração pela Universidade Federal do Pará, Pós-Graduado em Gestão de Marketing e Gestão de Pessoas pela Fundação Getulio Vargas, Pós Graduado em Gestão de Varejo pelo PROVAR/FIA/USP. Sócio Gerente da Class Consulting Institute, Presidente da JGS Corretores de Seguros S.A. Fluente em inglês, espanhol e francês, línguas nas quais faz apresentações. Possui vasta experiência em planejamento estratégico e gestão de empresa, atua no campo de desenvolvimento pessoal, organizacional, Marketing e Vendas, que o qualifica como requisitado Coach por Gestores de Empresas.

Contatos
www.classconsulting.com.br
jgsouza@classcontulting.com.br
facebook.com/joaogomes.desouza.75
Skype semogjgs
(91) 3181-4410/8100-8567

João Gomes

O *coaching* é um processo para apoiar e auxiliar pessoas a melhorarem o desempenho ao seu máximo potencial. Todos nós, ao longo de nossas vidas, tivemos *coaches* que nos ajudaram em cada fase do nosso crescimento. A começar pelos nossos pais, que nos apoiaram nos primeiros passos para aprender a andar, a falar, nos assear, os reverendos de cada religião, os professores, pessoas com mais experiência que estavam ao nosso redor quando tivemos desafios a vencer, amigos com quem trocamos ideias sobre projetos, dificuldades e, em todos os momentos, nós sempre buscamos ajuda deliberadamente ou não. Este processo funcionou melhor quando as pessoas tinham um real interesse em que ficássemos melhores, ou seja, não nos repreenderam ou nos julgaram. Pessoas que se colocam como quem "sabe tudo" atrapalham mais do que ajudam. Melhor seria se fossem cortadas da conversação expressões como: Ah! Se fosse eu, eu faria assim, no seu lugar eu agiria assim, você tem que, por que você não faz isto ou aquilo, dentre outras expressões de indução a um determinado caminho. Essas expressões deveriam ser banidas do nosso vocabulário.

Em vendas, não há um só Gerente que não funcione como *coach*, mentor, conselheiro ou treinador. Essa é função própria de quem está à frente de uma equipe de vendas. Contudo, *coaching* não se confunde com treinamento, com consultoria, com *mentoring*, aconselhamento ou terapia. Segundo Anne Scoular em seu livro *Business Coaching*, "*mentoring* tradicional (ou treinamento ou consultoria ou aconselhamento) proporciona conselho, conteúdo e informação. *Coaching*, em contraste, coloca para fora a capacidade que as pessoas têm dentro delas". Ela diz também que *coaching* é tão poderoso que se fosse uma droga, ela seria proibida.

Para este artigo, *coaching* é um diálogo estruturado, para ser aplicado no relacionamento do Gerente de Vendas com seus vendedores, e destes com seus pares, mediante acordo e adesão voluntários, com objetivo desejado por todos, que é o melhoramento contínuo de todos envolvidos, inclusive e principalmente da empresa onde ele é praticado.

Coaching não é uma forma de manipulação, e também de dizer ao vendedor sobre o que ele deve fazer, e sim de questionar, perguntar para auxiliá-lo a descobrir, por ele mesmo, o que ele fez de errado e como fará da próxima vez para conseguir o seu objetivo. Segundo Linda Richardson, em seu livro "*Sales Coaching*", "a maior parte do *coaching* é aplicado em forma de dizer e avaliar, não de questionar e desenvolver". Ela também diz que há uma forma antiga de liderança e uma nova. Na antiga, a essência era a de controlar as pessoas, e na nova é um tipo de dar poder às pessoas, a fim de que elas possam ser o melhor que podem. É o que se chama de *empowerment*. Ela diz também nesse livro que o Gerente de Vendas deve passar desta função para o de *coach* em vendas, e assim poder auxiliar e apoiar os membros de sua equipe.

Para entender melhor o *coaching*, que é o processo, é necessário considerar os nomes que são dados a cada personagem e como funciona o processo. Quem faz o *coaching*, ou seja, aquele que utiliza este tipo de comunicação é chamado de *coach*, que neste artigo será o nome para o Gerente de Vendas, e quem recebe o *coaching* é chamado de *coachee* ou cliente, e para o propósito deste artigo, é o Vendedor.

A aplicação do *coaching* no diálogo construtivo para correção e desenvolvimento de vendedores, que pressupõe, antecipadamente, um respeito sagrado ao *coachee*, previne muitas desinteligências em relação a ele, pois não dá causa a danos morais por má comunicação, que possa violar a intimidade, vida privada, a honra e a imagem das pessoas, e nem mesmo assédio moral. Registra-se que com a proliferação de equipamentos portáteis, que gravam voz e imagem, tudo que se fala em uma reunião, pode está sendo gravado. O autor é advogado com prática forense e conhece meandros de processos trabalhistas que poderiam ser facilmente evitados com a aplicação da linguagem de *coaching*, que não julga, não manipula ou humilha quem quer que seja. Não se convoca um Vendedor para uma sessão de *coaching*, seja no recinto da empresa ou em campo. Se fosse assim seria uma agressão ao vendedor, e o resultado seria negativo. O Vendedor deve ser convidado para o processo com direito a não participar.

O *coaching* deve ser uma prática em todas as direções e níveis hierárquicos e, quando isso ocorre, no caso da equipe de vendas, desenvolve-se um processo de *coaching* entre pares, o que é ó nível mais desejado. Uma comunicação integrada totalmente voltada para os propósitos individuais e coletivos e, acima de tudo, da organização.

O Gerente de Vendas é quase sempre oriundo do quadro de vendedores, e trabalhou "solo" e, por ser campeão em vendas, fora guinado ao cargo de Líder dos Vendedores. As organizações privilegiam estes campeões e deixa de considerar se ele é o tipo de vendedor caçador ou é um agricultor, que cultiva relacionamentos e desenvolve parcerias, com real interesse pelo crescimento pessoal dos seus liderados. O grande desafio do Gerente de Vendas é não se deixar levar pelo ego e desejar ser o modelo para sua equipe, e nem se posicionar como alguém acima da verdade. Essa linha de subordinação tem sido um entrave para o bom desempenho do Gerente de Venda como *coach*. É difícil ser liderado por um "sabe tudo".

Outro entrave maior é a capacidade ilimitada de um vendedor de conseguir um "sim". Há toda uma técnica para fazer perguntas de amarrações até que o cliente diga um sim. O Gerente de Vendas sabe muito bem como manipular um interlocutor. Se quiser ser um Gerente *coach* em vendas, terá que ser empático e estabelecer objetivos claros sobre os resultados que quer. Todo processo de avaliação, *feedback*, correção, e de sugestões deve ser feito por meio de perguntas, o que permitirá ao Vendedor resolver por ele mesmo suas deficiências ou melhoramento de competências. As empresas que melhor se beneficiam do *coaching* são aquelas nas quais o *feedback* é uma prática comum e todos o aceitam e o desejam. No caso do *coaching* de vendas, o Gerente deve ser do tipo que pede *feedback*, ao assim fazer, ele se qualifica para dar *feedback*, só que no caso do *coaching* ele vem não falando, mas perguntando. A regra é não fale, pergunte.

Vendedores campeões são emocionais, vivem no ápice da emoção. São como atletas ou artistas, que precisam bater seus recordes. Afinal, vendedor é quem vende! E o Gerente de Vendas é quem o ajuda a vender mais e melhor. Se isso não ocorrer, segue-se um mal resultado. Todo cuidado é pouco quando se tem objetivo de praticar o *coaching* com vendedores. Um *feedback* mal dado causa um grande estrago. Observadas as regras do *coaching*, isso não acontece, pois o *coach* não julga e só faz perguntas. É um desafio fazer *coaching* com pessoas com quem se trabalha. É necessário autocontrole, disciplina, saber perguntar e ouvir com respeito e interesse, ser empático e ter comprometimento com o desenvolvimento do vendedor.

O *coaching* em vendas pode ser praticado em todas as fases da venda, especialmente na: prospecção, pré-abordagem, abordagem, apresentação e demonstração do produto, tratamento de objeções e fechamento. Também há o *coaching* para tratar de temas administrativos como: relatórios de vendas, inteligência em vendas, prazos, resultados, etc. As sessões de *coaching* são na maioria em campo para avaliação, apoio e auxílio na condução dos vários estágios da venda. O *coaching* tem sido mais necessário na fase de prospecção, nas chamadas frias (*cold call*), apresentação e demonstração do produto ou serviço, tratamento de objeções e fechamento. Em qualquer caso, é necessário planejar com cuidado a jornada conjunta do Gerente de Vendas e do Vendedor, devem ser privilegiadas visitas alternadas de novos clientes e clientes atuais, pois assim é possível apreciar o desempenho do vendedor nas duas situações.

A situação se torna crítica quando se trata de chamadas frias para marcar entrevistas ou pré-abordar clientes. George W. Dudley e Shannon L. Goodson, em seu livro The Psychology of Sales Call Reluctance, informam que seus estudos mostram que 80% de todos os vendedores que falham no primeiro ano fazem isso por insufici-

Coaching & Mentoring

ência de prospecção, e que aproximadamente 40% dos vendedores veteranos experimentam algum tipo de relutância para fazer chamadas de vendas. O *coaching* é altamente recomendado no desenvolvimento de vendedores para fazerem ligações de vendas para novos e atuais clientes. A dificuldade de prospectar pode ser superada com a aplicação de *coaching*.

Coaching pelo Gerente de Vendas: princípio é que o Gerente de Vendas tenha um objetivo bem claro de que ele quer o desenvolvimento do seu Vendedor, e que ele não é um julgador, que não é o modelo, e que o que ele quer é aprender sobre o desempenho do vendedor. A agenda deve estar bem clara para o Vendedor, que não deve ter surpresas com o processo.

Em uma visita de vendas conjunta, a regra é o Gerente de Vendas jamais iniciar a falar, dizer e dar *feedback* durante o processo de vendas do Vendedor, e não aparecer mais que o Vendedor. É necessário explicar ao cliente o "porquê da visita conjunta", e que é parte da rotina da empresa o Gerente de Vendas acompanhar Vendedores para conhecer os clientes. O Gerente de Vendas não deve conduzir a venda e, sim observar, sem anotar, o desempenho do Vendedor. Qualquer comentário ao Vendedor deve ser feito em outro local e hora apropriados. A análise do processo e sua avaliação devem ser precedidas de um acordo com o Vendedor, estando bem explicito que o objetivo é auxiliá-lo no seu processo de melhoramento, deixando que ele se autoavalie. Este é o princípio do *Autocoaching* que o vendedor passa a se questionar sobre seus métodos e resultados.

O Gerente de Vendas precisa aprender sobre o método de vendas do vendedor e se ele está de acordo com o planejamento da empresa e, para isso, ele deve estar atento e não participar da venda ou mesmo dar reforço. O Gerente de Vendas é um mero espectador no processo. Se ele entrar no processo, por sua maior posição hierárquica, ele tira a credibilidade do vendedor. A menos que a venda esteja sendo feita de maneira que ponha em risco a existência da empresa, o Gerente de Vendas deve se ater e não imiscuir na venda.

Finalmente, coberta toda jornada com o Vendedor, o Gerente de Vendas, conforme previamente ajustado com o Vendedor, marca sessão de *coaching* para uma avaliação mútua sobre o processo desenvolvido. O local da reunião não deve ser a sala do Gerente de Vendas, pois representa autoridade, e naturalmente o Vendedor não vê alguém no mesmo nível trabalhando para um entendimento mútuo, com o propósito de um desenvolvimento para os dois: um que aprende sobre o processo e está em condições de questionar com bons propósitos, e o outro com avidez para melhorar seu desempenho.

O processo é simples e é uma conversa sincera, de duas vias, em forma de parceria em que o Gerente de Vendas faz perguntas abertas sobre o processo, as quais começam sempre com: que, o que, como, quando, onde, qual, em que, fale mais sobre isso, explique melhor, etc. Devem ser evitadas perguntas começando com "por que" para não levar a sessão para um inquérito. Perguntas fechadas podem e devem ser feitas, e elas ajuda na confirmação de cada *insight* que o Vendedor teve na interação.

O roteiro de *coaching* aqui recomendado é simples: a empresa adota o *coaching* como forma de comunicação e desenvolvimento do seu pessoal, todos aceitam de bom grado este processo. Nenhuma pessoa é obrigada a participar do *coaching* e, uma vez acordado sobre os momentos em que o *coaching* será praticado, o Vendedor é convidado para seu processo, em comum acordo acertam as bases do processo, declarando os tópicos e objetivos, que devem ser limitados a dois ou três, as datas, os locais, e o tipo de relatório final, onde se descrevem os resultados, e as providências para possíveis reavaliações do aprendizado.

REFERÊNCIAS

RICHARDSON, Linda. *Sales Coaching*, McGraw-Hill, 1996-USA.

DUDLEY, George W. e GOODSON, Shannon L. *The Psychology of Sales Call Reluctance*, Behavioral Sciences Research Press, Inc. 1999-USA.

SCOULAR, Anne. *Business Coaching*, FT Prentice Hall, 2011-USA.

Coaching & Mentoring

31

Saindo do banco do carona: a Atitude *Coachee*

No artigo, "Saindo do banco do carona: a Atitude *Coachee*", somos motivados a dar o passo de fé, em que deixamos nossa zona de conforto e nos libertamos de diversas crenças, rótulos e preconceitos. Um estímulo à reflexão diante de escolhas e desafios. Não apenas como espectador de sua própria vida, mas tomando consciência da importância de agir e de se responsabilizar pelos resultados obtidos

Leonardo Amorim

Leonardo Amorim

Consultor de Recursos Humanos na HEACH Brasil, USA and Latin America em parceria com IEL-ES (Sistema FINDES). Experiência na elaboração e aplicação de ferramentas para Gestão de Pessoas, em processos de Recrutamento e Seleção, *Coaching* para líderes e equipes, Treinamentos e Desenvolvimento organizacionais. *Professional Coach* pela Academia Brasileira de *Coaching*, certificado pela Behavioral Coaching Institute (BCI). *Practitioner* em Programação Neurolinguística (IBEPP) e Colunista para o site do Jornal ES Hoje.

Contatos
www.heach.com.br
leonardoamorimrh.blogspot.com.br
leonardoamorimrh.wix.com/home
facebook.com/amorimleonardo
twitter.com/coach_leonardo
Skype: coach.leonardo
 leonardoamorim.rh@gmail.com

Muitas pessoas permanecem no banco do carona de suas vidas, sendo guiadas por aquilo que acontece com elas e não pelo resultado de suas próprias escolhas. Estamos acostumados a literalmente deixar a vida nos levar, jogando a responsabilidade dos eventos vivenciados sempre no outro e nos eximindo de qualquer culpa. O que chamo de Atitude *Coachee* consiste em se responsabilizar pelo volante, saindo da posição de espectador e assumindo o controle, deixando de se colocar como vítima dos acontecimentos e entendendo então que aquilo que acontece conosco mesmo que existam outros fatores é sempre resultado de nossa opção, mesmo quando a opção é não fazer nada.

É comum ouvirmos das pessoas as seguintes frases: "isso sempre acontece comigo!", ou ainda, "eu só conheço gente assim!". Temos o mau hábito de esperar que o resultado mude mesmo quando nossas ações continuam exatamente as mesmas, questione-se como seria possível mudar o resultado quando você está sempre repetindo as velhas atitudes. A única maneira de garantir mudanças é frequentando novos ambientes, conhecendo pessoas diferentes, aprendendo coisas novas, na verdade, a grande maioria das pessoas fica tão acomodada que já não se permite fazer algo pela primeira vez.

O passo de fé, assim como podemos ver no filme "Indiana Jones e a Última Cruzada", é com certeza a melhor definição de como nos sentimos quando estamos saindo de nossas zonas de conforto. No primeiro momento, completamente incrédulos sem enxergar a ponte entre onde estamos e nosso objetivo do outro lado, em seguida com muito medo de cair e fracassar, mas é somente quando colocamos o primeiro pé à frente, que enxergamos ser possível atravessar e que ali existe sim uma ponte que não víamos antes. Assim é com quem toma a Atitude *Coachee*, está disposto a arriscar, está disposto mesmo sem enxergar o caminho a se atirar.

É importante entender que nesse momento estamos extasiados com o poder que é dirigir nossas próprias vidas e que existem tantos caminhos nesse novo horizonte quanto se pode sonhar, e estes são limitados apenas por nossa imaginação e desejo, mas é preciso ter um objetivo claro para não se perder nesse novo mundo de possibilidades que se abre diante de nossos olhos. É fundamental na escolha dessa jornada saber aonde se quer chegar, quem vai estar lá com você, o que você ganhará e o que você perderá, reavaliando se os caminhos percorridos o aproximam ou o afastam de onde você realmente quer chegar.

Defina um objetivo, um bom propósito deve ser ecológico, afetando positivamente as pessoas, se o objetivo escolhido fere alguém ele precisa ser reavaliado. Tem de ser tangível, você é quem deve poder realizar, por isso, enquadre-o dentro de suas possibilidades. Estipule prazos coerentes para avançar cada degrau até a aquilo que deseja, dessa maneira você evita cair no perigo de postergar.

Busque ainda descobrir os obstáculos que você irá encontrar ao longo do processo, se concentre no que deve melhorar para atingir a sua meta, e todas as forças dificultadoras que poderá enfrentar, para que com isso você possa se preparar antecipadamente para as situações de desafio, sem esquecer que há sempre situações que irão fugir do projeto.

Faça uma conexão entre o momento atual e o objetivo futuro, visualize-se no momento da conquista e tudo o que você ganhou com aquilo, sinta aquela emoção, ouça as pessoas que estão a sua volta celebrando com você, invista todas as suas emoções, permitindo-se criar essa conexão você dará ainda mais força e significado para aquilo que deseja.

Nesse momento algumas pessoas irão perceber que você já não é mais como era antes, já não aceita ser passivo ao que acontece a sua volta, que algo em você verdadeiramente mudou e mudou para melhor, e como toda mudança isso cria em alguns o medo, medo esse que você enfrentou quando decidiu se responsabilizar por novos resultados. Algumas pessoas simplesmente não irão entender, não conseguirão apoiá-lo apenas pelo fato de não compreenderem os seus motivos e esse é com certeza um dos maiores riscos à jornada, pois sempre que saímos para um novo lugar alguns ficam para trás.

Existe ainda algo muito perigoso que vamos encontrar guiando por essas novas estradas, que são nossas crenças limitantes, penduricalhos pesados que carregamos como bagagem e que por diversos motivos não nos livramos. As crenças limitantes mais comuns têm suas origens nos rótulos e no preconceito, uma ótima maneira de revelarmos nossas crenças é por meio da generalização, quando generalizamos estamos criando um rótulo e como dito antes este é uma crença, na maioria das vezes vindo à tona quando vamos falar de um defeito que acreditamos ter, "sou muito... para isso". Vale a pena então nos examinarmos e a partir daí verificar se aquilo em que venho acreditando me faz bem ou não.

Quando descobrir sua jornada e reavaliar suas crenças, você precisará declarar o seu objetivo para que as pessoas possam ajudá-lo, é importante contar com alguém, o sucesso verdadeiro é aquele que beneficia as pessoas a sua volta. Mas faça isso com qualidade, não é todo mundo que precisa conhecer o seu objetivo e não é todo mundo que o ajudarão a se aproximar dele, muitos sequer compreenderão porque eles são tão importantes para você.

Solicite ajuda, muitas vezes por arrogância não deixamos que os outros nos apoiem, o sentimento de dívida não é positivo, de maneira alguma seja mal agradecido, entretanto, não fique querendo compensar, essa é uma maneira muito orgulhosa de não se permitir estar no nível do próximo. É muito comum também a pessoa achar que não é merecedora daquilo que ganha, sempre que recebemos algo como presente, sofremos com a armadilha de nos questionarmos se realmente merecemos, funciona assim, se consideramos algo muito bom, pensamos imediatamente se somos bons o suficiente para possuirmos aquilo.

Invista suas forças e agir, pois é a sua ação que tornará tudo realidade. Fazendo analogia a uma corrida, tome consciência de que se estará sempre mais cansado perto da linha de chegada. É comum as pessoas desistirem quando estão muito próximas de suas conquistas, nessa hora é importante focar no futuro, insista e persista, lembre-se que você está lutando para ter aquilo que sonhou. E comemore, não deixe que as vitórias passem em branco, dê valor ao seu esforço e seja agradecido a si mesmo e a quem o ajudou.

Nunca pare, pois assim como é importante realizar todo o processo de reflexão e de ação que tem na Atitude *Coachee*, é também entender a maneira dinâmica que nos relacionamos com o mundo e com as pessoas. Esteja sempre disposto a descobrir novas estradas, buscar novos propósitos, a encarar novos desafios por que engajar-se assim é tão gostoso quanto o autoconhecimento e satisfação que você sentirá ao ser motor de seus acontecimentos.

Nesse instante você já está se conhecendo melhor, está se sentindo muito mais forte e preparado, não quer mais ficar de braços cruzados, ficam cada vez mais gostosas e fluentes as suas ações, está mais seguro do que nunca de si, despertando e lapidando todos os seus pontos fortes e todo o seu potencial. Entende, valoriza e comemora o caminho dando importância para todos os passos que são dados, reconhecendo que se não fossem as dificuldades, as conquistas teriam menos cor, menos cheiro, menos sabor.

Agora você já é um motorista hábil de sua vida, sabe aonde quer chegar, enxerga as pessoas de maneira mais respeitosa, busca entender seus motivos e os outros pontos de vista. Aceita que há sempre a possibilidade de enxergar de outra maneira, de continuar aprendendo e, acima de tudo, de vencer.

Coaching & Mentoring

32

Trate as pessoas como ativos humanos e não dígitos

" Amas a vida? Então não desperdices o tempo, pois é de tempo que a vida é feita".
(Benjamim Franklin)

Luigi Trevisioli

Luigi Trevisioli

Master Coach ISOR®, certificado pelo Instituto Holos – que é aprovado e certificado pelo ICF (*International Coaching Federation*) – em *Coaching, Mentoring e Holomentoring – Professional, Self & Life Coaching. Teams, Leadership & Executive Coaching ISOR®.* Membro Associado do ICK – Instituição Cultural Krishnamurti; Membro Associado do Centro Shambala de Meditação. É um profundo estudioso das relações e comportamentos humanos, bem como autocura, meditação e equilíbrio mental. Sua atuação está focada no desenvolvimento de *Life Coaching;* assim como no design de programas customizados de *Life & Self Coaching.*

Contatos
www.trevisioliconsulting.com.br
luigi@trevisioliconsulting.com.br

Luigi Trevisioli

É Plenitude

As pessoas querem diversas coisas na vida. Mas, com certeza o que elas mais desejam é felicidade. Pare e pense: Para que tudo isso? Diga-me, para que perseguir tudo que você persegue hoje? Ser feliz. Essa é a resposta para as perguntas. Você trabalha para ter dinheiro, para ter uma casa, um carro, ir à academia, comprar bens, etc. Tudo isso, porque acredita que só assim poderá ser feliz. E acha que precisa de um amor avassalador, que precisa de mais dinheiro, mais espaço, mais prestígio, mais diplomas, mais e mais e mais. De onde surgiu essa mentalidade? Por que você acredita nisso?

A começar, você é influenciado pela sociedade, pela mídia, pelos paradigmas atuais e por todo meio externo em que vive. Afinal, vivemos numa sociedade capitalista, imagine se todos acreditassem que poderiam ser felizes sem nada, o que seria do sistema? O segundo fator é o impulso natural do homem de copiar. É isso mesmo, você pode até achar que é bastante autêntico, mas vem copiando coisas e comportamentos desde o dia em que nasceu. Então, você foi intuitivamente ensinado que caso quisesse chocolates, deveria pronunciar o mesmo som que os outros pronunciavam ao pegar a caixa de bombons. Foi ensinado que para "ir bem na escola" deveria se mirar no "nerd" da turma. E esse processo se seguiu por toda sua vida. Então, quando você quer ser feliz, se mira num *role model* de felicidade (ou pelo menos um que lhe pareça feliz). Ocorre que para felicidade, não é este o caminho. Por que tudo aquilo que é felicidade para um, pode ser o pior dos cenários para outro. E esse erro, traz a todos uma profunda frustração.

Veja bem, tudo o que quer é ser feliz. E para isso, você, como todos os outros seres humanos, não mede esforços. Passa então, a trabalhar cada vez mais, a angariar cada vez mais patrimônio e bens, a querer controlar cada vez mais as situações de sua vida para que tudo dê certo e você possa ser feliz. Mais e mais e mais. E tudo para quê? Ser feliz. Ora, essa é uma expressão um tanto quanto forte para ser utilizada não é? Afinal, o que é ser feliz? Será que é possível responder a essa pergunta? Tente perguntar para você mesmo ou a alguém: "por que sou (é) feliz?"; ou então "como é ser feliz? Descreva a felicidade". Difícil, não é?

Se você ou o alguém não conseguir responder a essas perguntas, não se preocupe, pois até mesmo a ciência, que procura a resposta para esse *puzzle* há séculos, não conseguiu responder. Isso acontece, por que estamos tratando de um sentimento, de um estado de espírito. Afinal, todos nós sabemos, ou pelo menos todos aqueles que se sentiram verdadeiramente felizes, que a felicidade vai muito além de uma dose de dopamina. Mas, vamos manter as coisas simples, sem dissecar o que acontece em nosso cérebro enquanto nos sentimos felizes. Veja, indagar e investigar tais perguntas é adentrar numa seara desconhecida, num labirinto sem saída. Por que não existe resposta correta. O porquê se é feliz – a razão exata – permanece como um enigma.

É justamente daí, que nasce a grande dificuldade das pessoas. Elas acreditam que não existe uma "fórmula" que possa ser seguida a fim de encontrar a felicidade. Muitas acreditam que aqueles que são felizes ganharam na loteria da vida, ou estão simplesmente mentindo. Esses tipos de pensamento são muito comuns. E assim, as pessoas vão existindo, se contentando com pequenos *flashes* de felicidade, mas sem nunca perder a esperança e determinação de serem felizes.

É essa determinação que engaja as pessoas numa verdadeira *luta* em suas vidas. *Luta*, essa, que se resume às suas buscas por todas aquelas coisas que acreditam que as levarão à felicidade. Entretanto, não encontram nada além de frustrações. Isso, por que, a busca não é tão simples quanto lhe contaram naquela história. Que história? Ora, faça uma força para se recordar... Aquela que lhe contavam quando você ainda era uma criança. Aquela que, hoje, conta para seus filhos: "curse uma boa faculdade, torne-se um excelente profissional, trabalhe em renomadas empresas, junte dinheiro, case, tenha filhos, tenha tudo o que quiser e seja feliz para sempre...". Não sou eu quem irá lhe dizer que a história não é tão simples assim. Que existem diversos percalços pelo caminho. Isso, você com certeza já percebeu. Ocorre que, embora já tenha percebido, sua memória, ao longo dos anos, foi armazenando tudo aquilo que já viu, ouviu e entrou em contato; separando grande parte dessas experiências em dois grupos: o que faz ser feliz; e o que não faz ser feliz. Então, porque um dia você leu ou conheceu pessoalmente uma história de um casamento mal sucedido e a infelicidade que isso acarreta, se esforça – entre outras razões, por óbvio – para manter um casamento bem-sucedido. Por que um dia viu alguém que tinha um carro importado e lhe parecia bem feliz, você, automaticamente, e inconscientemente, traduz isso como: "preciso de um carro importado para ser feliz". É claro que esses são exemplos elementares, com função puramente ilustrativa, mas acredite, sua mente faz essa seleção e estereotipação de memórias. Não só faz essa seleção de memórias, mas também, influencia o seu comportamento e suas concepções. Assim é a mente humana, cria ilusões que podem perdurar por toda uma vida, e às vezes é capaz de nos pregar boas peças. Chamamos todas essas criações de marcas mentais; e, aquelas que nos prendem a estereótipos, padrões, coisas e crenças, de correntes mentais.

As marcas mentais e correntes mentais são responsáveis por todo esse contexto que toma parte em sua vida. Você vive da forma que vive, com suas manias, crenças, padrões, etc., devido a elas. Não se preocupe, pois não é só você, toda a humanidade age de acordo com seus padrões mentais. E muitos desses acabam se revelando – durante a vida de uma pessoa – correntes mentais, por aprisioná-las a crenças, estilos de vida e comportamentos que não estão de acordo com suas respectivas buscas.

É imerso nesse contexto que o ser humano dos tempos atuais distorce sua busca. Cria em sua vida uma realidade desumana. E vive, hoje, num ritmo frenético de fazer, de manter, de controlar, de angariar, de mais luxo, mais conforto, mais sucesso, de mais e mais e mais. E, mesmo assim, não consegue encontrar a peça que falta em seu *puzzle*. Por isso que todo começo de ano, inclui novas tentativas naquelas famosas listas: "neste ano, eu preciso emagrecer, comprar um carro novo, dar entrada numa casa nova, por isso vou pedir um aumento, também preciso me cuidar mais, vou contratar um *personal trainer* e vou...". Ainda assim, se for um exemplo de comprometimento e conseguir cumprir todas as suas metas, não consegue alcançar aquela felicidade que seus pais falavam. E é assim que a frustração do ser humano só aumenta. Os fracassos em sua principal busca só se acumulam, ano após ano.

Não é à toa que somos a geração mais deprimida da história. As prescrições de receitas de psicotrópicos antidepressivos chegam a mais de 100 milhões por ano só nos EUA. Imagine quantas são pelo mundo todo. *Prozac* nunca foi tão popular neste planeta. Mas deprimido ou não, com ou sem *Prozac*, as pessoas não param. É incrível, simplesmente incrível. Você está frustrado, deprimido, com um sentimento de vazio enorme e crescente dentro de você; e, mesmo assim não para nem por um minuto para refletir ou meditar sobre sua vida. No máximo, por poucos segundos enquanto engole sua pílula.

Assim, você fica cada vez mais estressado e insatisfeito. E note como se forma um ciclo sem fim. Pois, essa insatisfação e esse vazio só levam a intensificar sua busca por mais e mais. Além disso, deixa se de viver Aqui e Agora. Você se esquece de seu presente. Afinal, não poderia ser diferente, já que está cada vez mais preocupado com o futuro e gastando um pedaço enorme de seu tempo se arrependendo do passado. Assim se esquece de que está vivo, e de que a vida está acontecendo ao seu redor, agora.

Com esse ciclo em ação, as obrigações se acumulam e outras novas não param de surgir: é o aluguel, a prestação, a escola de seus filhos, a dívida do carro, da roupa, etc. E você está cansado? Decepcionado? Bem, nada muda. Ninguém para. O mundo não para.

E suas feridas ficam abertas. E seus anseios ficam jogados num canto. Enquanto isso, você também não para. Afinal, só tem obrigações a cumprir. É um verdadeiro sobrevivente! E tem que lutar por essa sobrevivência, tem que "matar um leão por dia" nessa selva de pedras em que vive. Aliás, deixe-me perguntar, quando foi a última vez que ouviu a palavra humano antes de começar a ler esse texto?

Responda se quiser, mas desafio você a lembrar de uma ocasião que não tenha sido um documentário da evolução humana no *National Geographic;* ou algum erro associado à famosa frase "errar é humano". E eu não o culpo por isso, porque ninguém imerso neste contexto que falamos, tem tempo para lembrar que é humano. Na verdade, nada de humano é exigido de você no decorrer de seus dias. "Crédito ou débito?"; "Quer açúcar ou adoçante?"; "Você descumpriu nossa política!"; "Você está atrasado!". Todos os dias você é indagado se "está tudo bem" por pessoas que na realidade pouco se importam e não querem saber... Você sabe do que estou falando, porque também faz isso.

As pessoas criam a sua volta essa realidade de uma "selva de pedras" na qual todos são concorrentes, inimigos, potenciais ladrões e terroristas. E nessa realidade, precisam ser as melhores, precisam se destacar, superar os concorrentes e vencer os inimigos. E enquanto fazem tudo isso, esquecem-se de que estão vivas, da fraternidade, carinho e amor, de suas humanidades; e passam a interpretar um papel de "Operárias Cibernéticas". Não é à toa que esta é a geração mais deprimida e estressada.

Também não é à toa que não consegue encontrar o que tanto busca: a felicidade. Estão, pois, buscando fora o que poderiam encontrar dentro. Busca comprar as peças para completar seus *puzzles*, quando, na verdade, deveria olhar melhor a caixa na qual eles viera. Estão, portanto, condicionando a felicidade a fatores externos, tais como títulos, diplomas, bens, amores, vitórias e conquistas. Quando tudo isso representa um meio, uma ferramenta; e não um fim. Isto é, você não vai ser (mais) feliz por possuir mais bens, ou por ter um título *Phd*. Embora, isso possa representar uma ferramenta para que constitua uma vida feliz. É por isso que essa é uma busca infrutífera. É uma ilusão. E é por todo esse conjunto de fatores que os seres humanos vivem abatidos por uma terrível frustração, e são alimentados por um desejo de busca incessante. No fundo, a felicidade desejada pela maioria não passa disso. Uma ilusão, apenas uma ilusão.

A "fórmula da felicidade" não existe, de fato. Mas a "fórmula para a felicidade" existe. É impossível determinar uma série de componentes para serem acoplados na vida de uma pessoa, e afirmar que eles garantirão felicidade. Entretanto, é possível criar um processo na vida de uma pessoa, cuja consequência será a felicidade. Isto é, a adoção e uso de uma série de ferramentas, bem como a incorporação de novos conceitos na vida de indivíduo, propicia um ambiente favorável para o florescimento da felicidade.

Florescimento. É isso mesmo. Não fique pasmo, mas a felicidade é algo completamente natural, e a fábrica dela está dentro de você. Ocorre, que infelizmente, ninguém nos ensinou, na escola, a produzi-la. Na verdade, ninguém nos ensinou a nos automotivarmos, a falarmos em público e a sermos bons vendedores. Ninguém nos ensinou todas essas coisas, hoje, imprescindíveis em nossas vidas, e que muitas vezes nos fazem tanta falta. E você sem saber, existindo da forma que existe, cria um ambiente completamente inóspito para o florescimento dessa coisa que tanto busca.

Então, o convido a parar de existir e começar a viver!

Para ser feliz, será necessário que você seja bem sucedido (por favor não confunda sucesso com dinheiro); ame e seja amado (seus semelhantes; e por seus semelhantes); que você se doe àqueles que precisam; que renove sua vida e sua mente; se liberte das correntes mentais; e viva aqui e agora. É preciso, em outras palavras, ser pleno para ser feliz. É preciso se sentir completo. Só assim será capaz de atingir aquele nível de felicidade que tanto procura. Aquela felicidade sublime, que todos, ao menos uma vez, puderam experimentar.

Para isso, não precisa de uma casa maior, ou um carro novo, ou uma esposa ou um marido. Precisa estar em paz com você mesmo. Precisa de limpidez de mente, de clareza, bem como tranquilidade em sua consciência. É ter o poder oriundo da consciência da identidade própria. E quando se sentir pleno, verá as barreiras caírem e mágoas se dissolverem. Verá uma reconciliação de você com você mesmo. Uma paz inabalável, uma verdadeira lucidez de seu lugar no Mundo e no Universo.

E então perceberá que o amor que sempre buscou é o seu, que as peças para seu *puzzle* estavam ali em sua frente todo o tempo. E então perceberá que sua felicidade é incondicional, que o enigma está resolvido; e que a chave é a Plenitude.

Coaching & Mentoring

33

Gestor, líder e *coach* – Mitos e realidade

Você já pensou nas diferenças que existem nas práticas do Gestor, Líder e *Coach*? Embora tão distintas, por que usamos uma pela outra?
Este capítulo levará você a esclarecimentos, ampliação e questionamento sobre o papel de gestores e líderes e o impacto do poder no desempenho desses diferentes papéis.
Espero que, ao final, você consiga abandonar velhos paradigmas, amplie sua visão e saia se perguntando sobre um futuro sem liderança ou onde todos seremos líderes

Marco Antonio Ornellas

Marco Antonio Ornellas

Psicólogo com Especialização em Comportamento Organizacional pela Califórnia American University. Mestrando em Biologia-Cultural pela Escuela Matriztica e Universidade Mayor do Chile. Tem formação em *Coaching* e em Dinâmica dos Grupos. É consultor Certificado em Liderança Situacional pelo Center for Leadership Studies - Califórnia em 1988 e em Liderança Situacional II pela Blanchard Training and Development, Inc. em novembro de 2000. É professor convidado da FIA-USP e Diretor Acadêmico do MBA em RH com ênfase em Consultoria e Desenvolvimento Organizacional. Membro fundador da ICF – International Coaching Federation, São Paulo. Consultor e Diretor da Ornellas & Associados.

Contatos
www.ornellas.com.br
www.facebook.com/OrnellasAssociados
marco.ornellas@ornellas.com.br
(11) 4612-8047
(11) 99196-3120

Marco Antonio Ornellas

Conceituando Gestor e Líder

Muito se tem falado nos últimos tempos sobre gestão e liderança. Gestão está ligado ao cargo que um profissional ocupa dentro de um sistema. A organização outorga o poder para um indivíduo realizar os objetivos e resultados esperados. Cabe a ele planejar, organizar e alocar as competências para esse fim. Os planos e os controles dão a direção e o caminho da realização. Muitas vezes, confundimos e denominamos esse comportamento como liderar.

Gerenciar está ligado aos aspectos puramente racionais e objetivos do trabalho. Olhamos o mundo através dos dados e das informações. Analisamos e tomamos decisões objetivas, na grande maioria das vezes olhando para o que realizamos, ou seja, para o passado e o presente, nunca ao futuro.

Já liderar está relacionado ao poder outorgado pelo grupo, seja ele gerente ou não. Quantos não são os lideres existentes nas nossas organizações? Esse, por sinal, é um grande indicador de uma organização vencedora.

Líderes olham o subjetivo, o emocional, tomam decisões baseadas na intuição, *feeling* e percepções. Quantas vezes apostamos num caminho, mesmo sem termos nada de concreto?

Segundo Edgar H. Schein "a função única da liderança que a distingue da gestão e da administração é a preocupação com a cultura. Os líderes iniciam a criação do processo cultural e devem também gerenciar e, às vezes, mudar a cultura."

Sua visão inspira e motiva a todos. Suas ideias perturbam os corações e almas. Muitas das vezes, as pessoas ficam envolvidas, estimulam-se e seguem seus líderes. Líderes criam, empreendem, atuam em campos novos, por onde outros nunca passaram.

Líderes motivam e apoiam o desenvolvimento de pessoas. São os lideres que nos fazem crescer e aprender. Quantas vezes você já se sentiu estimulado por um líder? Quantas vezes desejou abandonar uma empresa pela falta de um líder? As pessoas não abandonam e se desligam das empresas e sim dos gerentes que têm!

Tanto Gerenciar como Liderar implicam conseguir resultados através das pessoas, porém, só o líder é capaz de congregar pessoas para que realizem os objetivos da empresa de forma positiva.

Precisamos de líderes que desafiem a situação, criem visões de futuro e sejam capazes de inspirar os membros da organização a querer realizar essas visões. Também precisamos de gestores para elaborar planos detalhados, criar estruturas organizacionais eficientes e gerenciar as operações do dia a dia.

"O líder precisa aprender que seu poder depende muito mais de sua humildade e capacidade de apoiar seus colaboradores do que de sua perícia técnica. Suas ferramentas são a delegação, o empoderamento, a defesa da visão e um comportamento coerente com os valores."

Líderes e seguidores

Segundo Mintzberg "toda vez que usamos a palavra liderança, temos de lembrar que ela isola um indivíduo e trata os demais como seguidores. É esse o mundo que queremos? De seguidores? Isso tornará melhores nossas instituições e nossa sociedade?"

Esse modelo de liderança e gestão já não nos faz falta. O contexto pede mais autonomia e participação das pessoas. A nova geração domina a tecnologia, tem habilidade para a multitarefa, conexão e facilidade de comunicação e quer ser ativo no processo, não querendo ocupar um papel meramente de seguidor.

A metáfora do maestro e sua orquestra já não faz mais sentido. Uma banda de *jazz* melhor ilustra essa ideia. Todos sabem onde se quer chegar, todos estão conectados com o público, improviso e integração das diferentes competências e instrumentos num processo contínuo de influenciado e influenciador.

Muitas vezes, fica difícil imaginar qual deles têm papel diferenciado, se é que algum deles tem. Não há posição diferenciada pelo papel que ocupa, talvez pelo instrumento que toca, assim como na arquitetura dos escritórios modernos, a disposição de mesas, armários e cadeiras.

Na banda de jazz, todos são protagonistas, responsáveis, treinaram muito, estão em harmonia e têm um profundo respeito e admiração, um pelo outro. É nesse mundo que estarão presentes as novas gerações. Se hoje não vivemos esse mundo, tenho absoluta certeza que esse será o mundo das novas gerações.

No mundo previsível, o líder que ensina e dirige os caminhos faz todo sentido. Hoje não há mais nenhuma previsibilidade. No futuro, a previsibilidade será ainda menor, as mudanças estarão mais presentes, o avanço tecnológico só está começando. O processo de desenvolvimento acontece, o outro cresce, amplia visão, compreende seu mundo, passando a ter opiniões, percepções e a influenciar outros. É o movimento do influenciar e ser influenciado. Crescemos, influenciamos e lideramos outros, num contínuo dinâmico e crescente.

O nascimento do Líder Coach

Houve um tempo que a sociedade necessitava de um gestor, capaz de organizar, planejar e entregar resultados. Seguimos com uma sociedade mais desenvolvida e participativa, onde o contexto demandou que líderes nos inspirassem com suas visões e direções futuras. Hoje e no futuro, num ambiente de alta conectividade, complexidade e imprevisibilidade, precisamos de pessoas maduras, autônomas, responsáveis e protagonistas da sua própria história. É nesse contexto que falamos de um líder *coach*.

Entretanto, cabe aqui uma distinção bastante importante: quando falamos de líder *coach* não estamos falando de um processo conduzido por um *coach* profissional. Ambas ações tem muitas diferenças e não podem ou poderão ser substituídas, ainda que cada uma delas tenha sua importância e resultado.

Um líder *coach* nos dá *feedback*, ajuda-nos a descobrir nosso potencial e áreas de interesse, pode até nos ajudar a abrir oportunidades dentro da empresa e a nos encorajar a tomar iniciativa quando nos sentimos inseguros ou em dúvida. Já um *coach* profissional nos prepara para a vida e nos ajuda a realizar nosso potencial. Com um *coach* profissional podemos desabafar, falar sobre nossas dificuldades, medos e alegrias.

O Líder *coach* é o que desejamos e desenvolvemos nas organizações. Não é fácil de identificar, nem tão fácil desenvolver, mas é uma meta e uma missão a ser perseguida.

Acreditamos que com mais líderes *coaches* poderemos desenvolver mais e mais as pessoas, num caminho de um mundo sem liderança, ou quem sabe de um mundo com lideranças em todos os níveis.

Liderança e o exercício do poder

O conceito de poder está intimamente relacionado com o de liderança, porque o poder é um dos meios pelos quais um líder influencia o comportamento das pessoas. Considerando essa relação entre liderança e poder, Hersey, Blanchard e Natemeyer julgam que os líderes não devem apenas avaliar seu comportamento de líder para entender como efetivamente influenciam outras pessoas, mas também examinar o poder que têm e usam.

Apesar do uso generalizado na literatura, há muita confusão quanto à sua definição. Frequentemente, as definições dadas pelos estudiosos não distinguem claramente o conceito de poder e outros conceitos, como influência e autoridade. Liderança é simplesmente qualquer tentativa de influenciar, enquanto o poder do líder é o seu potencial de influência. Isto é, o poder é o recurso que permite um líder influenciar os outros e obter resultado. Liderança é o exercício do poder!

A força do poder pessoal

Poder pessoal não é controle, de maneira nenhuma. Precisamos de líderes que estejam dispostos a *empoderar* as pessoas, para que elas tenham força para lutar por si mesmas e seguir suas trajetórias. Precisamos de pessoas *empoderadas* e autônomas.

Num mundo que as informações estão tanto na ponta como no centro, em que não há mais segredos de gabinetes, onde o conhecimento está espalhado, onde os consumidores estão mais ativos e os *stakeholders* mais exigentes, é fundamental o conceito de divisão e distribuição do poder pessoal.

Os gerentes precisam entender que o poder do cargo é finito. Só existe uma determinada quantidade de poder do cargo disponível. Se estiver nas mãos de um outro, do sistema, na organização, você não o terá.

Se os gerentes só dispõem de uma parte do poder, precisam aprender a usá-lo de maneira mais saudável. Além disso, se antes costumavam confiar no seu poder de posição, agora deverão procurar sustentação em bases de poder pessoal.

Bases do Poder

Foram desenvolvidos muitos sistemas de classificações de poder, mas o esquema proposto por French e Raven parece ser o mais amplamente aceito. Esses autores propõem cinco bases diferentes de poder. São elas: poder de **coerção**, poder de **competência**, poder de **legitimidade**, poder de **referência** e poder de **recompensa**.

Posteriormente Raven, em colaboração com Kruglanski, identificou uma sexta base de poder; o poder de **informação**. Finalmente, em 1979, Hersey e Goldsmith propuseram uma sétima base: o poder de **conexão**. Essas sete bases de poder, identificadas como possíveis meios para influenciar com sucesso o comportamento de outros indivíduos, são definidas conforme segue:

- **Coerção** baseia-se no temor, na dor, na punição, na execução de tarefas desagradáveis, repreensão ou até na demissão.
- **Recompensa** baseia-se na recompensa em termos de salário, promoção ou de reconhecimento.
- **Conexão** baseia-se nas "conexões" do líder com pessoas importantes ou influentes dentro ou fora da organização.
- **Legítimo** baseia-se na posição ocupada pelo líder. Quanto mais elevada for a posição, tanto maior será a legitimidade.
- **Informação** baseia-se na posse ou acesso de informações, consideradas importantes pelos outros.

- **Competência** baseia-se na experiência, habilidade e conhecimento que o líder possui.
- **Referência** baseia-se nas características pessoais do líder que o torna estimado e admirado pelos outros.

A percepção que os outros têm do poder de um líder é que dá a este a capacidade de induzir o cumprimento de suas ordens ou de influenciar o comportamento dos outros.

A capacidade de uma pessoa sem documento de identidade descontar um cheque não depende só dos fundos que ela depositou no banco, depende também da imagem que ela transmite. Portanto, a base de poder de um indivíduo – como, por exemplo, a riqueza – precisa ser conhecida pelos outros para ser usada eficazmente. Por isso, para que possam aumentar suas possibilidades de influenciar com êxito o comportamento dos outros, os líderes precisam saber quais as fontes de poder que essas outras pessoas veem neles. Também é importante que os líderes comuniquem aos outros o poder que realmente possuem.

Gestor, Líder e Coach e as Bases do Poder

Gestores sustentam suas ações e direção baseados no poder da posição que ocupam. Utilizam-se da coerção, recompensa, legitimidade e, muitas vezes, das conexões que têm. Precisam e acreditam que as pessoas cumprirão suas direções pelo medo, pela recompensa, pelo seu cargo ou eventualmente pelas lideranças superiores que conhecem na organização.

Líderes sustentam sua liderança baseados na conexão que estabelecerão dentro da empresa, legitimidade que conquistaram e nas informações e competências que dominam. O líder *coach*, por sua vez, sustenta suas influências e ações no poder da informação que dispõe, das competências que domina e, por fim, das características pessoais e da empatia e admiração que desperta nas pessoas quando das suas relações.

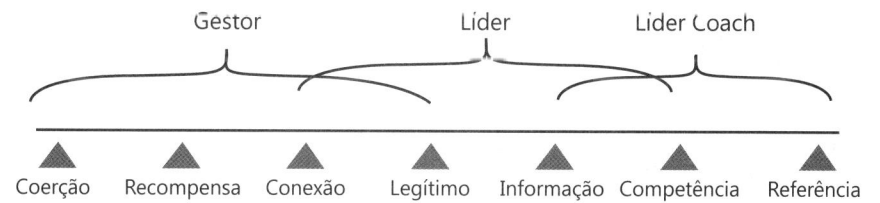

Gestor	Líder	Líder Coach

Coerção | Recompensa | Conexão | Legítimo | Informação | Competência | Referência

Se o poder é conferido, se é o outro na relação que outorga o poder para os líderes, é difícil imaginar que um gestor percebido como ameaçador ou autoritário possa despertar ou estimular o processo de desenvolvimento pessoal e profissional. Líderes que são percebidos com competência e informação podem, até certo ponto, estimular e propiciar o desenvolvimento das pessoas, ainda que numa relação complementar e de dependência.

Acreditamos que somente uma relação madura e de autonomia possa ser estimulada por um líder *coach*, cujo poder outorgado é o da admiração, identificação e referência.

Conclusões:

Vivemos numa era de grandes transformações. Saímos de um paradigma de gestor como supervisor e diretor, para uma relação baseada na visão, inspiração e troca. O movimento não se findou, ao contrário. O surgimento das novas gerações são a constatação dessa realidade. O crescimento e o protagonismo estão em todas as partes e em todos os níveis.

O poder do seguidor é uma mudança cultural e contextual. O avanço da tecnologia levando informação a mais e mais pessoas, a conexão e uma maior autoexpressão é outro fator importante. Precisamos preparar os mais jovens para exercerem uma liderança eficaz e socialmente sustentável. É chegada a hora de prepararmos as novas gerações para uma atuação mais responsável, num "mundo sem liderança" onde todos possamos atuar como líderes, num movimento contínuo de influenciar e ser influenciado.

Podemos criar e preparar líderes com rapidez e facilidade se nos dedicarmos a olhar a liderança sob outro ponto de vista. Essa história e movimento só estão começando.

Que bom poder participar desse movimento!

34

O *Coaching* e o *Mentoring* - Metodologias para a transferência do conhecimento

Conhecimento, aprendizagem e tomada de decisão são temas que possuem interface no dia a dia das pessoas e das organizações. O *coaching* e o *mentoring* são metodologias que contribuem para a transferência do conhecimento necessário para ultrapassar a barreira do comum, com excelência na vida pessoal e nas organizações

Maria Eugenia Souza de Athayde Nunes

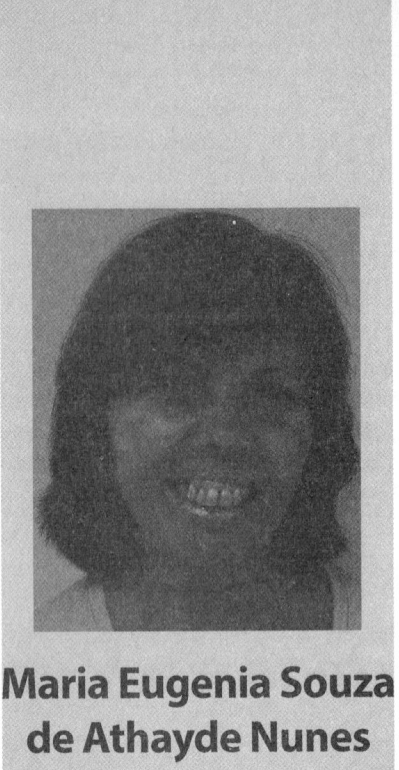

Maria Eugenia Souza de Athayde Nunes

Poetisa, palestrante, instrutora em cursos e oficinas no setor público e privado. Assistente Social pela Universidade de Brasília. Possui especialização em Terapia Familiar Sistêmica pela Agora & Academia Terapêutica. Pós-graduada em Educação para a Terceira Idade pelo CETEB/GAMA FILHO, e Administração e Planejamento em Projetos Sociais – GAMA FILHO. Possui formação em *Coaching* para atuação com Pré-aposentados, pela empresa Estilo Profissional; em *Coaching Evolutivo* pelo Instituto Internacional de *Coaching*. Membro do *Internacional Coaching Federation* – ICF. Coordenou a realização dos Congressos Brasileiros "Saúde e Aposentadoria" pelo Instituto Agilita. Atuou como Assistente Social nos Correios, na coordenação de ações sociais corporativas. Desde 2007 integra a equipe da Gerência de Carreiras, no Departamento de Desenvolvimento Organizacional e de Pessoas dos Correios, onde coordena ações voltadas para a implantação do *coaching* na organização.

Contatos
http://mariaeugeniadeathayde.blogspot.com.br/
coachmariaeugenia@gmail.com
https://www.facebook.com/mariaeugenia.deathayde
Skype: mareugenia5
(61) 9218 6572

Maria Eugenia Souza de Athayde Nunes

Perguntar é uma excelente saída para quem deseja aprender. As perguntas costumam conduzir a novas perguntas. O exercício conduz a prática de um jogo saudável. Dúvidas, curiosidades e reflexões compreendem o caminho de todos aqueles que buscam se desenvolver e ultrapassar obstáculos para uma vida plena.

Esta conversa pretende situar-se no universo do desenvolvimento das pessoas a partir da contribuição do *coaching* e do *mentoring*, no que diz respeito a vencermos na vida pessoal e profissional. E, em como essas ferramentas podem contribuir para a transferência do conhecimento.

Antes, uma consideração sobre a elaboração de perguntas. Você já pensou sobre a arte de perguntar? Costuma estar atento à maneira como realiza suas perguntas? E, em como busca as respostas? Esse exercício é importante para quem tem sonhos e deseja realizá-los. Pessoas e organizações possuem sonhos. Para realizá-los, as pessoas precisarão de um plano de ação, e a organização precisará de um plano estratégico. Os planos servem para nortear o caminho rumo aos objetivos.

WOLK (2008, p. 33) diz que "os modelos mentais formam parte de nossa existência. Operam permanentemente em qualquer âmbito de nossa vida, condicionando as nossas percepções. Sobre essas percepções haverá interpretações e estas, por sua vez, definirão nossas ações".

A afirmação oferece a oportunidade para analisar a forma de elaborar perguntas. Sobretudo reconhecer que possuímos um modelo mental. Entrar em contato com o próprio modelo é essencial para conhecer a nossa capacidade de observar, escutar, elaborar perguntas e agir.

A realidade, em que nos situamos permite a prática da observação dos fatos. E, com isso, o texto, dito em conversas a respeito dos fatos e o subtexto, oculto, nas entrelinhas. Quando há domínio da observação, temos um olhar diferenciado. Aprendemos a ver o que é importante. E, também realizar a auto-observação. Precisamos perceber se nos apoiamos em fatos ou julgamentos, baseados em nosso modelo mental. Observar é algo que podemos aprender.

Imagine um fotógrafo que tivesse a missão de apresentar originalidade em fotos de uma realidade conhecida por ele. Ao ser solicitado para novas fotos desse lugar, o que ele faria para obter outro resultado? Em REIS (2010, p. 97) "as respostas estão na capacidade de entender que possibilidades são oferecidas pelos acontecimentos e pelo contexto no qual se está inserido". Devemos avaliar a forma utilizada para a elaboração de perguntas, com a intenção de conhecer a realidade e, consequentemente, tomar decisões.

Essas reflexões abrem caminho para a abordagem do *coaching* e do *mentoring*, na gestão do conhecimento. Em Almeida (2011, p. 2) "o conhecimento tem caráter subjetivo e complexo, correspondendo a "todo o conjunto de aprendizado e habilidades que indivíduos (não máquinas) usam para resolver problemas" [...]". Isso nos interessa. Queremos encontrar respostas para nossas perguntas. Afinal, o que realmente queremos? Como vencer em nossas vidas? E mais, quando dizemos que queremos vencer. Sobre o que estamos falando? O que significa vencer na vida pessoal? No âmbito profissional? E, quais as barreiras a serem ultrapassadas? Qual o conhecimento a ser adquirido para alcançarmos nossos objetivos?

Perguntas bem elaboradas propiciam o desenho de passos que permitem sair do estado atual, rumo ao estado desejado. Passos que integram um plano de ação.

"Há um tempo em que é preciso abandonar as roupas usadas, que já têm a forma do nosso corpo, e esquecer os nossos caminhos, que nos levam sempre aos mesmos lugares. É o tempo da travessia; e se não ousarmos fazê-la, teremos ficado, para sempre, a margem de nos mesmos".
Fernando Pessoa

Essas metodologias oferecem espaço de escuta ativa, em que o dito e o não dito se fazem visível. Informam o tom, o conteúdo da fala, a pausa e o gestual. Uma comunicação que integra a essência do fazer dos profissionais. O *mentoring* possui um campo amplo de atuação em relação ao *coaching*. E, uma probabilidade de maior grau de vínculo interpessoal, além de poder utilizar as técnicas do *coaching*.

DISMORE (2007, p. 78) "apesar das semelhanças entre o *coaching* e o *mentoring* os focos são distintos. O *coaching* dentro do contexto corporativo visa dar apoio a questões específicas e busca facilitar o processo decisório do seu cliente no que diz respeito às questões estratégicas ou específicas".

O *mentoring* é uma prática de orientação. Possui historicidade. Existe desde o início da humanidade. Surge com o desenvolvimento da linguagem e a necessidade de sobrevivência. Protagonizado por pessoas experientes, dentro de um modelo formal, ou informal por meio das práticas, nas culturas e sociedades. A humanidade sobreviveu com o desenvolvimento da linguagem. Isso possibilitou a comunicação e a transferência de conhecimento, por meio do *mentoring* informal.

As lembranças relativas à nossa trajetória de vida pessoal e profissional nos levam ao resgate das experiências, e com elas, pessoas que nos influenciaram positivamente. Elas exerceram em nossas vidas o papel de mentores, com uma convivência inspiradora. Ajudaram a vencer os obstáculos que nos impediam de alcançar os objetivos desejados.

Esses mentores foram nossos modelos. Eles tinham uma história construída baseada em conhecimentos e valores que evidenciavam uma vida em contínuo desenvolvimento. E, isso fundamentou, animou e estimulou as conversas naquele período. Esse relacionamento oportunizou transferência de conhecimento.

Um mentor excelente deixa a sua marca especial. Influencia com conhecimento e experiência, ao tempo em que estimula o participante a encontrar novos horizontes. Em conversas que costumam transitar fora do lugar comum. E, assim, sair da impossibilidade do pensar e do agir para evoluir nos aspectos que envolvem a expansão da autoconsciência, autonomia e ação.

Qual a importância do *mentoring* e do *coaching* nas práticas de gestão do conhecimento nas organizações? Em Chiavenato (2005, p. 173) "no decorrer dos últimos anos, novas tecnologias vêm invadindo as organizações de maneira avassaladora, transformando radicalmente a maneira de se fazer negócios. Desde as metodologias empregadas pelas organizações para interagir com clientes até as ferramentas adotadas para gerenciar os processos de negócios, o desenvolvimento tecnológico não deixou intocada nenhuma faceta da vida corporativa".

De um lado temos esse cenário, de outro os atores, que precisam de capacitação para superar os obstáculos. Chiavenato (2005, p. 2) lembra que "o fenômeno é mundial. E mais amplo e rápido do que se supõe. Estão ocorrendo mudanças – rápidas e intensas – no mundo das empresas".

Quando tratamos dos aspectos relacionados às pessoas precisamos considerar as situações que envolvem o ambiente organizacional. Desafios e metas a serem alcançadas num ambiente de mudanças e competitividade geram muitas vezes um sentimento de fragmentação. Bernhoeft, (2001, p. 23) [...] "há, sim, profissionais com lacunas e falhas técnicas, de atitude e na própria formação [...]".

O *coaching* e o *mentoring* atendem a necessidade de aprendizado. Possuem alcance que os treinamentos tradicionais não têm. O *coaching* e o *mentoring* são ferramentas construídas para atendimento "um a um" com foco nas necessidades de desenvolvimento, realização e objetivos dos participantes, alinhadas aos objetivos organizacionais.

Ao observar o ambiente corporativo com as várias gerações (*baby boomers*, a geração x e y), além da geração z que está para chegar ao mercado de trabalho, precisamos compreender que cada geração é oriunda de uma época. Possuem valores, crenças e visão do mundo construído em um processo histórico e cultural. Quais as consequências deste fato social? Considerando as aspirações, as histórias, o modelo mental pertinente a cada uma destas gerações? Existe uma tendência para escolhas de pessoas mais jovens na formação das equipes? O que as organizações precisam aprender?

Vivemos em tempos de intensa desqualificação nas relações interpessoais. Nos espaços de fala (área de saúde ou serviço social) das organizações aparecem relatos com a incidência de situações que envolvem assédio moral. Este fato ocorre ao longo da carreira, em especial, na pré-aposentadoria. Conflitos silenciosos e excludentes levam ao adoecimento.

O *mentoring* e o *coaching* constituem-se em práticas que poderão contribuir para a melhoria do relacionamento interpessoal, na promoção de um contexto favorável ao desenvolvimento das pessoas, ao clima organizacional, e principalmente como instrumento para o exercício da transferência de conhecimento. DINSMORE (2007 p. 73) trata a *mentoração* como [...] "um processo contínuo visando a desenvolver o potencial de profissionais escolhidos (mentorados) através da transferência de conhecimento e *Know-how* de profissionais mais experientes (mentores)." Uma forma estruturada para compartilhar o saber entre as gerações.

A implantação de programas de *mentoring* e *coaching* aponta para a necessidade de direcionamento e planejamento. Em Bernhoeft (2001, p. 30) "[...] *mentoring*, como qualquer projeto, demanda pesquisa, análise, construção e estratégia de realização planejada e implementada conforme a realidade organizacional [...]".

O conhecimento em uma organização permeia continuidade e construção do futuro. Almeida (2011, p. 6-7) "o conhecimento é criado por indivíduos, mas podem ser apoiados e estimulados intencionalmente pela organização, que proporciona a infraestrutura necessária, os contextos e desafios".

A aplicação das metodologias possibilita a conexão com a essência do que realmente queremos. Com a possibilidade de nos apropriarmos da forma de aprender, o que propicia um salto na qualidade do pensar, observar e agir. KRAUS (2007, p.35) menciona o *mentoring* como uma metodologia capaz de transmitir "valores, visão e padrões" organizacionais.

O mentor pode ser alguém com experiência. Jovem ou sênior. Segundo GARCIA (2007, p. 7) "Sênior" que significa "pessoa mais velha", "o mais antigo", "o superior". Nesse caso, está perto, ou já viveu situação relacionada à sucessão. Com esse perfil, provavelmente vive a fase da vida que antecede a aposentadoria. E, mais, se incluído em programas ou projetos de preparação para a aposentadoria, terá uma visão favorável à transferência de conhecimento.

Bernhoeft (2001, p. 68) "há reais impactos no cotidiano das organizações que optam por *mentoring*: maior questionamento; maior capacidade de exposição de ideias; maior discriminação das situações que afetam o trabalho; melhoria na qualidade dos relacionamentos; compartilhamento dos riscos decisórios, elevando velocidade e qualidade; reforço da confiança e da credibilidade na empresa, com consequente aumento do comprometimento [...]."

O *coaching* e o *mentoring* envolvem uma relação de parceria e de apoio. Cada um deles no seu âmbito específico de atuação, embora os dois levem ao aprendizado, ao desenvolvimento de habilidades e competências com a finalidade de alcançar os objetivos desejados. O foco é o futuro. O sucesso é a apropriação do processo por meio do aprendizado, que torna você um caminhante diferenciado. Então, o que acha de definir o que é sucesso para você? E dar o primeiro passo "transforma a dor"? A dor de sair da inércia e se movimentar. *Coaching* ou *mentoring* vale conhecer! Fizeram a diferença em minha vida.

REFERÊNCIAS
ALMEIDA, Mario de Souza – *Gestão do conhecimento para tomada de decisão*/Mário de Souza Almeida, Cláudia Regina Freitas, Irineu Manoel de Souza. – São Paulo: Atlas, 2011.
BERNHOEFT, Rosa Elvira Alba de – *Mentoring: abrindo horizontes, superando limites, construindo caminhos* – São Paulo: Editora Gente, 2001.
CHIAVENATO, *Construção de Talentos – As novas Ferramentas da Gestão de Pessoas* – Ed. Elsevier – Campus – 2005 – São Paulo.
DINSMORE, Paul Campbell, 1941 – *Coaching prático: o caminho para o sucesso: modelo pragmático e holístico usando o método project-based coaching*/Paul Campbell Dinsmore, Monique Cosendey Soares – Rio de Janeiro: Qualitymark, 2007.
GARCIA, MIGUEL ANGELO BAEZ – *O advento da longevidade no trabalho: como continuar trabalhando após os 60 anos*/Rio de Janeiro: Qualitymark, 2007.
REIS, Homero – *Coaching ontológico: a teoria da decisão*/Homero Reis. – Brasília: Thesaurus, 2010.
KRAUSZ, Rosa R. – *Coaching executivo: a conquista da liderança*/Rosa R. Krausz. – São Paulo: Nobel, 2007.
SHEA, Gordon F., 1925 – *Mentoring: Como desenvolver o comportamento bem-sucedido do mentor*/Gordon F. Shea; tradução [da ed. Original revista] Nilza Freire. – Rio de Janeiro: Qualitymark, 2001.
WOLK, Leonardo – *Coaching: a arte de soprar brasas*/ Leonardo Wolk; (tradução Maya Reyes) – Rio de Janeiro: Qualitymark, 2008.

Coaching & Mentoring

35

Alcançando objetivos por meio do autoconhecimento

Quanto mais próximo ficamos de uma pessoa, mais informações temos ao seu respeito e ao conhecê-la melhor sabemos exatamente como agradá-la ou até mesmo deixá-la irritada.
Se conhecer as outras pessoas nos trazem benefícios, imaginem conhecer a nós mesmos? Por meio do autoconhecimento é possível olharmos para o nosso interior e saber exatamente quem somos, onde estamos e onde queremos chegar, exteriorizando e manifestando nosso potencial a fim de alcançar nossos objetivos.

Mônica Bastos

Mônica Bastos

Professional & Self Coaching; Business and Executive Coaching; Coaching Assessment; Analista Comportamental; *Coaching* de Carreira – **IBC** - Instituto Brasileiro de *Coaching*, com Certificação e Reconhecimento Internacional pelo: **ECA** *European Coaching Association,* **ICI** - *International Association of Coaching* e **GCC** - *Global Coaching Community.* Possui formações e certificações em: Administração de Empresas, Liderança, Recursos Humanos, Passos para Excelência, Processo de Comunicação e Comunicação Institucional, Gestão de Qualidade: Visão Estratégica, Treinamento *One Day Mastery* (*Coaching* Especialista) e Estratégias de *Branding*. É Palestrante, Conferencista e Membro da diretoria do Sefin-M Bahia – Fórum de Secretários de Finanças da Bahia. Atuando há mais de 15 anos na Administração Pública Municipal tem vasta experiência em Gestão de Pessoas.

Contatos
www.monicabastos.com.br
www.monicabastos2005.blogspot.com.br
@MonicaBastos10
monicabastos.coach@yahoo.com.br
monicabastos@monicabastos.com.br

Conforme o modelo das necessidades básicas de **Abraham Maslow,** há uma necessidade muito grande do ser humano em autorrealizar-se. Alcançar essa autorrealização requer a obtenção do sucesso na vida pessoal e na vida profissional de um indivíduo. Infelizmente nem sempre isso é possível, muitas vezes a caminhada é longa e o trajeto a ser percorrido é cheio de obstáculos que necessitam diariamente ser vencidos. Para vencer esses obstáculos é importante atentarmos ao fato de que alcançar objetivos pessoais ou profissionais requer de nós convicção daquilo que almejamos alcançar e determinação para prosseguir em meios às dificuldades; de antemão é preciso saber o caminho a seguir para que possamos percorrê-lo com excelência a fim de atingirmos o nosso alvo; quando não conseguimos identificar o caminho que devemos seguir, corremos o risco de como diz o ditado popular: nadar, nadar e morrer na praia.

A pirâmide de Maslow é uma divisão hierárquica em que escalamos uma hierarquia de necessidades. As necessidades de nível mais baixo devem ser satisfeitas antes das necessidades de nível mais alto, a autorrealização está no topo da pirâmide.

Independente de qual seja o estágio da pirâmide em que nos encontramos neste momento, a regra é uma só em todos os estágios:

1. **É preciso identificar o nosso objetivo;**
2. **É preciso identificar o caminho a percorrer para alcançá-lo;**
3. **É preciso trabalhar em prol do alcance desse objetivo;**

Qual é o seu objetivo? Esse objetivo é atingível? Quando falamos sobre ter convicção daquilo que almejamos, salientamos também que é de suma importância traçar metas e objetivos alcançáveis; não podemos trabalhar em prol de algo surreal, algo que esteja totalmente fora da nossa realidade.

Após traçarmos o nosso objetivo, o próximo passo é identificar o caminho que devemos percorrer. Quando falamos de caminho a ser percorrido, estamos falando de ações, estratégias, recursos financeiros e emocionais e também das possíveis dificuldades a ser enfrentadas durante a nossa caminhada rumo ao alvo. Como descobrir o caminho a ser percorrido? A melhor maneira de descobrir o caminho a ser percorrido é por meio de nós mesmos, do nosso autoconhecimento. A partir do momento que temos um conhecimento mais aprofundado de nós mesmos, desenvolvemos melhor as nossas habilidades, o nosso potencial. Podemos adquirir esse autoconhecimento por meio do *coaching*. O *coaching* é um processo que visa a ajudar as pessoas a atingirem suas metas e objetivos, fazendo com que o indivíduo se desenvolva pessoal e profissionalmente, por meio de técnicas e ferramentas poderosas, gerando resultados surpreendentemente positivos, por meio do autoconhecimento.

Para descobrir o caminho a ser percorrido podemos fazer uso de uma ferramenta do *coaching*, a **Orientação para Resultados – Plano de Ação 5W 2H.** Para começar é só responder às perguntas abaixo:

1. O que devo fazer para alcançar o meu objetivo? Descreva todas as ações para alcançar o objetivo principal.
2. Quem é a pessoa responsável para que meu objetivo seja alcançado? Defina um responsável, você mesmo, ou outra pessoa que possa ajudá-lo.
3. Quando devo agir? Estabeleça uma data limite para cada ação estabelecida, ou seja, defina prazos.
4. Onde devo agir? Defina onde as ações deverão ser realizadas.
5. Por que devo agir dessa forma? Descreva quais os benefícios que cada ação trará.
6. Como vou fazer isso? Detalhe a maneira como cada ação deve ser executada.
7. Quanto essas ações me custarão? Defina os custos de cada ação para verificar a viabilidade.

Antes de iniciar a percorrer o caminho em direção ao nosso alvo, é de suma importância atentar ao fato de que este caminho precisa ser percorrido com excelência e perfeição, externando a primazia em todas as nossas ações, sendo empáticos e mantendo a ética acima de tudo.

Está pronto para dar início à sua jornada em direção ao seu objetivo? Se a resposta for sim, precisa ficar atento a alguns detalhes.

1. Aparecerão dificuldades

Toda caminhada nos deixa suscetível a riscos e em alguns momentos encontraremos dificuldades e ao nos depararmos com essas dificuldades surgirão situações em que nascerá em nós o desejo de desistir. Independente da dificuldade ou obstáculo que venha ao nosso encontro, temos de continuar, caso contrário estaremos desistindo não apenas de um objetivo, mas de todos os outros objetivos que futuramente venhamos a ter, pois nenhum objetivo é alcançado sem que de antemão nos seja necessário vencer obstáculos. É essencial termos em mente que as dificuldades e obstáculos foram feitos para serem ultrapassados, ou seja, vencidos.

Recuar significa voltar ao início de tudo. É preciso ir até o final, de outra forma o meio do caminho será o lugar mais longe que conseguiremos chegar.

Como aprender a vencer as dificuldades e obstáculos? O *coaching* também pode nos ajudar. Como?

Por meio da **Análise do Campo de Força** (adaptado de Kurt Lewin – Teoria dos Campos). Então vamos lá:

1. Defina sua situação atual (o problema);
2. Defina o seu objetivo (resultado desejado);
3. Identifique todas as possíveis forças facilitadoras;
4. Identifique todas as possíveis forças contrárias;
5. Concentre-se em minimizar as forças contrárias e fortalecer as forças impulsionadoras e favoráveis ao processo;
6. Planeje ações no sentido de diminuir as forças contrárias;

2. Sentiremos medo

O medo é um sentimento desagradável, provocado pela ameaça de um perigo real ou irreal, no entanto, nem sempre o sentimento de medo nos é prejudicial pelo contrário, existem momentos em que o medo nos é extremamente necessário para a preservação da nossa vida, por exemplo, quando encontramos em situações reais o medo trabalha a nosso favor. Se avistarmos uma onça, o nosso medo é desencadeado por meio de uma situação real, isso nos favorece, pois automaticamente nosso cérebro entende que necessitamos nos defender e logo agimos em prol da nossa defesa. Imagine uma criança que ainda não sabe da periculosidade que é encostar-se a uma onça? Ela não sente medo e sua vida corre perigo.

Muitas vezes, antes de desenvolvermos sentimentos de medo originados de situações irreais, nasce em nós a ansiedade, um sentimento que nasce em momentos indesejáveis, influenciando negativamente nas nossas decisões. **Ansiedade** - *Angústia, aflição, grande inquietude. Desejo veemente, impaciência, sofreguidão, avidez.*

Quando estamos ansiosos e tememos o encontro com determinada situação, permitimos que a nossa mente crie situações que não existem. Sentimo-nos ameaçados por situações existentes somente na nossa mente.

Existem situações que estão fora do nosso controle e ao entender que não controlamos determinada situação, precisamos controlar as nossas emoções, evitando gastar tempo, energia e emocional, naquilo que não podemos controlar, caso contrário podemos perder o nosso foco e a direção certa que nos leva ao nosso alvo. Saber o caminho a ser percorrido não é garantia de chegada, pois os caminhos que trilhamos na nossa vida não são retos e únicos, lá encontramos curvas, atalhos e principalmente outros caminhos cujas placas indicarão chegar ao nosso objetivo. A ansiedade e o medo gera em nós grande dificuldade de agirmos de maneira lógica, dificultando a distinção do certo e do errado, pois o medo nos inibe. Não podemos permitir que o medo nos impeça de tomar as decisões corretas, nos impeça de avançar, de seguir adiante e darmos o próximo passo.

O *coaching* pode nos ajudar a vencer de maneira grandiosa o nosso medo e ansiedade por meio do **REFRAME**, uma técnica excelente que nos leva a perceber uma determinada situação de um ponto de vista diferente e também por meio do **RPP – Roteiro para Lidar com Crenças Limitantes ou Irracionais,** onde temos a oportunidade de aprender a lidar com as nossas crenças.

3. Não estamos sozinhos, muitas pessoas almejam o mesmo alvo que nós

Vivemos em uma sociedade altamente competitiva, cercados de pessoas que assim como nós almejam o sucesso. Diretamente ou indiretamente muitas vezes somos obrigados a competir.

A competição não é algo ruim, desde que seja saudável, a competitividade saudável nos estimula, nos servindo como mola propulsora ao alcance do nosso objetivo. O objetivo principal de uma competição é alcançar o resultado final, por mais que entendamos que estamos lidando com concorrentes, não podemos criar rivalidade, quando isso acontece ao invés de trabalharmos em função da nossa vitória, perdemos tempo e energia trabalhando em função da derrota alheia, sendo assim, o resultado pode ser desastroso, pois se o concorrente diferente de nós estiver focado simplesmente em alcançar o seu objetivo, com certeza o alcançará.

A competição deve acontecer de maneira saudável, a fim de alcançarmos resultados positivos por meios dos nossos próprios méritos; preservar os nossos valores e evitarmos situações de conflito é de suma importância.

É interessante fazermos uma análise do nosso tempo, por meio da **Tríade do Tempo,** para descobrirmos a forma que estamos utilizando o nosso tempo para que possamos otimizá-lo.

4. É preciso ter cuidado com más influências

Em momentos de dúvidas muitas vezes damos permissão a outras pessoas a influenciarem na nossa decisão e infelizmente nem sempre somos influenciados positivamente. Sendo assim, é importante nos certificarmos que estamos cercados das pessoas certas e de que elas estão aptas a nos ajudar positivamente.

Na medida em que percorremos o caminho em direção ao nosso alvo, é interessante estarmos atentos ao fato de que ao mesmo tempo existem pessoas trilhando o mesmo caminho, algumas estão atrás de nós, outras estão andando lado a lado conosco, outros estão à nossa frente, outras já chegaram, mas tem também aqueles que desistiram, as que pegaram atalhos e aqueles que há anos estão andando em círculos. Todas essas pessoas têm algo a nos ensinar, até os perdedores, porém é bom lembrar que somos únicos, e que a visão é nossa, sendo assim, se tivermos que nos espelhar em alguém, que nos espelhamos em pessoas que alcançaram o sucesso, pessoas que podem nos orientar de maneira positiva, pessoas cujas experiências os levou a atingir o alvo. Pessoas fracassadas só têm uma coisa a nos ensinar, não andar na mesma direção que elas, pois com certeza não chegaremos a nenhum lugar.

Quando nos encontramos em situações de dúvidas em que precisamos de orientações, podemos buscar a ajuda de um *mentoring*. Ao contratarmos os serviços de *mentoring*, receberemos uma espécie de tutoria, ou seja, orientações e conselhos de um profissional mais velho, mais experiente e principalmente habilitado, que compartilhará conosco seus conhecimentos com o intuito de nos ajudar no desenvolvimento da nossa vida pessoal ou profissional, aumentando relativamente as nossas chances de alcançarmos o nosso objetivo e quem sabe até a tão desejada autorrealização.

Todos nós somos capazes de alcançar os objetivos traçados por nós, mas de antemão precisamos aprender a percorrer o caminho que nos leva a atingir esses objetivos. Para isso é necessário um autoconhecimento; conhecer as nossas crenças limitantes e, principalmente, o nosso potencial nos leva a assumir um compromisso com nós mesmos, o de darmos nosso melhor em prol de resultados positivos. O compromisso intensifica a responsabilidade.

"Conhecer os outros é inteligência, conhecer-se a si próprio é verdadeira sabedoria. Controlar os outros é força, controlar-se a si próprio é verdadeiro poder". Lao-Tsé

Coaching & Mentoring

36

Coaching: um processo de autopercepção, autoliderança e liderança coletiva

Visualizar possibilidades de uma vida extraordinária com ações estratégicas é o caminho para um legado, e o *coaching* como tecnologia da mente humana impulsiona a pessoa com toda sua humanidade a ser muito melhor e com autossuperação constante. Como *coachee* você pode ser mais e como *líder coach* você pode proporcionar ao outro a ser mais

Nayara Fortaleza

Nayara Fortaleza

Prêmio de Melhor Palestrante e Treinadora Empresarial do Estado do Ceará. **Coach e Executive Coaching**. Membro da sociedade brasileira de Coaching. Formações e Certificações reconhecida pela BCI (Behavioral Coaching Institute); ICC (Internacional Coaching Concil) e *Líder Coaching* pela AIPC (Associação Internacional dos Profissionais de *Coaching*). Master em Programação Neurolinguística *Practitioner*, **Fonoaudióloga** (UNIFOR), **Cosmetóloga** (Fundação Oswaldo Cruz), **Consteladora Familiar e Organizacional** (IBSSistêmicas),**Palestrante e Instrutora de treinamento e desenvolvimento empresarial. Terapeuta Comunitária** (UFC - MSMCBJ). **Membro de projeto social** Rotary Club de Fortaleza - Iate (Presidente da comissão de serviços com técnicas de PNL e Inteligência internacionais) e Lar Davis - PIB Fortaleza (que forma adolescentes para o mercado de trabalho Emocional, dentro de um programa de desenvolvimento social e político). Pós-Graduação atual em **Psicodrama**.

Contatos
www.nayarafortaleza.com.br
nayarafortaleza@gmail.com.br
Facebook: Coach Nayara Fortaleza
(85) 9978-7904 4141-1320 3258-1888

Nayara Fortaleza

O Processo individual de Coaching é a Excelência da AutoLiderança

Imagine você acordar em um lugar pequeno e distante em uma região onde internet e celular não são nem mesmo objeto de ficção científica. Você acorda e a primeira pessoa que você vê é seu *coach* (profissional que exerce a profissão de *coaching*), que lhe diz: você está neste local sem dinheiro e sem documentos, nunca mais retornará ao seu país, esqueça seu trabalho, seu patrimônio, seu cônjuge, seus filhos... É daqui para frente. Nessa situação a pergunta é: o que lhe sobrou para seguir adiante e continuar a vida? Você fica por alguns segundos em silêncio e responde: "sobrou só a mim, a minha pessoa". A nova pergunta é: **e quem é você?** Dê-me quatro seres, quatro corpos, quatro coisas elementares que formam o seu ser, a sua pessoa. Depois de alguns adjetivos e raciocínios chega-se a conclusão que a sua pessoa é constituída pela: inteligência emocional, inteligência intelectual, espiritualidade e o corpo físico. Assim, no *coaching* ilustramos a vida de uma pessoa em um círculo onde dividimos em quatro partes iguais, que chamamos de áreas: área pessoal (posicionada acima à direita do circulo), área profissional (posicionada à direita abaixo do pessoal), área relacionamentos (posicionada à esquerda do circulo ao lado do profissional e diagonal ao pessoal) e área qualidade de vida (posicionada à esquerda, acima da área relacionamentos e ao lado do pessoal). Então, seu eu, seu ser integrado, seus pilares internos localizam-se na área pessoal que é composta por quatro pilares: espiritualidade (transcendência), saúde e disposição (corpo físico), desenvolvimento intelectual (inteligência intelectual), equilíbrio emocional (inteligência emocional). Portanto, na visão do *coaching* a pessoa é um quarto da vida dela e seu ser é composto de quatro seres, quatro corpos: corpo emocional, corpo intelectual, corpo físico e corpo espiritual. O passo fundamental para **ser um líder de si mesmo** é integrar a Inteligência Emocional aos outros três seres. As demais áreas são compostas por seus devidos pilares e todos os pilares fora da área pessoal, são pilares externos (externo ao seu eu, mas contido em sua vida), são os papéis que você representa em sua vida, seus papéis sociais, suas funções. A área profissional é composta por três pilares: realização e propósito (missão), recursos financeiros (ganhar dinheiro e ter dinheiro) e contribuição social (ajuda ao próximo "é dando que se recebe"). A carreira profissional é o que proporciona realização na vida do ser humano, tenho tido muitas *coachees* (pessoa no processo de *coaching*) mulheres que não tiveram uma profissão, buscaram uma pseudorrealização por meio da educação dos filhos, na organização do lar e na gestão do casamento. Hoje, por vários motivos estão sozinhas e sem recursos. Tudo o que essas mulheres construíram foi a história dos outros. É importante liderar e transformar nossas vidas com nossa profissão e em consequência contribuirmos em transformar as vidas das pessoas e não o contrário. Literalmente a ordem dos fatores altera significativamente o resultado final. Em paralelo a esse conceito de que o profissional é o que nos realiza, o que dá sentido às nossas vidas são as pessoas. A área de relacionamentos é composta de três pilares: na sequência horária dos pilares: família (filhos), relacionamento amoroso (conjugal), e vida social (amigos). Portanto, cuidar bem de si e ser uma pessoa realizada profissionalmente só tem sentido se houver pessoas em nossas vidas. Qual o objetivo de cuidar de si, da sua carreira profissional e dos seus relacionamentos? Ora, para ter qualidade de vida. A área qualidade de vida é composta por dois pilares: lazer (diversão, criatividade e espontaneidade) e plenitude - felicidade. O lazer é qualquer ação na qual sinta prazer e estimule a sua espontaneidade e criatividade. "A espontaneidade opera no presente, no agora e aqui; propele o indivíduo em direção à resposta adequada à nova situação ou à resposta nova para situação já conhecida" (Moreno, p. 149 *Quem sobreviverá*). Já a criatividade "é a disponibilidade do ser humano para o ato criador, assim considerando qualquer ato que acarrete uma transformação integradora, no sentido do crescimento e da maturação, naquele que o realiza e também no meio que o rodeia" (Menegazzo et al, 1995, p. 65). Se perguntarmos o que uma pessoa quer da vida, a maioria provavelmente responderá: *quero ser feliz*. Ok, e se obtém felicidade com resultados das ações estratégicas em cada pilar de cada área. Visualizar possibilidades de uma vida extraordinária com ações estratégicas é o caminho para um legado, e o *coaching* como tecnologia da mente humana, impulsiona a pessoa com toda sua humanidade a ser muito melhor e com autossuperação constante. Como *coachee* posso ser mais e como *líder coach* posso proporcionar ao outro a ser mais.

O Líder Coach é a Excelência da Liderança Coletiva

Toda pessoa é líder, partindo do princípio de que o tempo todo fazemos escolhas, tomamos decisões. Este é o primeiro ponto. Em segundo: toda pessoa pode ser um bom líder, pois **liderança é comportamento,** e todo comportamento é adquirido e pode ser aprimorado. Em terceiro: cada pessoa como membro da equipe tem o direito e o dever de exercer uma boa liderança no que ela se predispôs a produzir. Pessoas são contratadas pelas habilidades do conhecimento e são demitidas pelas inabilidades de liderar suas boas escolhas ou seus relacionamentos interpessoais. Em quarto: o líder que exerce o cargo de liderança nos dias atuais é bom que se aperfeiçoe no modelo de **líder coach.** O *líder coach* é a excelência da liderança coletiva e a primeira base dessa liderança é **gerar autonomia** a cada membro da equipe para evitar a dependência e, sobretudo, gerar independência. A segunda base é **fazer perguntas poderosas,** em que cada membro da equipe prepara-se para pensar, encontrar soluções e produzir com comprometimento. A terceira base é **servir aos membros da equipe.** A gestão do *líder coach* tem foco nas pessoas para que cada membro da equipe faça a análise de seu desempenho, antecipem os problemas e obtenham **resultados inéditos.** Ser um *líder coach* é quebrar paradigmas como: "O líder sabe tudo" - "o líder imprescindível" - " o líder salvador". Dois pré-requisitos importantes para ser um *líder coach:* primeiro ser líder de si mesmo, exercer prazerosamente, eficientemente e incansavelmente a autoliderança. "Autoliderança é integrar os próprios pensamentos, sentimentos e ações". **Ser um líder de si mesmo** é integrar a Inteligência Emocional aos outros três seres (inteligência intelectual, corpo físico e espiritualidade). Segundo pré-requisito ser um líder pelo exemplo, pela referência. "As pessoas não escutam o que falamos, escutam o que fazemos". **Ser um líder pelo exemplo e pela referência** é ter como primeiro passo uma vida congruente. Pensamentos, sentimentos, discursos e ações com coerência e harmonia, ou seja, o que se pensa é o mesmo que se fala, é o mesmo que se faz, é o mesmo que se sente. E ser um líder pelo exemplo é ter como segundo passo fazer decisões ecológicas, que são decisões boas para si, boas para o outro, boas para o meio, ou seja, todos têm seus ganhos e suas naturezas são preservadas. Congruência, coerência e harmonia no ser, fazer e ter: ser exemplo de conquistas e assertividades, fazer bom uso das habilidades internas e ter o conhecimento a seu favor. "A grande finalidade da vida não é conhecimento, mas ação". Se há uma diferença entre o que você diz e o que você faz, todos (colaboradores, clientes, filhos, o próximo) prestarão mais atenção no que você faz. Líderes necessitam passar pelo processo individual de *coaching.* O *coach* auxilia seu cliente, o *coachee,* a encontrar e usufruir de suas competências internas para gerar resultados externos. O *coach* treina seu *coachee* a chegar ao estado desejado partindo do estado atual, com sonhos, objetivos e metas bem definidos. Entretanto, se o *coachee* estiver ancorado no passado, em uma alegria ou em uma tristeza, o *coach* tem ferramen-

Coaching & Mentoring

tas e habilidade de desancorar seu *coachee* com maior número de ganhos, virá-lo para o contexto do futuro e juntos farão um plano estratégico com ações bem definidas. No decorrer da execução, os sabotadores que são os inimigos internos; serão identificados, e as crenças limitantes que são alimentadas desses sabotadores serão ressignificadas. Líder trabalhado pela excelência do *coaching* faz a diferença como líder *coach*.

Coaching x Mentoring

Coaching é uma técnica de *aprimora*mento e aperfeiçoamento que extrai do indivíduo o seu melhor para ele próprio tomar decisões pessoais, profissionais e nos relacionamentos. Um Coach é um técnico com *grande* experiência profissional com pessoas, gestores e líderes de alta performance.	Mentoring é aconselha-*mento por* parte de um sênior com muita e mais experiência e conhecimento, uma pessoa com sabedoria específica e que seja um exemplo. Um Mentor é um "padrinho" com grande experiência profissional no negócio do cliente.

Complete os Pilares nas respectivas áreas

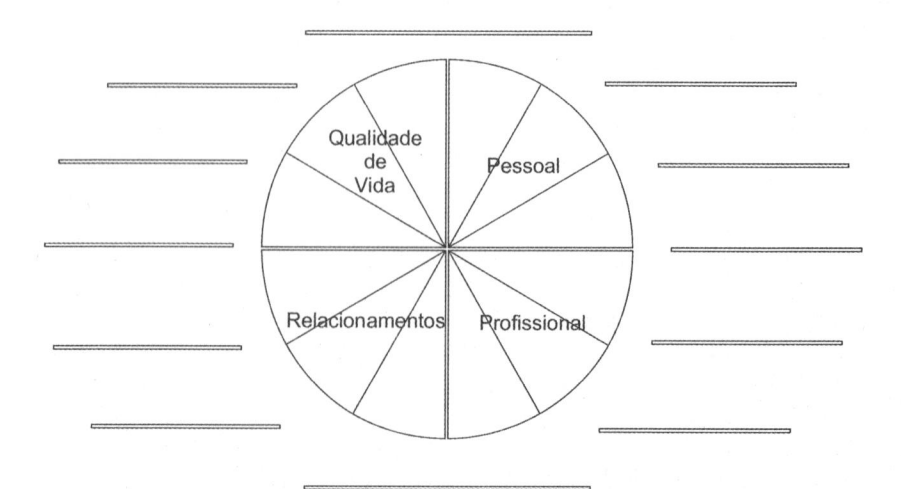

(Roda com as áreas: Qualidade de Vida, Pessoal, Profissional, Relacionamentos)

Fonte: Sociedade Brasileira de Coaching

37

Coaching e Planejamento Estratégico Pessoal com o Processo Criativo

"A maioria das pessoas **não planeja** fracassar, fracassa por **não planejar**" já dizia John L. Beckley que faleceu em 1807. Esta frase era válida há mais de duzentos anos, hoje, mais do que nunca, ela não é só importante, mas primordial dado as mudanças que ocorreram e a tendência delas aumentarem em amplitude e velocidade. Planejar usando um processo de *coaching* e criatividade é ainda mais poderoso

Noaldo Moreira Dantas Filho

Noaldo Moreira Dantas Filho

Consultor, palestrante e engenheiro eletrônico com mestrado pela Universidade Técnica de Berlim e MBA em Planejamento e Gestão Estratégica pela Facinter, Membro da Fundação de Criatividade da Universidade de Buffalo – NY, Membro da Sociedade Mundial do Futuro – USA. Certificado em Planejamento Estratégico e sua Implantação pela University of Michigan Business School, Certificado na aplicação do perfil de gestão da *Basadur Applied Creativity* – USA, Formação Internacional de *Coaching, Mentoring, & Holomentoring* ISOR. Participante do seminário *Tornando as Organizações Inovadoras* pela Creative Education Foundation. Participante do Seminário NCI Charrette System - USA. Participante do Seminário Criação de Negócios Inovadores - Canvas – Brasil. Mais de 25 anos de experiência em consultoria empresarial com foco em planejamento estratégico empresarial, societário, sucessório e pessoal.

Contatos
www.noaldodantas.com.br
noaldodantas@noaldodantas.com.br
Skype: noaldodantas
(82) 3231-8483

O mundo hiperconectado nunca ofereceu tantas chances a tantos! E o Brasil, em especial, está tendo um bônus demográfico onde a maior parte da população está na idade produtiva o que, historicamente, em outros países, tal fato significa uma grande janela de crescimento. Por outro lado, as exigências do mercado de trabalho e do próprio convívio social nos deixam com o sentimento de não estarmos capacitados para dar conta das demandas, de estarmos sem rumo ou pelo menos não estarmos aproveitando as oportunidades. Temos a impressão de estarmos subaproveitando nossas capacidades.

Nesse contexto, é de fundamental importância pararmos e, de forma sistemática e criativa, fazermos um planejamento que começa com a definição de onde queremos chegar, ou seja, começa com a definição de um objetivo que deve ser específico, mensurável, alcançável, realista e temporal, fazermos um diagnóstico da situação atual e então definirmos um plano de ação feito com um processo competente de *coaching*.

A larga experiência de 20 anos fazendo Planejamento Estratégico Pessoal tem mostrado que a causa de muitas frustrações, estresses, desmotivação e até depressões se deve, no nível estratégico, à falta de definição de objetivos e de como alcançá-los, à falta de significado na existência, de propósito, de uma razão de ser e um consequente sentimento de impotência frente aos desafios e, no nível operacional, à má administração do tempo, à desorganização. Enfim, à má gestão da própria vida.

Coaching

Coaching é um processo que se utiliza de técnicas, ferramentas e métodos específicos, cientificamente testados e de eficácia comprovada, que tem por objetivo ajudar pessoas e organizações a alcançarem seus objetivos e serem felizes. O processo de *coaching* se dá por meio de sessões abertas, positivas e desafiantes nas quais se define um objetivo e se traça um plano de ação para alcançá-lo com o auxílio de um mentor (*coach*) que não oferece caminhos, nem conselhos mas que por meio de perguntas ajuda o *mentorado* (*coachee*) a chegar às suas conclusões.

Na realidade, um *coach* ajuda seus clientes por meio de discussões e questionamentos a rever comportamentos e percepções e, consequentemente, a encontrar caminhos que os torne mais efetivos e felizes nos seus diversos palcos da existência, enfim, em suas vidas.

Coaching & Mentoring

Planejamento Estratégico Pessoal

O conceito de Planejamento Estratégico é bastante simples e consiste em responder a três perguntas: aonde quero chegar? Onde estou e como posso chegar lá? Para se responder a essas perguntas se faz necessário um mergulho em si mesmo e um voo sobre as oportunidades para se sair das respostas prontas que, com frequência, tentam mais corresponder às expectativas e ditames do entorno do que realmente se quer e se almeja.

Os conceitos de Planejamento Estratégico têm sido usados predominantemente nas empresas, mas eles são sim válidos para sociedades, famílias e pessoas. O corre-corre diário termina nos cegando quanto às nossas próprias necessidades e desejos mais profundos. Termina, ainda, nos tornando surdos aos clamores de nossa alma e por fim nos tornando insensíveis ao que carece de nossa intervenção. Toda a evolução tecnológica mudou pouco naquilo que realmente, na nossa essência, queremos.

Processo Criativo

A criatividade que, antes do trabalho de Alex Osborn com seu livro "Applied Imagination", era considerada um dom de alguns poucos escolhidos passou a ser vista como um processo que pode ser aprendido por qualquer um. A criatividade pode ser abordada sistematicamente por meio de um processo que está subdividido em seis etapas: definição do objetivo (aonde queremos chegar?); levantamento dos fatos e dos problemas (onde estamos?); geração de ideias, escolha de soluções e elaboração do plano de ação (como chegar lá?). Cada uma destas etapas por sua vez é subdividida em duas subetapas: divergência e convergência.

A divergência consiste em gerar o maior número possível de opções brincando com cada uma delas, ousando pensar o dito impossível, buscando ver o invisível, ou seja, pensando fora da caixa e explorando a nova percepção da realidade e das oportunidades. A etapa de convergência é feita por meio de uma avaliação das opções, buscando primeiro ver o que cada uma tem de bom e depois buscando formas de neutralizar o que cada uma tem de vulnerável e, concluindo, com um processo de escolha.

Pesquisas feitas na Universidade de Nova York (Buffalo) demonstram que essas etapas devem ser feitas separadamente e obedecendo a alguns comportamentos diferentes para cada etapa:

• Comportamentos recomendados na divergência: adiar o julga-

mento, buscar quantidade, pegar carona (aproveitar uma sugestão e aperfeiçoá-la), pensar o impossível, fazer conexões/analogias;
• Comportamentos recomendados na convergência: julgamento afirmativo, aceitação do novo, busca da qualidade, manter o rumo e ser deliberado;

Fica fácil de ver que o *Coaching* ajuda os clientes a refletir sobre seus comportamentos e percepções do mundo, que o Planejamento Estratégico estabelece objetivos e sistematiza caminhos para alcançá-los e o processo criativo que tem um papel de descobridor de oportunidades quando alinhados podem representar um conjunto de ferramentas muito poderosas na melhoria da qualidade de vida das pessoas e das organizações.

Detalhamento da elaboração do Planejamento Estratégico

A diferença de um plano de ação elaborado de forma consistente e um rol de intenções, como são frequentemente elaborados na virada do ano, é que o primeiro descreve as ações voltadas para um objetivo maior, com uma missão e uma visão e é detalhado com prazos e prioridades. Enquanto que o segundo tem apenas um rol de atividades isoladas, desconectadas de algo maior que se busca.

Detalhamento de cada uma das seis etapas do processo criativo na formulação do Planejamento Estratégico Pessoal:

1) Determinar o objetivo

A vida atribulada que levamos serve de desculpa/ pretexto/ justificativa para não pararmos e analisarmos cuidadosamente o que queremos e até o que sonhamos para definirmos nosso objetivo, ou seja, o sonho com data marcada. Todo cuidado é pouco para não se cair na vala comum de querer se atingir objetivos alheios. O primeiro passo é se fazer o processo de divergência elencando as opções de possíveis objetivos. O perguntar os "porquês" de cada opção levantada ajuda a ir ampliando o escopo da mesma e após feito isso com cada uma das opções se observa que, mesmo se saindo de desejos diferentes, começa a se cristalizar uma resposta que pode ser um indicador do que realmente se quer. O segredo da definição do objetivo é de não formulá-lo pequeno demais que torne todo o processo criativo, pequeno, e também não tão grande que crie a sensação de que qualquer coisa cabe dentro dele e de que ele nunca vai ser atingido. Usamos algumas ferramentas para ajudar as definições do objetivo do tipo: o que você faria se ganhasse na Mega Sena e tivesse uma quantia vultosa para usufruir mensalmente? O que você ainda quer fazer até o fim de sua vida? O que você faria se tivesse pouco tempo de vida? Depois de geradas diversas opções solicito ao *coachee* responder os "como" e os porquês de cada resposta dada em processo de divergência como anteriormente explorado.

Normalmente a convergência no objetivo a ser trabalhado fica mais fácil dada a exploração feita na fase de divergência. Napoleon Hill, no seu livro "A Lei do Sucesso", que é resultado da pesquisa feita com seis mil pessoas bem sucedidas, ressalta a relevância da definição de um objetivo principal como de suma importância.

2) Coletar os fatos

A coleta de fatos corresponde a um diagnóstico da situação atual segundo o roteiro do repórter – quem, o quê, quando, onde, por quê, como – feito com a mente curiosa, desbravadora, destemida e criativa no sentido de olhar o velho com olhos novos, com os olhos do viajante que, atento às sutilezas descobre o fio da meada que nos leva aos rolos e aos nós, mas também com o olhar de quem quer encontrar as coisas boas, valorizar as conquistas alcançadas, os desafios enfrentados. Nessa etapa é feita a análise dos pontos fortes e fracos, das ameaças e das oportunidades. Esse diagnóstico é fundamental e quanto melhor, mais profundo e acurado, mais fácil e de melhor qualidade é o trabalho das etapas seguintes.

3) Diagnosticar os problemas

Os problemas nesse método representam as barreiras e/ou as oportunidades subaproveitadas que impedem, bloqueiam e dificultam o alcançar do objetivo. Esses podem ser formulados com a mentalidade pobre ou com a rica.

O que é formular um problema com a mentalidade pobre ou com a mentalidade rica? Formular um problema com a mentalidade pobre é formulá-lo na afirmativa, pois nesses casos nossas mentes vão automaticamente buscar tudo o que ratifique o mesmo. Já a formulação com a mentalidade rica é feita na interrogativa (de que maneira eu (nós) posso...) direciona a mente para responder à pergunta feita que, em última instância, é a solução. A formulação pobre direciona a mente para problemas, enquanto a rica para a solução, que é o que se busca. Essa etapa tem de ser feita com o maior cuidado, pois se resolver o problema errado não vai levar ao objetivo.

4) Gerar ideias

A geração de ideias corresponde a responder a pergunta formulada na fase de diagnóstico do problema sem perder o objetivo de vista. A exploração de todas as ideias possíveis pode aumentar a chance de se encontrar uma solução superior. Vale a pena se levantar, inclusive, as aparentemente impossíveis, pois estas podem vir a ser buriladas em ideias aplicáveis na etapa de solução e não raro se tornam soluções diferenciadas.

5) Escolher a solução

Essa etapa tem como finalidade burilar as ideias levantadas e na sua primeira subetapa são levantados os critérios de seleção que depois de selecionados servem de filtro para a escolha da melhor solução.

6) Aceitação

Na etapa de aceitação a solução é transformada num plano de ação com os detalhes do que deve ser feito, por quem e em que prazos. Nessa etapa se faz a busca de meios para aumentar as chances do que foi planejado vir a ser realmente implementado por meio do levantamento de formas de neutralizar os possíveis resistores e mobilizar os apoiadores, de se conseguir o melhor *"timing"* para o desenvolvimento das ações como um todo e entre si, de submeter-se às etapas do plano a um pré-teste, de se acompanhar sistematicamente não só as ações, mas também seus resultados.

A proposta das reflexões feitas neste artigo é simplificar alguns conceitos com a finalidade de motivar, estimular e provocar o leitor, a, se for o caso, a sair da zona de conforto e a ousar assumir o leme de sua vida, não fazendo como o pessimista que fica se queixando do vento, nem como otimista que fica esperando que o vento melhore, mas sim, como o realista que ajusta as velas. (parafraseando William George Ward).

Coaching & Mentoring

38

Coaching e comunicação – Uma ligação essencial para o sucesso

O trabalho de *coaching* deve alertar sobre pontos e questões que envolvem as falhas e problemas da comunicação. O emissor não pode se esquecer de detalhes, critérios e minúcias existentes no processo de comunicação e que podem, essencialmente, prejudicar a evolução de negócios, trabalhos e até a trajetória pessoal e profissional das pessoas

Profª. Esp. Tânia Maria Gebin de Carvalho

Profª. Esp. Tânia Maria Gebin de Carvalho

Pós-graduada em Gestão Escolar, pela Universidade Anhembi Morumbi (SP), graduada em Letras, pela PUCCAMP (Campinas) e em Pedagogia pela Faculdade de Ciências e Letras Plínio Augusto do Amaral (Amparo). É Professora de Interpretação e Produção de Textos, Métodos e Linguagem, Comunicação e Expressão, Metodologia Científica e Teoria Geral da Administração da Faculdade Metrocamp (Campinas). Foi Professora e Monitora da disciplina de Prática Oral I, Língua Inglesa na PUCCAMP. Professora de Inglês na EEPSG João Lourenço Rodrigues, no SABER Sociedade Acadêmica de Ensino Renovado Ltda. Exerceu a função de Secretária Português na Ericsson do Brasil e Secretária Bilíngue na Philco. Foi Vice-Diretora, Assistente da Direção e Professora de Inglês da Fundação Bradesco de Campinas. Têm Habilitação em Administração Escolar para Escolas de 1º e 2º Graus. É Diretora Administrativa da Colocar Assessoria em Recursos Humanos.

Contato
taniamgebin@yahoo.com.br

Prof^a. Esp. Tânia Maria Gebin de Carvalho

Em pleno século XXI, as questões sobre comunicação continuam, felizmente, muito debatidas, ressaltadas e evidenciadas, sejam na sociedade, na empresa, no lazer, na rádio e na televisão, na escola, enfim, na vida de todos nós.

De conformidade com Carvalho (2011, p. 90), as atividades de *coaching* são extremamente valiosas e se tornaram profundamente recomendadas. Por meio destes trabalhos será possível aumentar os níveis de qualidade e produtividade, integração, comprometimento, valorização e destaque de empresas e profissionais.

A função do *coaching* não compreende tão somente a integração do indivíduo com as metas determinadas, mas sim com os aspectos gerais de sua realização e seu próprio desenvolvimento, contribuindo, de forma significativa, para o surgimento de novas competências e o acesso a relevantes processos de aprendizagem pessoal e profissional.

Sabe-se que o *coaching* engloba muitas questões relacionadas à condução profissional de indivíduos, apontando a esses caminhos viáveis para a sua respectiva trajetória na empresa em que trabalha enquanto o *mentoring* apresenta uma outra responsabilidade, ou seja, orientar pessoas, seja no âmbito pessoal ou no mundo corporativo, sobre alternativas, medidas, posições, estratégias, etc, que possam conduzi-lo ao sucesso.

Segundo Ferreira (1999, p. 517), a comunicação consiste no ato ou efeito de emitir, transmitir e receber mensagens por meio de métodos e/ou processos convencionados, quer através da linguagem falada ou escrita, quer de outros sinais, signos ou símbolos, quer de aparelhamento técnico especializado, sonoro e/ou visual assim como representa a capacidade de trocar ou discutir ideias, de dialogar, de conversar, com vista ao bom entendimento entre pessoas.

De acordo com Carvalho (2011, p. 77), se lembrarmos dos avanços da informática e o advento do e-mail (correio eletrônico), não poderemos nos esquecer nunca de que a velocidade obtida nesse sistema é impressionante e o profissional não pode simplesmente digitar textos, sem lógica, incoerentes ou com palavras erradas ou inconvenientes.

A palavra comunicar vem do latim *"comunicare"* que significa "por em comum". Seu principal objetivo é o entendimento entre as pessoas. Quem fala e quem ouve estão comprometidos com um processo cuja finalidade é a compreensão!

O sentido da palavra informar é distribuir, conscientizar, alertar, por em dia os novos acontecimentos, políticas, procedimentos e decisões diretivas enquanto a análise da palavra comunicar leva à concepção clara de fazer entender-se, de se perceber o outro.

Informar representa um ato unilateral enquanto a função de

comunicar significa um ato bilateral.

Ter o conhecimento e saber se comunicar representa uma das grandes estratégias pessoais e compreende uma condição essencial para:
- o crescimento pessoal
- a ascensão profissional

Um grande número de pessoas têm dificuldades em sua comunicação e dessa forma, o processo de *coaching*, trabalhado de forma objetiva, séria, consciente e focado, possibilitará uma evolução nos aspectos de apresentação, transmissão e recepção de conhecimentos e experiências, para todos os profissionais.

Uma pesquisa desenvolvida por Albert Mehrabian, na Yale University, Estados Unidos, em 2001, apresentou informações relevantes sobre a forma de comunicação mais praticada pelas pessoas, que será apresentada na sequência:
- 7% da comunicação é realizada por palavras
- 35% pelo tom de voz
- 55% pela linguagem corporal e
- 3% por outras formas de comunicação

A comunicação é o mecanismo pelo qual as relações humanas existem e se desenvolvem. É por meio da comunicação que a sociedade interage e funciona.

E para que serve a comunicação?

01- Informar

Atividade importante para os profissionais e para as empresas. Essa interação representa o pleno desenvolvimento de estratégias, operações, sistemas, processos e integração entre as pessoas. De acordo com Vanoye (2003, p. 13), o termo informação, no seu sentido comum, designa um conjunto de indicações relativas a fatos, pessoas, etc.

02- Negociar

É por meio dos processos de negociação que as pessoas conseguem ser notadas, observadas e apreciadas. Saber negociar e praticar o seu próprio marketing pessoal bem como enfatizar suas ideias, propostas, sugestões, etc. são habilidades essenciais para o sucesso profissional;

03- Avaliar

Dentro do processo de comunicação, isto significa ajuizar, classificar. Todo profissional deve estar ciente da força dessa palavra dentro de sua comunicação e saber utilizá-la coerente e conscientemente, para o sucesso;

Profª. Esp. Tânia Maria Gebin de Carvalho

04- Convencer
Segundo Bueno (1976, p. 1013) convencer compreende o ato de persuadir, adquirir certeza. Todo profissional deve ter essa condição e o *coaching* pode, efetivamente, colaborar para o fortalecimento desta competência;

05- Imagem pessoal
É por meio de uma comunicação segura, eficiente e funcional que o profissional se notabiliza nos múltiplos ambientes em que transita. A comunicação leva pessoas ao sucesso e também ao insucesso.
A comunicação é o fornecimento ou troca de informações, de ideias ou de sentimentos, por meio de palavras, sinais ou de gestos.
Para tanto, deve ser:

A- Inteligível
Não deve existir dúvidas sobre o seu conteúdo. O profissional necessariamente deverá se manter sintonizado com o que fala e escreve para a transmissão eficiente e eficaz, zelando para que a sua comunicação seja clara;

B- Concernente
O processo de comunicação deve ser/estar totalmente relacionado com o assunto, trabalho, estratégia, etc., praticados. Não é interessante desviar o assunto, abordar questões alheias ao tema em discussão em determinado momento empresarial;

C- Natural
Caberá ao profissional os cuidados para o desenvolvimento de uma comunicação natural, ou seja, aquela que é considerada original, que é feita sem modelo, que tem caráter próprio.

D- Duradoura
É importante empregar argumentos relevantes, levar em conta o conhecimento prévio do outro para expandi-lo, colaborando para aumentar a permanência do novo. Dessa forma, os profissionais envolvidos serão permanentemente lembrados e valorizados. Mas cuidado com o quê e como será exposto, para não gerar efeito contrário.

E- Impressionante
É essencial que a comunicação provoque reações positivas dos ouvintes. Que as pessoas saibam utilizar os momentos de comunicação para darem e ganharem atenção, valorizar e serem valorizadas.

Coaching & Mentoring

Quando o processo de *coaching* evoluir no ensinamento das prioridades da comunicação para o sucesso profissional, será importante destacar:

01- Deve ser lembrado que entre o Emissor e o Receptor, quem influenciará a escolha do código na comunicação será sempre o Receptor.

02- O *coachee* (aquele que é diretamente envolvido pelo processo de *coaching*) deverá fazer as seguintes perguntas, antes de transmitir a sua mensagem:
• A mensagem é correta?
• Será possível suscitar dúvidas em sua análise?
• A linguagem empregada é adequada para a situação existente?
• A mensagem é compreensível e direta?

03- O *coachee* deve sempre lembrar-se da necessidade de interromper a sua comunicação no instante certo. Afinal, o diálogo envolve duas pessoas. Em caso contrário, será considerado um monólogo, sem o recebimento de *feedback*.

04- O *coachee* precisa estar sintonizado com o seu interlocutor, deixando-o sempre à vontade, para a eficiência de seu processo de comunicação.

O trabalho de *coaching* também deve alertar sobre pontos e questões que envolvem as falhas e problemas da comunicação. O emissor não pode se esquecer de detalhes, critérios e minúcias existentes no processo de comunicação e que podem, essencialmente, prejudicar a evolução de negócios, trabalhos e até a trajetória pessoal e profissional das pessoas.

Vejamos:

01- Falhas do Emissor
• Dificuldades na sua exposição verbal;
• Problemas com a sua redação;
• Falta de conhecimento de termos técnicos;
• Utilizar frases ou textos muito extensos;
• Pormenorizar detalhes irrelevantes no momento da comunicação;
• Excesso de erros verbais e escritos.

02- Falhas do Receptor:
• Desconhecimento dos assuntos debatidos/expostos;
• Experiência inadequada para a participação em reuniões empresariais;
• Deixar de prestar atenção aos debates/apresentações;
• Demonstrar desinteresse pelos assuntos apresentados ou pelo comunicador;
• Evidenciar questões de preconceito para com empresas, assuntos, pessoas e
• Apresentar infindáveis dificuldades de interpretação com os assuntos.

Profª. Esp. Tânia Maria Gebin de Carvalho

Para que um texto empresarial seja eficaz ele deve ter como princípio fundamental uma resposta objetiva para aquilo que é por ele transmitido.

O trabalho de *coaching* não pode se esquecer da menção às características do moderno texto empresarial, informando, alertando e demonstrando ao *coachee* a relevância deste assunto, principalmente para os seguintes pontos:
- Ser conciso: máximo de informação com um mínimo de palavras;
- Apresentar objetividade: exposição de ideias relevantes;
- Ser claro em suas abordagens, apresentações e comunicação;
- Construção coerente: as palavras que formam o texto devem estar alinhadas e utilizadas adequadamente, para uma comunicação eficiente e eficaz;
- Aspectos gramaticais: saber evitar a variação de linguagem e utilizar corretamente os critérios estabelecidos pela língua portuguesa.

A abordagem sobre o vocabulário a ser utilizado no processo de comunicação também merece um destaque. O *coacher* deve alertar e procurar a conscientização do *coachee* para que sejam utilizadas palavras que apresentem clareza, educação e atualização.

Outro ponto a ser discutido e evidenciado reside na importância do uso de palavras, expressões e formas de comunicação falada ou escrita de forma adequada. Referimo-nos à questão das gírias, que inundam nossos sistemas de comunicação e acarretam prejuízos a quem delas se utilizam. As pessoas que recebem a atenção de *coaching* devem ser conscientizados acerca da inviabilidade de utilização de expressões comuns, utilizadas em demasia nos sites, mensagens eletrônicas e no dia a dia das pessoas.

De conformidade com Vanoye (2003, p. 24) existem diversas formas de utilização da linguagem, conforme apresentado a seguir:

TIPO DE LINGUAGEM	LÍNGUA FALADA	LÍNGUA ESCRITA
Linguagem Oratória	Discursos e sermões	Linguagem literária, cartas e documentos oficiais
Linguagem Cuidada	Cursos, Comunicações Orais	Linguagem literária, cartas e documentos oficiais
Linguagem Comum	Conversação, Rádio, Televisão	Comunicações escritas comuns

Coaching & Mentoring

| **Linguagem Familiar** | Conversação informal, não "elaborada" | Linguagem descuidada, incorreta, linguagem literária que procura imitar a língua falada |

O *coacher* (aquele que ensina, comanda e orienta) deve se preocupar em evidenciar essas modalidades de linguagem e saber recomendar as alternativas adequadas que irão contribuir significativamente para o desenvolvimento e sucesso de seus *coachees*.

Peter F. Drucker (1909 – 2005), grande personagem da ciência da administração no século XX, responsável por novas e importantes estratégias, conceitos e práticas organizacionais, com aplicação para as organizações e pessoas, deixou a todos um de seus pensamentos que nos remete à questão da comunicação e por isso vale a pena destacá-lo e sugerir a sua análise e a devida prática.

"Os administradores têm de aprender a conhecer a linguagem; a entender o que as palavras são e o que elas significam. Talvez, mais importante de tudo, eles têm de adquirir respeito pela linguagem como o nosso dom e herança mais importante".

REFERÊNCIAS
BUENO, Francisco da Silveira. *Dicionário Escolar da Língua Portuguesa*. 10. ed. São Paulo: Fename, 1976.
CARVALHO, Pedro Carlos de. *Empregabilidade – a competência necessária para o sucesso no novo milênio*. 7. ed. Campinas: Alínea, 2011.
FERREIRA, Aurélio Buarque de Hollanda. *Novo Aurélio – o dicionário da língua portuguesa*. Rio de Janeiro: Nova Fronteira, 1999.
PERCIA, André e SITA, Maurício. *Manual Completo de Coaching*. São Paulo: Ser Mais, 2011.
VANOYE, Francis. *Usos da linguagem*. 12. ed. São Paulo: Martins Fontes, 2003.

39

A imprescindibilidade do *Mentoring* para o clima organizacional

Muito se ouve e muito se fala sobre as novas técnicas de gestão de pessoas, denominadas de *coaching* e *mentoring*, notadamente a partir do final do século XX

Prof. Me. Pedro Carlos de Carvalho

Prof. Me. Pedro Carlos de Carvalho

Mestre em Administração pelo UNISAL. Pós-graduado em Formação em Ensino a Distância pela UNIP e Graduado em Administração de Empresas pela ESAN – Escola Superior de Administração de Negócios. Professor de Ensino Superior em cursos de Tecnólogos, Graduação, MBA e Pós-Graduação. Autor dos livros: Empregabilidade – A Competência necessária para o sucesso no novo milênio (7 ed.); Administração Mercadológica (3. ed.); Recursos Humanos (1. ed.); O Programa 5 S e a Qualidade Total (5. ed.); A Trajetória do Sindicalismo (1. ed.) e Administração de Pessoal (1. ed.) (Editora Alínea de Campinas). Coautor dos livros; Ser + Inovador em RH; Ser + com Motivação; Ser + com *Coaching*; Manual Completo de *Coaching*; Ser + em Gestão de Pessoas; Capital Intelectual, Tecnologia em Recursos Humanos; Talentos Brasileiros do Secretariado Executivo; Manual do Secretariado Executivo e E-talentos humanos. Palestrante em Seminários, Conferências, etc., promovidas pela FATEP – Faculdade de Tecnologia de Piracicaba, Metrocamp, UNIP, UNISAL, Faculdade Anhanguera, FACP – Faculdade de Paulínia, Felcom Comunicação, Junior Consultoria, Empresas, etc. Profissional de Recursos Humanos na Ericsson, Philco, Sony, Singer, Alcatel, Ferronorte e Colocar RH. Diretor da AARC - Associação dos Administradores da Região de Campinas e da ANEFAC – Associação Nacional de Executivos de Finanças, Administração e Contabilidade.

Contatos
www.pedro.pro.br
pedrocarvalhorh@yahoo.com.br

Prof. Me. Pedro Carlos de Carvalho

Enquanto o *coaching*, segundo Carvalho (2011, p.85) compreende as atividades que permitem aumentar os níveis de qualidade e produtividade, integração, comprometimento, valorização e destaque de empresas e profissionais, o *mentoring* exerce uma outra importante função nessa difícil e louvável arte de orientar pessoas, seja no âmbito pessoal ou no mundo corporativo.

Na língua portuguesa, de acordo com Bueno (1976, p.848), mentor significa a pessoa que guia, ensina ou aconselha outra. É o profissional que age como conselheiro e compreende as qualidades imprescindíveis daquele que se torna o tutor de jovens profissionais, desenvolvendo trabalhos relevantes de orientação e demonstração de caminhos viáveis a ser seguidos, bem como compartilhando experiências e conhecimentos que serão decisivos para o sucesso em suas respectivas e novas trajetórias profissionais.

O profissional que é identificado, considerado e classificado como mentor ocupa uma posição de destaque e de muita representatividade no ambiente organizacional. Ele poderá ser acessado constantemente por todos aqueles que iniciam a sua história profissional, em busca de alternativas, posturas, reflexões, informações e esclarecimentos para o exercício de suas atividades.

A prática do *mentoring* significa então, todo o trabalho executado e direcionado àqueles que estejam iniciando as suas atividades profissionais, concernente à orientação, fornecimento de informações, identificação de oportunidades, estratégias e procedimentos a serem adotados para o desenvolvimento pessoal e o devido sucesso nas responsabilidades organizacionais.

Uma outra característica do *mentoring*, divergindo das práticas do *coaching*, é que não existe a determinação de prazos para essa atividade, ou seja, todo aquele que exerce a função de mentor poderá manter-se no comando desses trabalhos, fornecendo informações, detalhes, recomendações, etc., aos jovens profissionais, até o momento que for necessário, mediante reivindicações das próprias pessoas envolvidas, assim como da organização onde atua.

E o que pode ser objeto de análise e orientação no *mentoring*?

De conformidade com Marras (2000, p. 30), as organizações estão vivenciando uma experiência inédita, graças aos acontecimento históricos da era pós-moderna: as mudanças drásticas nas áreas econômica, tecnológica e de mercado – principalmente na última – têm exigido dos executivos verdadeiros exercícios de criatividade e coragem para enfrentar mudanças de uma magnitude e a uma velocidade jamais imaginadas. Nunca foi tão questionada a problemática decisória entre estrutura e estratégia no tocante à prioridade.

Coaching & Mentoring

Como causa principal de todas essas mudanças encontram-se a globalização da economia e a abertura dos mercados, ocasionando uma concorrência acirrada entre produtos e preços na década de 90.

E quando se comenta sobre mudanças nas organizações, e que podem e devem exigir o trabalho de *mentoring*, torna-se importante destacar e evidenciar questões envolvendo a cultura organizacional, que, segundo Dias (2007, p. 41), representa o conjunto de valores, crenças e entendimentos importantes que os integrantes de uma organização têm em comum. A cultura oferece formas definidas de pensamento, sentimento e reação que guiam a tomada de decisões e outras atividades dos participantes de uma organização.

E então, dentro da organização é possível perceber infindáveis situações que requerem análise, paciência, resiliência, flexibilidade, tomada de decisões, resignação, arrojo, destreza e proatividade. Os jovens profissionais podem se defrontar com múltiplas questões provenientes do ambiente organizacional, que se não forem bem cuidadas, poderão se transformar em empecilhos, obstáculos e até mesmo barreiras intransponíveis ao sucesso profissional.

E ainda resta comentar sobre a questão da estabilidade, que compreende um volume admirável de abordagens e que nos impele a evidenciar e tornar significativa essa estratégia, nas orientações a ser prestadas durante o *mentoring*.

De conformidade com Carvalho (2011, p. 91), estabilidade representa o direito do empregado de manter o seu emprego e não ser despedido, a não ser em situações extraordinárias. É a garantia jurídica de permanência do empregado na empresa onde mantém vínculo empregatício.

Vejamos, por exemplo, algumas outras questões que podem impactar no clima organizacional e prejudicar a carreira e ascensão de profissionais dentro das empresas.

Sempre se comenta acerca da realidade que envolve o vínculo empregatício e as relações entre supervisão e supervisionados. Muito se exige, muito se espera e muito se discute sobre isso.

Acreditamos que, independentemente da situação atual do país e das empresas, todos devem permanecer atentos a essa situação, dando a sua colaboração, apresentando sugestões e contribuições para a melhoria das relações de trabalho.

O mentor poderá debater diversos aspectos dessa realidade organizacional, objetivando despertar nos jovens orientandos a importância, prudência e posturas apropriadas para a convivência e a busca do sucesso, mesmo em ambientes nervosos, agitados e de muita pressão.

Dentro dessa forma de pensar, é possível lembrar de fatores importantes, indispensáveis e essenciais que, praticados, conduzirão,

Prof. Me. Pedro Carlos de Carvalho

de forma inequívoca, para a melhoria do clima organizacional, possibilitando a criação de um bom ambiente de trabalho, com pleno aproveitamento da capacidade humana, que poderá ficar motivada, dedicada e preparada para os constantes desafios profissionais.

Essa análise começa com a estabilidade no emprego, pois transmite segurança e propicia o devido assentamento do profissional, consciente de sua situação, sem o receio do desemprego. A realidade econômica do país e das empresas merece um constante acompanhamento, mas, sem dúvida, tudo o que for possível nesse sentido deve ser tentado, estimulado e praticado, para a criação de um clima organizacional positivo e que forneça as condições para que os jovens profissionais demonstrem suas qualificações e alcancem o sucesso almejado.

A oportunidade de promoção interessa a muitos (ou a todos) profissionais que, sabedores de seu potencial e de sua capacidade, se esforçam, apresentam resultados relevantes enquanto aguardam, com certeza, um reconhecimento que pode vir por intermédio de uma promoção para cargos mais representativos da estrutura organizacional das empresas onde desenvolvem suas atividades.

Um outro ponto muito importante é a percepção do recebimento de um salário justo. Quem é que não fica satisfeito quando recebe um salário coerente e ajustado com o seu grau de esforços, comprometimento e de contribuição à empresa?

De acordo com Ribeiro (2012, p.259), o salário é um poderoso motivador, pois com ele realizamos nossas funções na sociedade. Além do salário, tudo o que é concedido ao funcionário tem, por fim, um valor salarial – como um plano de saúde, por exemplo. Então, atualmente, fala-se em remuneração para definir o pacote concedido. O valor do salário leva em conta a especialização, a complexidade, a importância e até o excesso do tipo de mão de obra em questão.

Todos os profissionais devem manifestar-se desejosos de informações sobre o seu progresso no trabalho e isso deve ser praticado por seus superiores hierárquicos. É uma grande oportunidade para reflexões, revisões e reformulações de métodos e sistemas adotados e ate mesmo da manutenção do padrão desenvolvido em suas múltiplas atividades.

A empresa deve oferecer programas de treinamento e desenvolvimento de pessoal adequados, justos e atualizados e que visem, fundamentalmente, o aperfeiçoamento e aprimoramento da capacitação de seus colaboradores. Todos ficam satisfeitos quando são envolvidos, convidados, lembrados ou relacionados para a participação em programas de treinamento promovidos pela empresa onde atuam.

De acordo com Boog e Boog (2006, p.413), uma empresa tem como maior força as pessoas que a integram ou, sendo mais específico, o conhecimento que elas detêm. Mas, como utilizá-lo a favor das estratégias corporativas? Vejamos: é a área de Treinamento e Desenvolvimento de Pessoal que tem a responsabilidade de ajudar seus colaboradores a se adaptaram às mudanças cada vez mais rápidas no mundo dos negócios, e prepará-las para dar respostas rápidas e precisas, trazendo até elas conhecimentos específicos e desenvolvendo novas formas de pensar, novas atitudes e abordagens específicas, determinadas pelo momento. Por esses motivos, não me parece viável uma empresa hoje pensar sua estratégia sem contemplar Recursos Humanos de modo geral e Treinamento e Desenvolvimento de Pessoal especificamente.

Que os profissionais possam receber mais informações sobre a situação de sua respectiva empresa, cientificando-se dos produtos fabricados, clientes, fornecedores, resultados finais obtidos, questões trabalhistas, previdenciárias, sindicais, segurança do trabalho, ambientais, etc.

O reconhecimento pelo esforço dispendido na busca de indicadores e resultados planejados sempre é aguardado por todos aqueles profissionais que se dedicam e se envolvem nas suas atividades, em defesa da organização onde desenvolvem seus trabalhos.

Assim, eles também esperam uma recompensa, que pode ser concedida por intermédio de promoções, aumento salarial, participação nos lucros e resultados, prêmios ou até mesmo na forma de elogios, realizados por carta, intranet ou verbalmente, individualmente ou em grupo.

O trabalho de *mentoring*, quando é relacionado a questões que envolvem o clima organizacional, está diretamente ligado ao ambiente definido pela empresa para a prestação dos serviços determinados. Dessa forma, é possível lembrar e evidenciar a força e a importância do relacionamento do colaborador com todos os demais colegas da empresa. Um bom ambiente de trabalho e um convívio positivo e profícuo entre as pessoas contribui, sem a menor dúvida, para o aumento da satisfação do colaborador no trabalho e no alcance dos objetivos esperados.

Todos os profissionais anseiam, esperam e desejam ocupar cargos cada vez mais relevantes dentro da estrutura organizacional da empresa onde atuam. À medida em que são lembrados e conduzidos para posições mais destacadas, terão também muito mais satisfação e orgulho pelo trabalho e pela sua empresa.

Que todos os superiores hierárquicos sejam justos, eficientes e mantenham um bom relacionamento com todos os seus subordinados. Num momento em que atravessamos verdadeiros períodos de incerteza, com a falta de ética, respeito e consideração, é natural que essa abordagem não poderia deixar de ser enfatizada. Um superior hierárquico correto dá verdadeiros exemplos de padrões de conduta, sabe motivar seus colaboradores e acaba contribuindo, dessa maneira, para a melhoria do padrão de qualidade e de execução dos trabalhos definidos e para o bom ambiente dentro da empresa.

A empresa não pode se esquecer de fornecer aos seus colaboradores toda a estrutura necessária para a execução de suas responsabilidades. É necessário uma atenção redobrada para questões que envolvem máquinas, equipamentos, condições ambientais, segurança do trabalho, gestão ambiental, medicina do trabalho, suporte técnico, telefonia, instalações prediais, restaurante, etc, evitando despertar processos de insatisfação em decorrência da falta de planejamento e desenvolvimento de ações pertinentes e necessárias para dotar o ambiente de uma estruturação adequada e que possam prejudicar o desenvolvimento das atividades profissionais de todos os seus colaboradores.

Todos devem ser estimulados para a apresentação de ideias e sugestões. Essa oportunidade se reveste de extrema importância dentro da análise do mentor sobre a questão da melhoria do clima organizacional, pois cada profissional interessado em seu próprio desenvolvimento pessoal assim como pela observação ao planejamento e pela consecução e atingimento dos objetivos estabelecidos pela organização onde desenvolve suas atividades, deve ter essa atenção e valorização.

E, finalmente, que todos tenham a oportunidade de utilizar a iniciativa. Quando os colaboradores de uma empresa adotam esta prática, tornam-se mais valorizados e acabam sendo distinguidos dentre todos os demais e são observados com mais critérios e atenção para um planejamento futuro, no que concerne à condução/promoção para posições mais relevantes e estratégicas dentro das organizações.

O trabalho de *mentoring*, pertinente à orientação necessária para a melhoria e manutenção de um bom clima organizacional, não se faz ou se obtém simplesmente porque se quer ou se pretende.

O mentor tem uma grande responsabilidade sobre os jovens profissionais e o clima organizacional apropriado é viável quando fatores como esses, abordados anteriormente, são reconhecidos, observados e praticados no dia a dia das organizações, sem discriminação, a todos os profissionais.

REFERÊNCIAS

BOOG, Gustavo e BOOG, Magdalena (coords). *Manual de Treinamento e Desenvolvimento* – processos e operações. São Paulo: Pearson Prentice Hall, 2006.

BUENO, Francisco da Silveira. *Dicionário Escolar da Língua Portuguesa*. 10. ed. São Paulo: Fename, 1976.

CARVALHO, Pedro Carlos de. *Administração de Pessoal* – Práticas, Técnicas e Leis do Trabalho. Campinas: Alínea, 2011.

DIAS, Reinaldo. *Cultura organizacional*. 2. ed. Campinas: Alínea,2007.

PERCIA, André e SITA, Maurício. *Manual Completo de Coaching*. São Paulo: Ser Mais, 2011.

RIBEIRO, Antonio de Lima. *Gestão de Pessoas*. 2. ed. São Paulo: Saraiva, 2012.

40

O que é bem-estar? Uma visão sobre escolhas, resultados e economia

Tratamos da Felicidade e seus reflexos em pessoas e organizações. Agora, trazemos importantes fundamentos científicos das melhores práticas de *coaching* que consolidam resultados na vida e no mundo corporativo e também sobre correlações existentes entre sistema econômico, lucro e bem-estar

Ricardo de Castro Gonçalves

Ricardo de Castro Gonçalves

Coach Membro da ICF; *Coach* Emérito pela Sociedade Latino Americana de *Coaching/SLACoaching*, primeira organização de *coaching* no Brasil a receber reconhecimento e a estabelecer uma parceria direta com o ICPA - *Institute of Coaching Professional Association*, órgão afiliado à Harvard Medical School e melhor formação Internacional em *Coaching*, segundo a Latin American Quality Institute – órgão máximo que regulamenta a qualidade em toda América Latina, com reconhecimento da Organização das Nações Unidas, ONU. Formação e Certificação Internacional nos níveis *Master, Executive, Leader* e *Professional Coach* - SLAC/ICI; Formação e Certificação Internacional em *Life Coaching e Executive Coaching* pelo *Instituto de Coaching Integrado* - ICI; MBA em *Coaching* e Gestão Empresarial - FESPSP/SLAC. Advogado Especialista em Direito Público - IEJA/UFMG; Educador especialista em Inovações Curriculares. Palestrante e Educador Financeiro com curso de Consultoria em Investimentos Financeiros - FGV. Professor Universitário; Menção Honrosa pela Pace University Scholl of Law/ New York, EUA. Formação e Certificação Internacional nos *Assesments*: Perfil Comportamental DISC, Análise e Avaliação de Competências ASSESS e Análise e Avaliação de Inteligência Emocional 6 SECONDS. Associado da APPAL - Associação Latino Americana de Psicologia Positiva. *Trainer* do Programa *Expedition Coaching* da *Destination Leadership*/Canadá; Conselheiro Editorial do Mural do *Coach*; *Trainer* do Programa Points of You/Tel Aviv.

I - Introdução

O modelo de Gestão *Balanced Scorecard* (Indicadores Balanceados de Desempenho) apresentado pela Harvard Business School postula o "SER" como um dos quatro pilares fundamentais e lógicos de um sistema funcional! **O LUCRO É CONSEQUÊNCIA** inevitável da observação desse pilar e dos outros três EM CONJUNTO BALANCEADO: "cuidemos do DESENVOLVIMENTO das pessoas e o DEMAIS nos será acrescentado!" (HBR 2011).

Até mesmo Michael Porter (2011) sustenta mudanças com sua "Criação de Valor Compartilhado" incorporando o conceito de "sustentabilidade" socioambiental como parte do *corebusiness* das empresas.

A proposta da Psicologia Positiva - PP (Seligman 2011) é que Estados e Empresas olhem a economia sob a ótica do PIB e dos Lucros sim, mas *também* sob o prisma do bem-estar!

II - Afinal, o que é o bem-estar.

Segundo Dr. Seligman (2011), o bem estar é um construto, ou seja para entendê-lo precisamos entender os *elementos* que o integram:

1) A Emoção Positiva;
2) O Engajamento;
3) O Sentido;
4) A Realização;
5) Relacionamentos Positivos.

Os 5 elementos foram escolhidos por atender os seguintes **critérios:**

1º Contribuem para a formação do bem-estar;
2º Muitas pessoas buscam cada elemento pelo elemento em si;
3º É possível definir e mensurar cada elemento independentemente dos outros;

Bem estar pode ser visto, portanto, como fundamento da Vida Plena!

III - Os 5 Elementos do bem-estar e os 3 critérios

Segundo nos mostra Dr. Seligman(2011):

1) Emoção Positiva. É algo subjetivo: o que é bom para você pode ou não ser bom para mim! Suas medidas subjetivas "satisfação com a vida" e "felicidade" são pedras angulares do bem-estar e o integram! (1º critério). É óbvio que muitas pessoas buscam tais emoções (prazer, êxtase, conforto) independentemente dos outros elementos (2º critério), uma vez que "prazer", por exemplo, mesmo subjetivo, pode ser mensurado com exclusividade (3º critério).

2) Engajamento/Envolvimento/*Flow*. É um elemento subjetivamente avaliado, cuja percepção é pretérita, ou seja, quando você percebe, já foi! Assim: "foi algo maravilhoso", "o tempo passou que eu nem vi", "não me deu prazer, mas foi bom"... São algumas das frases presentes no engajamento quando você mergulhou sem sentir num estado de *FLOW* ou fluidez! Isso ocorre quando lemos um bom livro, pintamos um quadro, caminhamos na floresta, nos envolvemos com um importante projeto de trabalho, batalhamos para alcançar uma meta, jogamos com um filho. (1º critério). Muitas pessoas o buscam independente dos outros elementos e o fazem por estarem envolvidas, por adorarem aprender coisas novas ou vivenciar desafios ou momentos de fluidez (2º e 3º critérios).

3) Sentido. É caracterizado pelo pertencimento a algo que se acredita estar acima de nós ou ser maior do que nós (1º critério). Também possui um indicativo subjetivo (que caracteriza a emoção positiva), mas diferentemente do prazer, êxtase ou conforto (nos quais a pessoa tem plena certeza do que está sentindo naquele exato momento) seu indicativo subjetivo pode ser contraditado diante de uma apreciação menos apaixonada, mais objetiva ou lógica anos depois do fato em si (há 10 anos isso fazia sentido para mim, hoje não faz mais). Muitas e muitas pessoas (religiosas ou não) buscam sentido na vida, (2º critério), e quem o faz, nem sempre sente prazer, fluidez, busca por realização ou por relacionamentos positivos; é, portanto, independente dos demais elementos e tem mensuração própria (3º critério).

4) Realização ou Conquista. Esse elemento define-se pela afirmação (válida) de que as pessoas perseguem o sucesso, a vitória, a conquista e o domínio por elas mesmas em busca do bem-estar (1º critério). É cada vez mais frequente em *coaching* encontrarmos pessoas que buscam desenvolvimento tendo como metaconquistas que muitas vezes não produzem emoção positiva, sentido ou relacionamentos positivos, (2º e 3º critério) chegando até a comprometerem estes outros elementos!

Alguns exemplos encontrados no livro *Jogo Interior do Tênis* de W. Timothy Gallwey (2005) mostram que existem muitos jogadores (profissionais) que se contentam em jogar bem, fazer uma boa apresentação pública, ganhando ou perdendo! Outros jogam em busca de engajamento ou emoção positiva ou mesmo por pura diversão... Outros até jogam (apenas) para ganhar e até roubam para isso, não se implorando se jogaram bonito ou não!

A mesma lógica serve para riqueza, sucesso, mundo dos negócios, etc... Há os que querem fazer bonito, os que só querem ganhar (a todo custo) só se sentindo bem na vitória e/ou com a acumulação, há também os que não suportam perder, os que são alimentados por desafios 24 horas por dia, enfim: a conquista parece ser seu maior objeto de desejo e só depois de anos de conquistas acumuladas é que alguns destinam sua vida (na grande maioria em idade madura) ao "sentido", fazendo grandes ações filantrópicas (veja, não estamos aqui levantando discussões éticas!)

Nesse elemento Dr. Seligman nos mostra o papel descritivo da PP (e não prescritivo), ou seja, não é preciso buscar a Realização para ter bem-estar, mas muitas pessoas tem bem-estar na busca por Realização.

5) Relacionamentos Positivos. Nesse caso específico não temos como deixar de citar literalmente as palavras do Dr. Seligman (2011), tamanha sua precisão:

"Quando solicitado a resumir, em duas ou três palavras, do que se trata a Psicologia Positiva, Chistopher Peterson, um de seus fundadores respondeu: - das outras pessoas. Bem poucas coisas positivas são solitárias. Quando foi a última vez que você gargalhou escandalosamente? Qual a última vez que sentiu uma alegria indescritível? E quando foi a última vez que se sentiu muito orgulhoso de uma realização? Mesmo sem conhecer os detalhes sobre estes pontos altos em sua vida, sei que forma tinham: todos eles aconteceram em torno de outras pessoas. As outras pessoas são o melhor antídoto para os momentos ruins da vida e a fórmula mais confiável para os bons momentos. (...) Meu amigo Stephen Post, professor de Humanidades Médicas em Stony Brook, conta uma história sobre sua mãe. Quando ele era menino e sua mãe percebia que ele estava de mau humor ela dizia: - Stephen, você parece irritado. Por que você não sai e vai ajudar alguém? Empiricamente a máxima da mãe de Post foi rigorosamente testada e nós, cientistas, descobrimos que praticar um ato de bondade produz um aumento momentâneo de bem-estar maior do que qualquer outro exercício que já tenhamos testado."

A neurociência tem mostrado que a solidão, v.g., é tão debilitante do sistema nervoso que nos faz crer que a busca por relacionamentos positivos é um fundamento básico/fisiológico do bem-estar (Seligman, 2011).

Somos criaturas sociais. Nosso grande cérebro é fortemente adaptado para resolver problemas sociais, nos permitindo a necessária adaptabilidade que nos garante a sobrevivência nesse mundo. Portanto, os relacionamentos positivos são sim parte integrante do

Coaching & Mentoring

bem-estar! (1º, 2º e 3º critérios).

IV - PERMA e as 24 Forças

Assim, no resumo do bem-estar encontramos na sigla PERMA (Seligman, 2011), do inglês:

P - *Positive Emotion* (emoção positiva)
E - *Engagement* (engajamento)
R - *Relationships* (relacionamentos positivos)
M - *Meaning* (sentido)
A - *Achievement* (realização)

Nenhum dos elementos isolados define nosso bem-estar, mas juntos, o integram.

Contudo, sua integralidade possui ainda forças e virtudes que o **sustentam**. Essas são em número de 24 e estão assim agrupadas: (cada grupo possui um número específico de forças).

1º Sabedoria e Conhecimento (1. Interesse pelo mundo, 2. Gosto pela aprendizagem, 3. Discernimento, Pensamento Crítico, Imparcialidade, 4. Engenhosidade, Originalidade, Inteligência Prática, Esperteza, 5. Inteligência Social, Inteligência Pessoal e Inteligência Emocional, 6. Perspectiva, 7. Bravura e Valentia, 8. Perseverança, Dinamismo, Diligência, 9. Integridade, Autenticidade, Honestidade;

2º Humanidade e Amor (10. Bondade, Generosidade, 11. Amor, Capacidade de ser amado);

3º Justiça (12. Cidadania, Dever, Espírito de Equipe, Lealdade, 13. Imparcialidade e Equidade, 14. Liderança);

4º Temperança (15. Autocontrole, 16. Prudência, Discrição, Cuidado, 17. Humildade);

5º Transcendência (18. Apreciação da Beleza e da Excelência, 19. Gratidão, 20. Esperança, Otimismo, Responsabilidade com o Futuro, 21. Espiritualidade, Senso de Propósito, Fé, Religiosidade, 22. Perdão, Misericórdia, 23. Bom Humor e Graça, 24. Animação, Paixão, Entusiasmo);

Como podemos notar, o bem-estar está muito longe de ser apenas um "sentir-se bem" e vai além de se ter "felicidade" (emoções positivas + sentido + engajamento). Quanto mais PERMA, melhor!

E como desenvolvemos mais PERMA?

O *coaching* é um excelente caminho! Possui significativas ferramentas e metodologia muito específica que nos apoia a usar e a desenvolver as 24 forças e virtudes. Com o *coaching* podemos ainda mensurar objetivamente o progresso desse desenvolvimento e isso nos dá um forte aliado na busca por RESULTADOS!

V - Como isso tudo se relaciona com LUCRO ou PIB?

O capitalismo tem mostrado que é preciso modelar vida particular e gestão (pública e privada) de modo mais inteligente, global e sustentável!

As sucessivas crises econômicas mundiais e a moderna "crise de mão de obra" em que vivemos, nos obriga a ver que Governos e Empresas erram ainda por acharem que o correto "fim" da economia e da riqueza seja gerar mais riqueza!

Segundo pesquisas das mais sérias e relevantes apontadas por Dr. Seligman (2011), diversos índices que fazem subir o PIB, por exemplo, são inversamente proporcionais ao bem-estar das pessoas e da sociedade. Exemplos: mais divórcios, mais acidentes de carro, mais consumo de antidepressivos, mais consumo (e desperdício de alimentos que gera obesidade, diabetes e lixo), mais necessidade de proteção policial, mais distância para se chegar ao trabalho, mais trânsito... mais PIB!!! E é claro, menos bem-estar! Se olharmos as empresas, vemos o mesmo paralelo: mais trabalho, mais reuniões, mais horas extras, mais pressão, mais metas, mais reuniões de novo, mais concorrência, mais vendas... (e nem sempre mais lucro...)!!! Ah, é claro, menos bem-estar!

Mesmo sabendo que os paralelos entre Riqueza e Felicidade não são causais, ou seja, não é mais feliz quem é mais rico, nosso modelo econômico e social de busca por "mai$", tem comprometido o Bem-Estar!

Nossa proposta (que acompanha os estudos e comentários da PP) não é "o comunismo" x "o capitalismo"! Precisamos é de mais conhecimento aplicado na vida. Nos Governos e nas Empresas para que possamos fazer a riqueza dos Estados e os lucros da Companhias estarem também a serviço do bem estar e da manutenção da ordem econômica para presentes e futuras gerações!

Muito antes de ser um discurso "cor-de-rosa" ou "azul-bebê", vemos que de fato o *coaching* corretamente aplicado e fundamentado na PP e os melhores modelos de gestão *(Balanced Scorecard)* nos dão o melhor dos dois mundos, ou seja:

- quanto mais conseguirmos fazer com que as pessoas ao trabalhar tenham mais condições de se desenvolverem e aumentarem o significado de seus trabalhos;
- quanto mais tivermos espaço para que nas empresas o conhecimento tenha os melhores fluxos (gestão do conhecimento);

Coaching & Mentoring

- quanto mais tivermos pessoas preparadas para prever e resolver falhas de forma sustentável e eficaz (gestão estratégica);
- quanto mais valorizamos a inovação (não com a visão estreita da tecnologia implantada, mas com a sabedoria de que inovação é processo criativo, logo é coisa de GENTE e não de máquina);
- quanto mais as pessoas tiverem PERMA (emoções positivas, engajamento, sentido, realização e relacionamentos positivos) em suas ações na vida lá fora e dentro de suas profissões;
- quanto mais as lideranças atuarem de forma mobilizadora e inspiradora;
- quanto mais relacionamentos positivos pudermos gerar em nossa vida e com nossos parceiros de negócio;
- quanto mais *FLOW* (fluidez) nos for possível sentir em casa ou no trabalho e gerá-la também em nossos clientes;
- quanto mais as nossas 24 forças e virtudes forem estimuladas e vividas plenamente sem medo de parecermos inadequados ou seja lá o que for;
- quanto mais as pessoas se envolverem em processos de responsabilização e autorresponsabilização, ao invés de processos de culpa (seja na vida particular ou no escritório);
- quanto mais transcendência se conseguir, sabendo que nossos sistema nervoso "precisa" de momentos de paz e silêncio ao longo de um dia de trabalho (para eliminar o cortisol e outros hormônios do estresse);
- enfim, quantos mais "quanto mais" você quiser e de fato IMPLANTAR DE MODO BALANCEADO na sua vida e em seus negócios, MAIS SUA EMPRESA VENDERÁ... MAIS LUCRO VOCÊ TERÁ... MAIS PIB TERÃO OS ESTADOS E É CLARO: MAIS BEM ESTAR AS PESSOAS TERÃO!

Estará o bem-estar a serviço do desenvolvimento econômico, do lucro e das pessoas simultaneamente? SIM! Mãos à obra!

REFERÊNCIAS
ARISTÓTELES. *Ética a Nicômaco*. São Paulo: Nova Cultura, 2004.
DRUKER, Peater F., e outros. Harvard Business Review, Rio de Janeiro: Ed. Campus, 2000.
GALLWEY, W. Timonthy. *O jogo interior de tênis*. São Paulo: Ed. Texto Novo 1996.
SELIGMAN, Martin E. P. *Felicidade Autêntica*. Rio de Janeiro: Editora Objetiva, 2009.
_____. *Florescer*. Rio de Janeiro: Editora Objetiva: 2011.
_____. *Aprenda a ser Otimista*. Rio de Janeiro: Editora Nova Era, 2010.
_____. *Positive psychology, positive prevention, and positive therapy. Handbook of positive psychology*. New York: 2002.
WHITMORE, John. *Coaching para performance: aprimorando pessoas, desempenhos e resultados: competências pessoais para profissionais*. Rio de Janeiro: Qualitymark, 2006.
DRUCKER, Peter. *Desafios gerenciais para o século XXI*. Pioneira, 1999.
TOFFLER, A. *O Choque do Futuro*, São Paulo, 1971.
HSMManagement, Setembro-outubro 2011, in hsmmanagement.com.br

41

Coaching e *Mentoring*: como ultrapassar a barreira do comum e vencer na vida pessoal e profissional

O profissional do futuro é alguém que possui competências profissionais agregadas a habilidades que geram bons relacionamentos interpessoais podendo agregar conhecimento e sabedoria garantindo assim o aumento da performance de seus liderados e de si

Roberta Monzini

Roberta Monzini

Diretora Comercial da Legacy Training "gestão de pessoas"; *Coach Executive , Life Coaching e Coach Quântico* (Quantun Evolution)- Formação: pelo ICI -Integrated Coaching Institute. Palestrante pela Academia do Palestrante. Presta consultoria a empresas com programas e palestras de treinamento de equipes, baseados nos princípios da evolução Quântica; Especialista em Gestão de Pessoas, desenvolvimento de potencial humano e em equipes de alta performance com mais de 10 anos de experiência em treinamentos.

Contatos
www.robertamonzini.com.br
contato@robertamonzini.com.br
(61) 9293-1224

Em quase todos os treinamentos que ministro sobre *coaching*, sou questionada se todos nós nascemos para sermos líderes ou se liderança se desenvolve em nós. Acredito que certamente todos nascemos para liderar. Ao dizer isso, não me refiro ao fato de que todos deveriam ocupar posições de Gerência, Diretoria, Vice-Presidência, CEO´S, pois liderança vai muito além de cargos e posições.

O líder que ultrapassa a barreira do comum e vence na vida pessoal e profissional desenvolveu uma grande competência: a de liderar a si mesmo. É o novo modelo de líder do século XXI, onde o parâmetro de dar o melhor de si não cabe somente na vida profissional. Aliás, as organizações estão cansadas de grandes líderes que em um determinado momento de sua liderança fracassam por não terem o controle de suas vidas pessoais, o que acaba interferindo de certa forma em seu desenvolvimento profissional.

Todos buscam o reconhecimento, a admiração e o respeito de seus líderes e liderados. O líder que vence a barreira do comum é alguém que ultrapassa o ambiente do sucesso profissional, conquistando, além do reconhecimento, admiração e respeito como profissional, a satisfação na vida pessoal, gerando resultados em toda a esfera da sua existência.

Para isso, é muito importante você se descubra, dê um significado para sua vida, apaixone-se pelo seu destino e conheça sua vocação. Coloque um propósito de vida para cada momento e apaixone-se perdidamente por você mesmo.

Um dos grandes conflitos do ser humano é gerado por desconhecer seus mais profundos anseios, colocando foco em uma determinada área de sua vida na qual certamente se destaca e se negligencia na sua totalidade.

Sentir-se importante é uma das maiores necessidades para a satisfação do ser humano, mas se você é alguém que tem alcançado o sucesso em determinada área de sua vida, sabe que existe dentro de você uma expectativa de si próprio a respeito de seu sucesso como um todo. É para você que deseja ter satisfação em todas as áreas de sua vida que escrevo esse texto, com o objetivo de aumentar sua percepção sobre si mesmo e finalmente gerar o mesmo ambiente de sucesso que você conquistou um dia com seu esforço e determinação, transformando sua casa, seus relacionamentos, suas emoções e tudo que o rodeia em um ambiente de sucesso que o acompanha, por onde quer que esteja. Para isso, é importante que nunca se esqueça de que:

O conforto é o seu grande e maior inimigo

Não é tão difícil assim colocar propósito em sua vida, apaixonar-se por sua totalidade, estabelecer metas para seus maiores sonhos e descobrir de tabela como você pode fazer a diferença na construção de sua história de vida. Você não precisa ser Maomé ou Gandhi para dar luz a sua vida, para dar propósito a sua existência, formar seus sonhos, alcançando harmonia em toda sua história, fazendo de sua vida uma sinfonia leve e deliciosa de ser vivida.

Comece respeitando seus sonhos, aceitando a ideia de que sua zona de conforto pode ter sido seu grande e maior inimigo no decorrer dos anos.

No meu curso de *Life Coaching* com princípios valiosíssimos de Física Quântica, levo as pessoas a descobrirem sua origem e o motivo pelo qual buscam o sucesso. Isso é fundamental para que possam redesenhar seu futuro, valorizando sua existência e compreendendo que "coisas" não nos trazem felicidade (embora o acesso a elas torne nossa vida mais fácil), e assim podemos descobrir o propósito pessoal de cada um, facilitando e estimulando o desejo de lutar ardentemente e conscientemente contra a zona de conforto que o impede, por diversas vezes, de viver o melhor de si mesmo em cada parte de você.

Sugiro que se autoavalie. Para isso, é necessário que fique um tempo sozinho, em um lugar tranquilo onde possa desligar o celular, esquecer os e-mails não lidos, se desconectar, relaxar e por um minuto pensar em toda a sua vida hoje (não vale o passado). Você não pode voltar no tempo e casar com aquele seu sonho de adolescência que já passou e você nem sequer sabe se está vivo, e também não dá para lembrar aquela oportunidade que deixou escapar por falta de maturidade. Por favor, lembre-se de um princípio do *Coaching* em trabalhar "o hoje" com foco para "o amanhã".

O que ficou para trás pode ter sido maravilhoso, mas não vai ajudá-lo nesse momento em que estará avaliando o seu nível de satisfação com o objetivo de perceber quais áreas de sua vida você tem simplesmente deixado "o destino guiar", "as coisas acontecerem", no "estou levando", "estou indo" e no fundo no fundo, mas não tão profundo, você sabe que podia dar o melhor de você.

Aproveite esse momento que é só seu e pense:

Como está minha vida pessoal? Tenho o relacionamento que desejo? Como está minha vida profissional? Tenho o sucesso que almejo? O amor e o respeito que espero? Tenho o físico que admiro ou a saúde que sonhei? Tenho paz? Minha companhia é agradável a mim mesmo?

Sair da zona de conforto não significa jogar o que tenho para os ares, até porque, às vezes, essa pode ser a atitude mais confortável. Sair dessa situação é ultrapassar a barreira do comum implica sempre um investimento maior em uma determinada área que estava adormecida e com pouco ou nenhum investimento.

Recentemente, atendi em Brasília o Diretor Geral de Compras de um grande órgão público, muito bem-sucedido profissionalmente e com um modelo mental de sucesso muito bem estabelecido. Um visionário, um resiliente profissional, um homem que chegou à cidade em condições precárias, montado num jegue com seus pais vindos do interior do Ceará para tentar uma vida nova na época da construção da cidade de Brasília.

Ele venceu a barreira do comum e sua vida profissional foi muito além da de seus irmãos. Investiu nos estudos, embora seus pais não o apoiassem, pois Brasília necessitava de mestre de obras e não de estudantes. Formou-se mesmo em condições adversas, tendo que pegar dinheiro emprestado da condução, alimentando-se quando possível, e com muita luta e dedicação de anos foi aprovado num concurso público. Iniciou na carreira como desenhista técnico e foi se destacando até ocupar um dos maiores cargos de órgãos públicos do País.

Muito bem-sucedido financeiramente, comprou imóveis, investiu em diversas viagens, ajudou seus pais, irmãos, familiares e hoje é o orgulho da família.

Eu havia sido contratada para trabalhar seu modelo de liderança coercitivo que estava impactando negativamente a harmonia de seus liderados. Porém, ao iniciarmos o processo de *coaching*, em poucas semanas ficou claro que, embora seu modelo de gestor demonstrasse força e grandeza, estava ali na minha frente um homem frágil e inseguro com uma vida pessoal desacreditada e negligenciada.

Eu lhe pergunto:

Ele é bem-sucedido na sua totalidade? Esse é o líder de sucesso?
Não falo somente de resultados profissionais, ele os têm e são inúmeros, mas me refiro ao grau de satisfação com sua vida pessoal.
Esse homem tinha os piores finais de semana que já ouvi alguém descrever, sempre à procura de algo que o fizesse esquecer sua iminente solidão. Solteiro, com mais de 52 anos, havia decidido (baseado em suas experiências falidas) que investir em um relacionamento novo poderia dar trabalho e lhe trazer frustrações, concluindo que o melhor a fazer seria usufruir de tudo que ele havia conquistado na vida profissional "sozinho".
Não que eu tenha nada contra os solteiros com mais de 50 anos, mas nesse caso, especificamente, ele havia verbalizado seus sonhos, seus valores, deixando claro no decorrer do processo que relacionamentos, harmonia, aliança e uma boa companhia era o que mais lhe trazia satisfação num dia perfeito.

Coaching & Mentoring

Ele estava deliciosamente acomodado na poltrona mais macia do universo chamada zona de conforto. Como profissional *Coach* Quântica, usei ferramentas poderosas que o levaram a se perceber e perceber também que um dia a conta a se pagar por suas escolhas bateria à sua porta, por mais aconchegante que fosse a "poltrona da zona de conforto".

Ele havia criado para si argumentos fortes de que "investir na vida emocional" nunca valeu a pena e colocou toda a sua energia investindo e conquistando sucesso na área profissional. Foi maravilhoso vê-lo redesenhar seu futuro emocional e colocar propósito em toda a sua vida.

E você?

Já pensou no grau de satisfação que se encontra sua vida emocional, profissional, física, social e até espiritual?

O próximo passo é investir em uma dessas áreas que você sabe que tem estado "deliciosamente estagnada" e nos próximos três meses correr para o ataque.

O que você pode fazer para aumentar o seu grau de satisfação nessa área de sua vida?

Sugiro que depois dessa autoavaliação, você possa definir uma meta semanal para investir na área estagnada de sua vida.

Se for seu casamento, que tal um "dia da esposa" sem falar de filhos ou problemas? Um dia da semana só para vocês saírem, jogar papo para o ar e namorarem fora de casa!

Ou quem sabe você vai perceber que necessita investir na área física ou intelectual? O que pode fazer para sair da zona de conforto? Atividade física? Caminhada de 20 minutos?

Na área intelectual, que tal separar tempo para fazer aquele curso que você está namorando há um tempão?

Comece aos poucos, estabeleça metas, persevere mesmo diante dos obstáculos da alta demanda de atividades que um dia você escolheu para si.

Respeite-se, observe-se e se conheça!

Invista em você, na sua casa, sua família, seu corpo, sua saúde e corra atrás do prejuízo. Abra mão de alguma coisa para investir em sua necessidade pessoal, vai valer a pena! Você merece!

Nem você, nem sua vida é um acidente cósmico. Você pode e deve ser feliz na sua totalidade!

O sucesso com certeza será um ambiente estabelecido em todas as áreas de sua vida.

Todos nascemos para sermos líderes, pois quem governa a sua vida mal com certeza não está vivendo o melhor que o universo lhe proporciona, o espetáculo da vida foi feito para você brilhar, sonhar e realizar!

Tenha o domínio de toda a sua vida e não somente de "parte de sua vida", coloque hoje propósito para sua existência.

Desenvolva a competência de não estagnar nunca mais em nenhuma área de sua vida.

Faça essa autoavaliação anualmente e estabeleça um plano de ação para mudar essa situação.

Diferentemente de todos os outros seres vivos do mundo, nós podemos escolher nossos caminhos. Escolha o caminho do sucesso para tudo o que você fizer! Sucesso em tudo!

Observe forma como você pensa, os argumentos que usa para se convencer de não tomar nenhuma atitude diante dos seus sonhos.

Há muito mais satisfação em crescer, se desenvolver, lutar e alcançar seu sucesso profissional e pessoal, do que no suposto aconchego da zona de conforto.

Perceba-se, conheça-se e se permita ser a sua melhor versão. Às vezes a mudança levará um tempo e muitos momentos de sucesso e fracasso. Tenha a certeza que no final você vai conseguir, a recompensa virá.

Transforme sua força de vontade em um hábito, lute por isso, lute pelos seus sonhos, tenha insatisfação produtiva que o leva não à sensação de fracasso e desmotivação mas de lucidez rumo a uma atitude diante de sua situação atual. Tenha uma referência em quem se inspirar, ande com os melhores, ouça os melhores e aprenda com eles. Não os inveje, ao contrário se conecte a eles de alguma forma.

E por ultimo: decida, encontre alternativas que o motivem a estar a cada dia um passo a mais do seu ideal. Identifique sua rotina, se organize, planeje seus sonhos. Ouse vivê-los e experimente a sensação de superar a si mesmo.

Coaching & Mentoring

42

Coaching Ontológico: um caminho para viver na diversidade

O artigo usa um relato para dar suporte aos elementos que fundamentam o *Coaching* Ontológico pois, entendemos que não há como dissociar um do outro. Assim, analisamos as ações e reações na interação entre um cadeirante e um senhor de idade a partir do olhar do *coaching*. Desse modo, se queremos propor um caminho para viver na diversidade, ele se dá quando a vida, ao invés de ser relatada em julgamentos é baseada em fatos

Roberto "Bob" Hirsch & Moacir Rauber

Roberto "Bob" Hirsch & Moacir Rauber

Roberto "Bob" Hirsch - *Coach* Executivo, de Carreira e de Equipes. CEO do Opus Instituto de Desenvolvimento Humano e Organizacional, Mestre em Psicologia e Psicólogo, Especialista em Criatividade (University Buffalo-NY-USA), Dinâmica dos Grupos. Idealizador da Formação Internacional em Coaching Ontológico, no Brasil. Professor de MBA na ESPM, FIA/USP, SENAC, PUC/PR. Conferencista e Facilitador em Congressos no Brasil e América Latina.

Contatos
www.opusinstituto.com.br
bobhirsch@opusinstituto.com.br
(11) 98588-7194 e 5565-0685

Moacir Rauber - Bacharel em Secretariado Executivo pela UNIOESTE, MBA em Marketing pela UNIPAR, Mestrados em Engenharia de Produção pela UFSC e Gestão de RH pela UMinho - Braga, Portugal. Experiência profissional nas áreas Administrativa, Secretariado, Gestão de RH, Vendas, Planejamento Estratégico. Professor Universitário. Formação e atuação orientada em *Coaching* Ontológico, além de ser palestrante e escritor.

Contatos
www.olhemaisumavez.com.br
mjrauber@gmail.com

Roberto "Bob" Hirsch & Moacir Rauber

O *Coaching* Ontológico tem como premissa básica em sua definição ser "um Processo de Aprendizagem Transformacional". Por que transformacional? Porque para nós aprendizagem é o processo no qual o cliente (ou *coachee*) transforma sua maneira de observar o mundo e principalmente de "assumir responsabilidade" por suas ações.

Em nossa formação em *Coaching* Ontológico trabalhamos, entre outros conceitos, a ideia de "adiarmos julgamentos" e "buscarmos fatos" dentro do contexto em que estamos. Temos por objetivo procurar entender qual o modelo que leva o cliente a apresentar determinadas ações ou comportamentos, pois, dessa maneira, conseguimos separar o que são opiniões e julgamentos de fatos e dados. Por que fazemos isso? Porque acreditamos que as mudanças efetivas e duradouras somente acontecem quando o cliente aprende a identificar o seu modelo de pensamento e aí sim a buscar uma maneira "diferente" de atuar no mundo e na vida cotidiana. Quando isso ocorre temos a certeza de que houve uma mudança nesse indivíduo, através de seu "olhar o mundo" e principalmente do "assumir a responsabilidade por suas ações". Desse modo, sabemos que o processo de *coaching* foi eficaz e conseguiu sua real função que é a de propiciar respostas diferentes a questões ou situações repetitivas, uma vez que estas respostas também trarão resultados diferentes.

Vamos apresentar um relato que Moacir vivenciou, aproveitando-o para fazer as devidas relações com as reflexões. Cabe destacar que Moacir é "cadeirante" e por isso goza das prerrogativas destinadas às pessoas com deficiência. O relato está em primeira pessoa.

Sai daí, seu F.D.P.!

Lá vinha eu rodando devagarinho procurando um local para estacionar. Estava numa rua paralela próxima da Catedral da cidade de Cascavel no Paraná. Um pouco mais a frente vi uma placa que identificava uma vaga para pessoas com deficiência. *Ainda bem!* pensei. *Tomara que esteja livre...* Eu já estava em cima da hora para um compromisso num local ali próximo e não havia outro lugar para estacionar. Fui me aproximando da vaga e vi que estava vazia. Estacionei. Subi o vidro. Desliguei o carro. Peguei minha pasta com os documentos no banco ao lado e coloquei no painel em minha frente sobre o volante. Nesse momento vi que havia um homem ao lado da minha porta esbravejando. Gesticulava muito. Parecia irritadíssimo. Mesmo sem olhar comecei a procurar entender o que estava dizendo. Identifiquei palavrões e uma frase mais ou menos assim:

- *É por isso que esse país não funciona. As pessoas não respeitam nada nem ninguém. E o senhor aí todo engravatado acha que pode tudo. Sai daí, seu F.D.P!!!*

Coaching & Mentoring

No primeiro instante não havia entendido o motivo de tanta irritação por parte daquele senhor. Ele deveria ter lá seus oitenta anos. Inicialmente fiquei até um pouco receoso que pudesse ser um maluco, mas logo me dei conta do que estava acontecendo. Fiz de conta que não era comigo. Comecei a me movimentar para pegar a minha cadeira de rodas que estava desmontada na parte de trás do assento do carona. Peguei o quadro da cadeira, puxei-o sobre mim, abri a porta do carro e baixei-o no chão já do lado de fora. Vi de relance que aquele senhor nervoso havia parado de gesticular. Fiz um novo movimento e peguei uma roda, encaixando-a no quadro da cadeira. Fiz novo movimento para colocar a outra roda. O senhor do lado de fora deu dois passos para trás. Ajeitei a cadeira. Puxei-a o mais próxima que pude do carro para poder fazer a minha transferência do banco para a cadeira. Olhei para aquele senhor que agora já estava literalmente com o queixo caído. A cara de espanto não negava que quem não estava entendendo nada agora era ele. A mão no queixo. Ele estava completamente paralisado... Fiz um movimento brusco saindo do carro para a cadeira de rodas. Ajeitei minhas roupas, a gravata e peguei a minha pasta que estava no painel do carro. Fui um pouco para trás e fechei a porta. Novamente olhei para aquele senhor que tentava falar algo:

- Bem... Uh... Não sabia...

Eu aproveitei para cumprimentá-lo:

- Boa tarde, tudo bem com o senhor?

Ele finalmente conseguiu falar:

- Boa tarde, tudo bem...

Em seguida o senhor ficou novamente em silêncio, com um olhar incrédulo, analisando-me de cima a baixo. Eu somente o encarei com um sorriso e disse:

- Tudo certo! Até mais...

Em seguida comecei a me locomover para dirigir-me ao meu compromisso. Foi então que aquele senhor conseguiu falar outra vez:

- Olha, o senhor me desculpe... É que eu fico aqui olhando e o pessoal que estaciona aqui não tem nada (deficiência...). Quando falo alguma coisa eles ainda dão risada e me insultam...

- Não há nada que se desculpar. Eu é que agradeço, porque se todos fizessem assim como o senhor certamente o lugar seria respeitado. Muito obrigado!!!

Há duas situações a serem analisadas na cena: a primeira refere-se a vaga de estacionamento e a segunda a reação daquele senhor.

Na primeira situação tem um agravante para o cidadão que respeita as leis e, consequentemente, as vagas para as pessoas com deficiência. Acreditamos que as pessoas com deficiência, sempre que podem, devem estacionar nas vagas a elas destinadas. Afinal, esse é o objetivo. O problema se dá quando uma pessoa que não tem deficiência ocupa uma dessas vagas apenas por "um minuto". A partir de então, as pessoas com deficiência não podem ocupar a vaga e estacionam em outra qualquer. Em seguida a vaga que era destinada para as pessoas com deficiência é desocupada e o carro da pessoa com deficiência, que lá deveria estar, está ocupando uma vaga comum. Desse momento em diante o carro da pessoa com deficiência passa a ocupar duas vagas dos cidadãos que respeitam as leis. Desse modo, os cidadãos que respeitam as leis não vão estacionar nas vagas destinadas às pessoas com deficiência que têm seu carro ocupando a vaga dos cidadãos comuns. E a outra vaga permanece desocupada. O não cumprimento das normas estabelecidas pela sociedade por parte de seu integrantes produz reflexos em cadeia afetando a vida de outras pessoas.

A segunda análise se refere a reação daquele senhor frente ao fato de alguém estacionar na vaga reservada para pessoas com deficiência. Conforme revelado pelo Moacir, inicialmente ele se divertiu com a situação. Porém, nós queremos analisar os julgamentos rápidos que, normalmente, fazemos quando pensamos que entendemos o que está acontecendo, mesmo sem uma avaliação mais profunda da situação. Isso ocorre quando usamos apenas o passado para nos fundamentar em ações presentes ou mesmo nos estereótipos que carregamos em nossos modelos mentais. No programa de formação em *coaching ontológico* o Prof. Bob trabalha uma ferramenta denominada "Escada de Inferências" que trata das ações que tomamos baseadas em julgamentos que fazemos a partir da visão, muitas vezes, limitada de uma situação. Como no caso relatado, aquele senhor se baseou na observação de um fato que ocorria diante de seus olhos, escolheu alguns elementos, relacionou-os com outros acontecimentos semelhantes registrados em sua base de dados, articulou-os entre si e fez um julgamento. Fez as associações de forma rápida sem uma análise mais profunda da situação, elaborou uma proposta e partiu para ação. Esse processo todo ocorreu nos instantes passados entre observar o carro e partir para os insultos. Poderia se dizer que o senhor pegou o "elevador" e não usou a escada de inferências, porque suprimiu alguns de seus degraus. Não observou o fatos tão atentamente como imaginara, porque se ele o tivesse feito teria visto que o carro do Moacir tinha o adesivo do símbolo universal da acessibilidade que identifica usuários com deficiência. Assim, a seleção dos dados usados para articular com outros já registrados em sua memória foram insuficientes, prejudicando todo o percurso de raciocínio que o levaram a julgamentos que fundamentaram as suas ações. Tivesse aquele senhor dado um passo atrás, ampliado o seu campo de visão, percorrido todos os degraus previstos na escada de inferências, certamente a sua ação teria sido outra. Não teria "pagado o mico" de ter que se desculpar, mesmo acreditando estar fazendo a coisa certa.

Desse modo, antes de falar para alguém, Sai daí seu F.D.P.!, dê um passo atrás, amplie sua visão, rearticule os dados, analise e proponha uma ação condizente com a situação.

Com a situação exposta acima, desejamos mostrar que aquele senhor se equivocou ao emitir um julgamento tão somente baseado em suas experiências, chegando assim a uma conclusão errada. Um *Coach* em um processo de *coaching* (pode-se entender que foi o que fez Moacir) somente é eficaz quando busca conhecer seu cliente entendendo o seu modelo mental ou de pensamento, antes de qualquer contribuição que possa apresentar. O *coach* deve perceber quais as crenças que estão fundamentando as informações que o levam a tomar decisões e a atuar no mundo. Frente a esta contextualização o *coach* pode identificar se o cliente está agindo tendo como referência opiniões e julgamentos ou fatos e dados.

Por que dizemos isso? Porque os modelos mentais, não são, de modo algum, necessária ou absolutamente certos, uma vez que foram desenvolvidos em torno de uma dada circunstância da vida do cliente. Diferentes modelos mentais geram distintas interpretações e aprendizados, que condicionam comportamentos, pensamentos, sentimentos e opiniões, que por sua vez geram ações.

É considerando este contexto que o *coach*, com formação em *Coaching* Ontológico, atua. Como ele faz isso? Ele o faz usando duas ferramentas dialógicas: a Argumentação e a Indagação. Experimente aplicar os passos sugeridos abaixo para alegar e para indagar produtivamente.

- **Para alegar produtivamente** (quando quiseres apresentar uma opinião, ideia, proposta, projeto, etc):

1. Formule uma opinião.
2. Exponha dados, observações e exemplos.
3. Processe e analise o padrão de raciocínio.
4. Entenda o objetivo, propósito e o possível resultado.
5. Tenha uma proposta de ação.
6. Cheque a compreensão do outro

- Para indagar produtivamente (quando desejares conhecer "o olhar" ou "ponto de vista" do outro e colaborar com a explanação):

1. Escute com autêntico interesse e aceite respeitosamente (mesmo que não concorde).
2. Solicite dados, exemplos, fatos, observações, etc.
3. Pergunte por padrões e analise a lógica do raciocínio.
4. Entenda os objetivos, os propósitos e os desejos.
5. Indague por propostas.
6. Cheque a própria compreensão (reflexão com possibilidade de correção e/ou ampliação).

Estas ferramentas devem ser usadas de forma extremamente respeitosa e demonstrando um autêntico interesse em conhecer com profundidade como o cliente apresenta suas posições, ideias, propostas e também como apresenta ou declara seus pontos de vista (como diz Humberto Maturana, respeitando-o como um "legítimo outro").

Por fim, evite julgar e sim compreender quais os reais pressupostos que levam uma pessoa a agir como age. Caso tenha interesse em conhecer mais sobre estas ferramentas entre em contato conosco que teremos o maior prazer em aprofundarmos o assunto.

Coaching & Mentoring

43

O poder da decisão

Leve a sério suas decisões! Elas podem mudar tudo. Lembre-se, passado e futuro não existem por si mesmos, e sim como resultados do "presente" que o Universo nos concede, o de podermos decidir agora, o que será nosso passado e como será nosso futuro. Neste artigo, falo sobre O Poder da Decisão! Espero que você queira hoje se dispor a crer que suas decisões têm o poder de influenciar o universo!

Rodrigues de Andrade V.

Rodrigues de Andrade V.

Desde 1989 atuando em radiodifusão, carrega diversas experiências, como, por exemplo, apresentador de programas musicais, jornalísticos e shows ao vivo. Especialista em entrevistas e mediação de debates; repórter externo; noticiarista; produtor de textos de notícias e marketing; palestrante motivacional, de técnicas de vendas e de relacionamento interpessoal. Experiência em gerência de recuperação de créditos e telemarketing; assessor jurídico; coordenador de campanhas políticas; orientador espiritual; com dois seminários teológicos; diversos cursos auxiliares e outras experiências. Em *Coaching* tem atuado nas áreas de *Life Coaching, Executive Coaching, Team Coaching*, e vendas com diversas palestras voltadas para Administração Financeira Pessoal com ênfase em produzir e acumular riquezas.

Contatos
(62) 8578-8666
(62) 9372-6732

Rodrigues de Andrade V.

Há um determinado momento que passamos a decidir tudo em nossa vida. Longe de imaginar que isso acontece só quando adquirimos a chamada maior idade, não! Essas escolhas começam bem cedo, no momento em que já podemos decidir se levantamos logo ao acordar ou se ficamos até mais tarde na cama. E essa é uma escolha que vamos fazer todos os dias de nossas vidas. É claro que temos decisões que nos parecem bem mais complexas do que a de levantar ou não da cama, no entanto, qualquer escolha terá suas complicações e é exatamente nesse ponto que pretendo me deter e mostrar como podemos nos recorrer ao processo de *coaching* para ultrapassar a barreira do comum e vencer na vida pessoal e profissional. Vamos imaginar alguns quadros. Acompanhe algumas situações fictícias e com personagens igualmente fictícios, embora possam se assemelhar à vida de muitos de nós.

Rafaela é uma estudante do matutino e que invariavelmente chega atrasada, mas em um dia desses resolveu não ir ao colégio. Nada demais se considerarmos que ela é uma aluna de ponta e com facilidade em aprender. Acontece que o professor resolveu aplicar uma avaliação surpresa que podia ser feita em dupla. Logo, a Julinha correu os olhos de um lado pro outro, olhou a hora no celular e nada! Rafaela, com quem havia feito todos os trabalhos da matéria não chegara. Resultado: Julinha se saiu tão mal na prova que perdeu a matéria. Podemos ver que a decisão da Rafaela de não ir ao colégio afetou a vida de outras pessoas e não só a dela mesma.

Um outro exemplo facilmente identificado em nossos dias é a de uma família comum, na mesa do café da manhã, quando a criança deixa cair, sem querer, um copo de suco, derramando sobre a camisa do pai, que já estava pronto para ir ao trabalho, logo depois de deixar a criança no colégio, como rotineiramente fazia. A partir daqui podemos imaginar duas escolhas que o pai podia tomar. A primeira e mais comum seria essa: o pai fica irritado e se desespera por imaginar que agora vai se atrasar. Aos gritos provoca uma desordem, a criança chora, a esposa se apressa em preparar outra roupa enquanto o pai vai para o banho reclamando e xingando até a décima geração da criança. Para a criança não se atrasar ainda mais, a mãe chama um táxi e a criança vai aos prantos para a escola. O pai sai nervoso, bate o carro, briga no trânsito, perde uma reunião importante na empresa, é demitido e tem o pior dia de sua vida! Mas podia ser diferente.

Imaginemos uma outra decisão. A família está na mesa do café da manhã, quando a criança deixa cair, sem querer, um copo de suco, derramando sobre a camisa do pai, que já estava pronto para ir ao trabalho. O pai sorridente beija a criança, explica que está tudo bem, levanta-se e vai até o quarto se trocar, enquanto a mãe coloca outro copo de suco para a criança e enquanto ela toma o seu café, a mãe ajuda o marido a se vestir. Ele, calmamente liga para a empresa e avisa que vai se atrasar alguns minutos para a reunião e que ao chegar lá, irá explicar o que aconteceu. A esta altura, os dois se despedem da mãe e vão para o colégio, onde o pai explica o atraso e segue para o trabalho. Na reunião, explica o motivo do atraso e como lidou com a situação, recebe elogios de todos na reunião por ser um pai compreensivo e termina o dia com a sensação de dever cumprido. Assim são as decisões. Sempre há dois caminhos, duas escolhas, o sim e o não, e dependendo da escolha muda tudo, com desdobramentos irreparáveis.

Quando eu estava preparando este material, saí de casa uns 10 minutos mais tarde do que o costume e isso já é suficiente para mudar radicalmente o trânsito nas grandes cidades. Naquele dia passei a pensar nas escolhas e percebi que não teria visto a paisagem, as pessoas, nem o clima que via se tivesse saído no horário costumeiro. Entendi que é possível aproveitar cada momento e entender que se pode aprender em todos eles e fazer as escolhas mais bem elaboradas, como escolher ficar tranquilo quando eu podia ter escolhido ficar zangado! Faz-me lembrar uma estória de dois amigos que estavam combinando uma pescaria. Compraram tudo que precisavam como redes, iscas, carnes para assar, prepararam as embarcações e combinaram de sair logo de madrugada, mas naquela noite choveu tanto que uma ponte por onde passariam caiu e não puderam ir pescar. Um dos amigos liga para o outro de madrugada e comenta sobre a terrível notícia que dera no rádio: a ponte caiu! O amigo quando soube esbravejou e disse: "maldita chuva! Veio só para atrapalhar nossos planos". Numa fazenda ao lado, estava lá de joelhos um pequeno agricultor agradecendo: "Deus, obrigado por ouvir nossas preces! Essa bendita chuva salvou nossa lavoura". Veja que a chuva era a mesma. Um olhar egoísta e impensado a amaldiçoou, enquanto a mesma chuva era motivo de alegria e agradecimentos.

Nós é que decidimos o que queremos ver! A forma como vemos as coisas que acontecem no dia a dia é uma decisão também. Nós somos capazes de mudar o nosso humor; decidimos qual humor queremos ter. E assim acontece com todas as decisões, desde a mais automática até a mais complexa. Ressalto que grandes descobertas ou catástrofes que mudaram a história começaram em uma decisão simples, ou no mínimo pequena como um sim ou um não.

Você já parou para pensar nas muitas decisões que você já tomou hoje? A última delas foi a de ler este livro agora, suponho. Mas ainda terá de tomar outras tantas até a de se deitar e finalmente repousar.

Rodrigues de Andrade V.

No dia a dia as decisões são constantes e cada vez mais exigentes, que requerem rapidez, ao mesmo tempo, lucidez e por assim ser, mais facilmente nos rendemos à automatização de nossas ações e passamos a viver quase que mecanicamente programados pela agenda externa terrivelmente imposta e cada vez mais nos distanciamos da sensação de realização pessoal para vivermos a "moda" da última moda, mas não fomos nós que decidimos e sim a "correria" que nos leva a "optar" pelo óbvio, mas nem sempre queremos o óbvio e menos ainda podemos afirmar que o óbvio é mesmo a melhor escolha se tivéssemos nos dado tempo para escolher! Aqui entra a necessidade do *coaching*.

O *coaching* é o processo que, entre outras coisas, tem o objetivo de extrair, de clarear, de tornar real o que existe dentro de cada um de nós! É poderoso! O acompanhamento de um profissional *coach* vai maximizar o poder da sua decisão. Vai potencializar a decisão mais simples e aparentemente de menor importância em uma ferramenta indispensável ao seu sucesso. O que eu quero dizer é que se aprendermos a usar o poder que tem nossas decisões, ninguém poderá nos segurar. No livro *Os segredos da mente milionária*, o autor T. Harv Eker afirma que é possível mudar a vida financeira ao mudar alguns conceitos sobre dinheiro, riqueza, fortuna, e eu acrescento: não se muda nada sem uma decisão. Eu sei que é muito mais fácil falar do que mudar hábitos, mas também é preciso de decisão para isso.

Nessas horas é que uma boa técnica de *coaching* ajuda. Uma infalível é escrever cinco compromissos importantes do próximo dia, que não façam parte da sua rotina e que, principalmente, concorram para levar você àquele objetivo ao qual você se propôs. No final do outro dia, observe o que você conseguiu realizar, do que havia determinado no dia anterior. Enumere numa folha de papel os motivos que levaram você a realizar ou não as tarefas, dificuldades ou facilidades. Fique em silêncio por alguns minutos, medite ou ore em agradecimentos sinceros e o Universo vai renovar suas energias e potencializar suas qualidades. Por último, decida como será o dia de amanhã, não com preocupações tolas que provocam males na alma, infiltrando em nós ansiedade que apenas misturam as opções possíveis nos causando maiores indecisões, mas concentre-se no objetivo de vida antes determinado e estabeleça aquele dia, como uma meta, como uma etapa, um degrau na direção da realização do tal objetivo.

É certo que nem tudo sairá exatamente como você quis que fosse, uma vez considerando que as ouras pessoas do processo também terão tomado suas decisões, mas posso garantir que seus dias serão muito melhores. Essa técnica vai ajudar você a tomar decisões menos automáticas e mais direcionadas ao que se propôs para aquele dia.

Coaching & Mentoring

Mas existem outras inúmeras decisões que poderia se valer de outras técnicas e ferramentas, como por exemplo, as que o dão autoconhecimento, autoanálise, o ajudam a descobrir sua missão, seus valores, suas competências, suas crenças, seu estado atual e o estado desejado, que possibilitem redefinir os quadros da sua vida, e a compor uma reprogramação de suas crenças para potencializar suas ações.

José Roberto Marques & Edson Carli escreveram no livro *Coaching de Carreira algo sobre o Modelo de Carreira* (pág. 53) que me chamou a atenção, sobre trilho ou mapa. Na hora de decidir se sua carreira vai pelo trilho ou pelo mapa, você decide também se será responsável totalmente pelas escolhas, navegando sob um mapa abrangente ou se daí adiante vai caminhar sobre trilhos antes determinados por outros indivíduos. Sem nenhuma preferência, concluo que seja lá o caminho que você escolher será sempre o resultado de uma decisão. O fato é que, planejada ou não, a sua decisão terá desdobramentos que afetarão a vida de inúmeras pessoas, quem sabe até por gerações e gerações. O poder está com você; você decide!

Eu decidi escrever esse texto para o livro *"Coaching e Mentoring - Saiba como ultrapassar a barreira do comum e vencer na vida pessoal e profissional"* e você decidiu ler! A minha decisão se baseou em uma paixão latente em mim, de que vidas possam ser transformadas por meio de minhas experiências, boas ou ruins, que outros possam se beneficiar do caminho que estou trilhando e com isso, possam realmente ultrapassar a barreira do comum e possam se tornar a cada dia um vencedor tanto na vida pessoal como na profissional, e é possível! E a sua decisão de ler este livro, certamente tem o mesmo pulso, ou seja, de ultrapassar a barreira do comum e se tornar um vencedor! Percebe que decisões distintas culminam no mesmo fim e processam o mesmo resultado, e por causa de uma decisão, tanto eu quanto você, podemos nos sentir autorrealizados. Mas decisões tomadas distintamente podem afetar duas ou mais pessoas. Em setembro de 1987 uma tragédia chocou o mundo. Uma cápsula de Césio 137 foi encontrada por dois catadores de sucata em um centro médico desativado em Goiânia. A decisão deles de jogar esse material radioativo em lugar impróprio, ou a decisão de quem vendeu esse material aos catadores e a decisão deles de levar para casa, desencadeou uma tragédia que trazem consequências até os dias atuais. Leve a sério suas decisões! Elas podem mudar tudo.

Espero que você queira hoje se dispor a crer que suas decisões têm o poder de influenciar o universo! Se você crer nisso a partir de agora, as possibilidades das múltiplas consequências de suas ações vão afetar poderosamente suas decisões e elas não serão mais tomadas como se a vida a ser mudada fosse a sua apenas, e mais do que isso; você vai viver com o entendimento de que, se decidir ser feliz, nada do que acontecer poderá tirar de você a sensação de estar feliz e que se decidir realizar algo, isso vai ser fatalmente alcançado, uma vez que suas decisões de agora, têm o poder de mudar o resto de sua vida! Você é exatamente hoje o resultado de suas decisões de ontem e, assim, será amanhã!

Coaching & Mentoring

44

Coaching Positivo

O presente artigo tem como objetivo apresentar o elo da Psicologia Positiva utilizando a sua fundamentação teórica, conceitos, *assessments*, metodologia e sua aplicação no processo de *Coaching*.

"Se você pensa que pode, está certo. Se você pensa que não pode, da mesma forma está certo. A mente que se julga pronta suplanta obstáculos." **Henry Ford**

Tânia Regina Douzats Vellasco

Tânia Regina Douzats Vellasco

Tânia Vellasco possui 25 anos de experiência em Recursos Humanos. Mestre em Administração e Gestão de Negócios (UFRRJ), Psicóloga (UGF), com MBA em Administração Recursos Humanos. Possui vários cursos de *Coaching* como: Pós-Graduação em Psicologia Positiva com Ênfase em Coaching pela UCAM – CPAF – RJ, Academia Brasileira de Coaching, ICI – Integrated Coaching Institute – Coaching Certificação Internacional, Health Wellness Coaching – Carevolution – Coaching Saúde e Esporte, Sociedade Brasileira de Coaching – Coach, Instituto Holos de Qualidade filiada ao ICF – International Coach Federation. Foi vice-presidente da ABRH RJ por 2 mandatos e diretora de RH em empresas de grande porte.

Contatos
tvellasco@uol.com.br
(21) 8647-7487

Tânia Regina Douzats Vellasco

Coaching é um processo que tem como objetivo aprimorar e ou desenvolver o desempenho de um indivíduo (grupo ou empresa) elevando os resultados positivos, através de técnicas, ferramentas e metodologias conduzidas por profissional (COACH), com uma interação dinâmica com o cliente (COACHEE).

É uma metodologia com foco na ação, que deverá ser praticada pelo COACHEE, para realização de seus desejos e metas.

"*Coaching* é uma relação de parceria que revela / liberta o potencial das pessoas de forma a maximizar o desempenho delas. É ajudá-las a apreender ao invés de ensinar algo a elas." (TIMOTHY GALLWEY).

"O *coaching* consiste em liberar o potencial de uma pessoa para incrementar ao máximo o seu desempenho. Consiste em ajudar a apreender em vez de ensinar." (JOHN WITHMORE).

Coaching tem como objetivo ajudar o *coachee* a realizar plenamente seu potencial e atingir suas metas. O *coach* primeiro aluda a definir as metas e depois apoia o *coachee* para que ele possa alcançá-las, implementando uma estratégia e assistindo-o para que se mantenha dentro dela. O processo de *coaching* ajuda a equilibrar trabalho, vida familiar e obrigações sociais, como lazer e as práticas espirituais. (CLUTTERBUCK, D).

Conceitos:

COACHING: O processo de parceria para o desenvolvimento em que o *coach* desempenha o papel de facilitador.

COACH: Profissional que desempenha o papel de facilitador.

COACHEE: Pessoa/indivíduo que passa pelo processo de *coaching*. Também denominado cliente.

O Coaching se diferencia de outros processos: *coaching* não é: *counseling* (Aconselhamento), consultoria, *mentoring* ou terapia.

Counseling (Aconselhamento): Neste processo trabalha com pessoas que estão insatisfeitas com seu dia a dia. O orientador trabalha dando opiniões e conselhos prontos de acordo com suas experiências profissionais.

Terapia: É um tratamento onde traz suas vivências passadas para soluções de resolução dos problemas futuros. Busca a cura emocional e alívio do sofrimento mental.

Coaching & Mentoring

Consultoria: O processo de consultoria fornece itens específicos e soluções imediatistas para solução do negócio ou realiza um processo para resolução do negócio de maneira global. O consultor lida com a organização, como um todo ou parte dela.

Mentoring: Profissional com maior experiência que assume a liderança no campo profissional e serve como um modelo sendo seguido por seu exemplo profissional. É um profissional com maior experiência que assume a liderança no campo profissional a ser um modelo.

Os principais pilares do Coaching:
Metodologias;
Técnicas e ferramentas;
Ser humano e
Competências.

O processo de analisar o momento atual e o momento desejado, até o ponto de equilíbrio dos objetivos e ações em linha com as metas estabelecidas de forma profunda e verdadeira, podemos identificar de que forma utilizaremos as qualidades e potencialização individual para levantar os resultados de forma positiva.

A Cronologia do Coaching

Antes de 1971	Aplicação do *coaching* ao treinamento de atletas individuais ou de equipes
1971	Criação do EST por Werner Erhard no Instituto Esalen
1974	Publicação do livro The Inner Game of Tennis
1976	Fundação da PNL
1977	Fernando Flores lança o *coaching* ontológico.
1978-1980	Substituição do treinamento EST pelo The Landmark Forum
1981-1982	Thomas Leonard é Diretor de Orçamento da Landmark Education
1983-1987	Thomas Leonard lança o curso *Design Your Life*. Laura Whitworth é uma das primeiras participantes
1988	Julio Olalla desenvolve o *coaching* ontológico Julio Olalla fundou o Instituto Newfield

1989-1990	Thomas Leonard cria a CoachU Laura Whitworth inaugura a CTI Publicação do livro *Coaching for Performance* Disseminação do jogo interior e do *coaching* para o Reino Unido e a Europa
1991	Thomas Leonard funda o ICF
1992-1993	Aceitação do *coaching* no mundo dos negócios
1994	Thomas Leonard vende a *Coach*U para Sandy Vilas
1998-2001	O coaching se estabelece na Europa e se expande para a Austrália O *coaching* ontológico se estabelece na América do Sul e na Espanha
2001	Fundação da ICC Proliferação dos cursos de *coaching* em nível de graduação e pós-graduação
2003	Morre Thomas Leonard Aplicação dos modelos integrais na área de *coaching*. Tem início o *coaching* integral
2004-2007	O *coaching* comportamental se estabelece no mundo dos negócios Início do *coaching* da psicologia positiva com Martin Seligman Crescente aceitação do *coaching* em universidades nos estados Unidos, na Europa e na Austrália. Crescente ascensão do *coaching* como técnica comprovada.

Fonte: Livro Como o Coaching Funciona, Andrea Lages e Joseph O'Connor.

Psicologia Positiva:

A Psicologia Positiva é um movimento iniciado por Martin Seligman no final da década de 90, que visa estudar as potencialidades e virtudes humanas, emoções positivas, trabalhando as condições e processos que contribuem para a prosperidade de indivíduos, grupos e comunidades (SELIGMAN, 1990; 2002).

A ciência e a prática da Psicologia positiva estão voltadas para a identificação e compreensão das qualidades e virtudes dos seres humanos, bem como para auxiliar a construção de vidas mais felizes e produtivas (SNYDER e LOPEZ, 2009). Após análises e pesquisas cientificas e de conhecimentos estruturadas sobre a felicidade do ser humano, nasceu a Psicologia Positiva, surgindo nova oportunidade de superar situações conflitantes, problemáticas e negativas.

Segundo Seligman (2011), na Teoria do Florescer ou Bem-Estar, a Psicologia Positiva possui cinco elementos mensuráveis (P.E.R.M.A.):

1. Emoção positiva (felicidade e satisfação com a vida são aspectos dela).
2. Engajamento.
3. Relacionamentos.
4. Sentido.
5. Realização

Com este estudo, os indivíduos passam a ter mais satisfação, alegria e felicidade, com aumento de suas atitudes e posturas como o "*flow*" (fluxo ou engajamento em português – um estado de satisfação e concentração fluída na atividade), com aumento de produtividade e resiliência (uma capacidade de resistência e de superação).

No ano de 2000, Barbara Fredrickson, pesquisadora da Universidade de Michigan, através de estudos verificou que as emoções positivas (entende-se a felicidade) têm um propósito bem maior do que uma simples promoção do bem-estar. As emoções positivas que podemos listar como felicidade, alegria, perseverança, otimismo e esperança, dentre outras, nos dão suporte em fortalecer nossos campos intelectuais, físicos e sociais dos quais podemos lançar mão quando uma oportunidade ou uma ameaça se apresentam no ambiente. Esse estudo também mostrou que, ao contrário do que ocorre com as negativas, o cultivo das emoções positivas promove uma disposição mental expansiva, tolerante e criativa, deixando as pessoas abertas a novas ideias e experiências.

A figura abaixo ilustra **as 24 Forças (Qualidades)** pesquisadas por Peterson e Seligman (2004).

As **24 Forças** foram organizadas em **6 Virtudes** gerais.

Eles desenvolveram o **VALUE IN ACTION INVENTORY OF STRENGTHS - VIA-IS** disponível na internet em www.positivepsychology.org.

O teste leva cerca de 30 minutos e pode ser feito na internet.

O relatório de *feedback* fornece as suas 5 principais Forças (Qualidades).

Classificação de forças de caráter e virtudes:

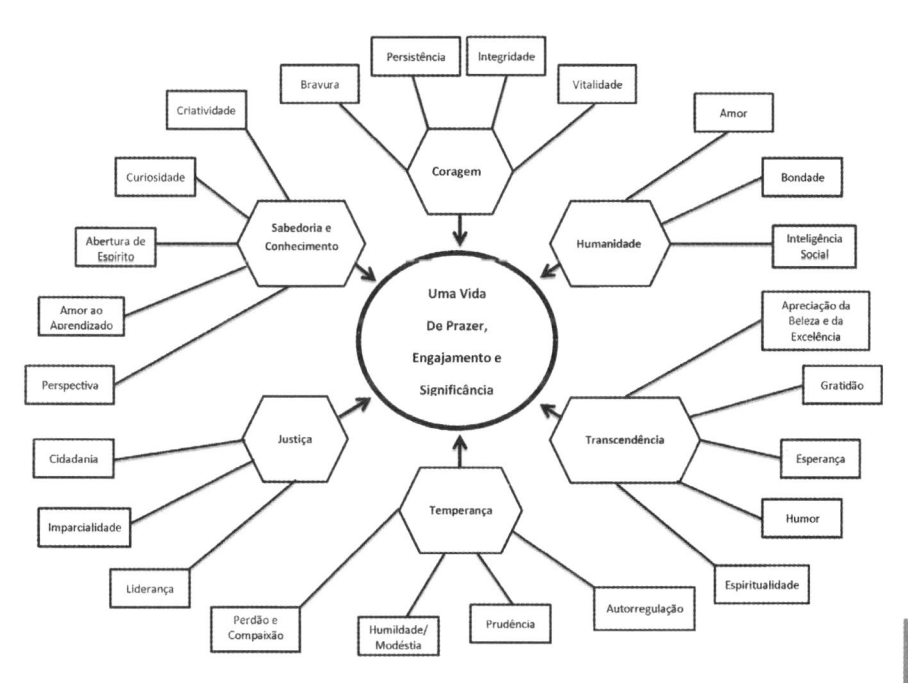

Figura1- Fonte: Livro: CHARACTER STRENGTHES AND VIRTUES – HANDBOOK AND CLASSIFICATION- PETERSON E SELIGMAN - 2004.

A conexão entre as bases da Psicologia Positiva e a prática do *coaching* é energizante. O processo é evolutivo em crescimento para o *coach* e *coachee*.

Coaching Positivo:
O *Coaching* Positivo trabalha no sentido de aumentar suas expectativas, primeiro mostrando ao *coachee* o que pode ser realizado e ajudando-o a visualizar que ele pode mudar a situação atual, e segundo, ajudando-o a elaborar um plano de ação mais objetivo visando o caminho para o sucesso.

Alguns objetivos do Coaching Positivo:
- Disponibilizar e apoiar o *coachee* através das ferramentas e as metodologias da Psicologia Positiva para mudança;
- Analisar e desenvolver uma linguagem das forças e virtudes pessoais;
- Propiciar ferramentas práticas de aplicabilidade imediata;
- Atualizar suas competências e forças e integrá-las efetivamente no seu dia a dia.

Em suma, o *Coaching* Positivo trabalha as forças de caráter e as virtudes de seus *coachees*, orientando a alcançar seu melhor desempenho analisando seus pontos fortes e os diversos segmentos da vida como: pessoal, profissional, familiar, espiritual entre outros. O *coach* ajuda os *coachees*/clientes a pensar de maneira otimista, atribuindo-lhes tarefas que auxiliam a aumentarem suas emoções positivas, o seu compromisso com suas atividades e seu sentido de propósito de vida.

REFERÊNCIAS

FREDRICKSON, Barbara. *Positividade.* Rio de Janeiro. Rocco, 2009.

SELIGMAN, Martin. *Felicidade Autêntica.* Rio de Janeiro. Objetiva, 2009.

SELIGMAN, Martin. *Florescer.* Rio de Janeiro. Objetiva, 2011.

SNYDER, C.R.; LOPEZ, S.J. *Psicologia Positiva.* Porto Alegre. Artmed, 2009.

45

Coaching e excelência
A possibilidade de chegar ao sucesso fugindo do lugar comum

O estabelecimento de metas ou objetivos específicos é parte fundamental do processo de *coaching*. Acredito que não existiria *coaching* sem metas. Com a correria do dia a dia e a disputa no mercado de trabalho, o estabelecimento de metas faz-se necessário para o alcance da excelência pessoal e profissional. Ter metas diárias que o levem à sua meta final manterão você em ação, assim, estará mais próximo de sua realização

Thaís C. Sacramento

Thaís C. Sacramento

Estudante de Letras (Inglês/Literaturas) na Universidade do Estado do Rio de Janeiro. Foi Professora de Inglês por um ano e meio no Centro de Referência da Juventude localizado no Morro da Providência – RJ. Professora de Inglês no curso de imersão Interbusiness Immersion desde 2012- Localizado em MG. *Coach* pela Academia Brasileira de Coaching. Palestrante e Criadora do Projeto Social Jovens Focados Em Uma Meta, que visa auxiliar jovens a desenvolverem e seu potencial e a transformarem suas vidas.

Contatos
www.focadosemumameta.com
focadosemumameta@gmail.com

Thaís C. Sacramento

"Errei mais de 9.000 cestas e perdi quase 300 jogos. Em 26 diferentes finais de partidas fui encarregado de jogar a bola que venceria o jogo... e fracassei. Eu falhei muitas e muitas vezes em minha vida. E é por isso que venci."
Michael Jordan

Muitas pessoas bem-sucedidas vivenciaram momentos de crises e adversidades antes do sucesso e reconhecimento alcançarem suas vidas. É inspirador conhecer um pouco da história de vencedores que não se contentaram com suas falhas e não se conformaram com a situação que estavam vivendo. Pessoas que mesmo em meio a grandes desafios e dificuldades superaram o caos à sua volta e persistiram até a concretização de seus sonhos. Elas são exemplos de superação, trabalho e excelência. Michael Jordan é um desses exemplos. Morava em um bairro humilde de Nova York, superou barreiras, enfrentou desafios e se esforçou para ser um atleta excelente e bem-sucedido. Ele entrou para a História como o melhor jogador de basquete norte-americano de todos os tempos. As dificuldades no início de sua carreira foram um trampolim para chegar à excelência e sucesso no basquete.

Antes de ler mais sobre sua história de sucesso[1], imaginava qual era a técnica ou ferramenta que usava para ter uma excelente performance no esporte, e descobri que Michael procurava fixar metas de curto prazo e seus passos estavam sempre em direção às suas metas. Jordan traçava metas realistas, que poderia alcançar se trabalhasse duro. Ele tinha foco. Michael sabia exatamente onde queria chegar e mantinha-se focado em suas metas para ultrapassar a barreira do comum e ser um jogador de excelência.

Metas

É importante ter metas quando se deseja sair de um ponto "A" para um ponto "B". Talvez você não esteja satisfeito com a sua performance atual e deseja mudar, ser um estudante mais comprometido com o conhecimento, ser um profissional bem-sucedido, enfim, o que você quer ser, você pode ser, desde que trabalhe o suficiente para melhorar seu desempenho. Em *coaching* você pode ser+.

Acredito que a essência do *coaching* poderia ser definida na frase: *coaching* é ação. No livro *Coaching para performance*[2], de John Whitmore o estabelecimento de metas é dividido em: metas finais e de performance. Uma meta final é o objetivo final, por exemplo, ser o diretor de uma empresa A, ganhar uma medalha de ouro, ser o líder do grupo B, etc. Uma meta de performance seria o nível de performance que você precisa adotar para chegar à meta final. É uma meta que está sob o seu controle. Você estabelece essa meta e para isso, precisa estar ciente de que se tiver uma boa performance em suas ações e escolhas diárias, alcançará a meta final. John argumenta que é mais fácil se comprometer com uma meta de performance que está sob o seu controle do que uma meta final que não esteja.

Em outras palavras, é mais fácil se comprometer com uma meta de performance, pois você tem mais controle sobre ela, no sentido de que é uma meta que está bem mais ao seu alcance de realizar. A meta final ou objetivo final é para dar motivação e inspiração, sendo alcançáveis dependendo de sua performance.

O estabelecimento de metas ou objetivos específicos é parte fundamental do processo de *Coaching*. Acredito que não existiria *Coaching* sem metas. Com a correria do dia a dia e a disputa no mercado de trabalho, o estabelecimento de metas faz-se necessário para o alcance da excelência pessoal e profissional. Ter metas diárias que o levem à sua meta final manterão você em ação, assim, estará mais próximo de sua realização.

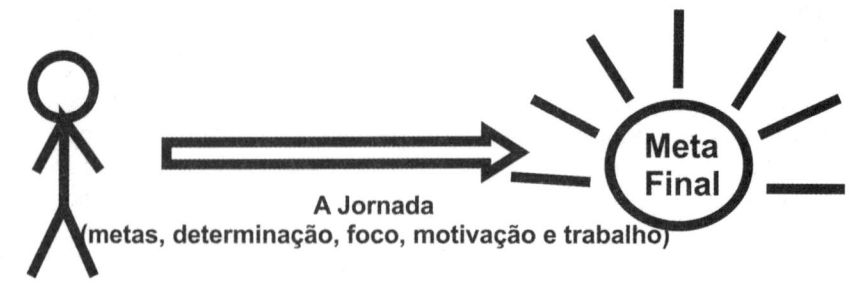

A Jornada
(metas, determinação, foco, motivação e trabalho)

Meta Final

Certa vez, utilizando *coaching* de maneira informal, em uma conversa com alguns jovens, percebi que eles sabiam que possuíam um potencial enorme dentro de si e poderiam ser pessoas de sucesso e excelência, desde que trabalhassem duro para isso. No entanto, mesmo com esse conhecimento acerca de si próprio, eles não estavam fazendo coisa alguma para sair do lugar comum e não sabiam ao certo onde queriam chegar.

Um outro ponto que devo destacar é a importância de saber onde se quer chegar. Como disse Sêneca, um dos maiores intelectuais do Império Romano, "*nenhum vento* sopra a favor de quem não *sabe para onde ir.*" Uma pessoa que não sabe o que quer ou para onde está indo, pode ir para qualquer caminho. Às vezes ela não sabe o que quer, mas sabe que o lugar que está não é o mais desejado. O processo de *coaching* é para todos e acredito que essa metodologia pode trazer muitas mudanças positivas na vida dos jovens, ajudando-os a utilizarem seu potencial máximo, a responsabilizarem-se por suas ações, comportamentos e resultados. E também motivá-los a interagir com a sociedade de maneira positiva e estimulá-los a traçar metas, planos de ação e a focar em soluções para o alcance de seus sonhos.

E quando a chuva estragar o meu dia?

Quando deparamo-nos com pessoas realizadas, bem-sucedidas e fora do comum, podemos imaginar como conseguiram tal proeza e pensar que dificilmente chegaremos a esse patamar. O que o impediria de chegar lá? Se você sabe o que quer, está decidido a vencer, sabe que tem um grande potencial e tem grandes metas? Há muitos sonhadores que ficaram pelo caminho, desistiram de ser o que querem ser quando as adversidades da vida começaram a surgir.

Ora, há momentos em que não podemos controlar alguns acontecimentos e, em outras vezes, pode parecer que a vida está um "deserto" e nada coopera ao seu favor. Nem mesmo seus familiares. Estou dizendo que nem sempre sua vida será um "mar de rosas" e a "chuva" pode estragar o seu dia. No entanto, somos nós que decidimos como iremos reagir às intempéries da vida, e não o contrário. Podemos utilizar os desafios e obstáculos como combustível para continuar lutando até vencer.

O modo como lidamos com a derrota determinará o nosso sucesso ou insucesso, dependendo da maneira que lidamos com o que aconteceu. Mesmo que pareça difícil, tente tirar algum aprendizado de situações que não foram do seu agrado. Quando nossos planos não acontecem da forma pretendida, podemos ficar estagnados e com medo de arriscar novamente ou então podemos encarar o insucesso como aprendizado.

Determinação!

Ela geralmente está associada à realização de um sonho ou metas. Ser uma pessoa determinada a realizar alguma coisa é o mesmo que ser uma pessoa decidida. Quando você está decidido, nada pode detê-lo ou te fazê-lo recuar.

Ser uma pessoa determinada a vencer e que sabe o que quer e onde quer chegar é fundamental para que se chegue à realização pessoal ou profissional almejada. Assim, quem está disposto a ir de encontro à sua realização, precisa estar ciente de que precisa ter ação para que seus sonhos não fiquem apenas na imaginação, mas se tornem realidade.

Um outro assunto que deve ser abordado, além da determinação, para que você chegue a sua meta final, são os recursos. Esses não se resumem a recursos financeiros apenas. Você precisa ter ou criar recursos que o levem à sua meta final.

Na Juventude há grandes oportunidades para tomar decisões que irão determinar sua história de vida. Nessa fase podem surgir oportunidades positivas para os jovens ou oportunidades perigosas. Ter consciência e responsabilidade são fatores primordiais para não entrar em uma "furada" que possa aparecer pelo seu caminho. Tenha atenção às suas escolhas.

Recursos

Durante sua jornada, você também precisará de recursos, ou seja, um meio para se chegar a um fim. No livro *Coaching com PNL* de Andrea Lages e Joseph O'connor[3], temos algumas ideias de que os recursos podem ser:

Objetos: livros que você tenha lido, vídeos, equipamentos tecnológicos, enfim, objetos que o ajudarão com as informações necessárias.

Pessoas: amigos, familiares, colegas e outros contatos que você tenha.

Tempo: se você dispõe de tempo o suficiente para se dedicar a consecução de sua meta, se sua resposta for não, de que maneira você irá criar esse tempo?

Modelos(a seguir): você conhece alguém que obteve êxito em atingir aquela meta? O que você pode aprender com ele? Há uma personagem ficcional em um livro, peça de teatro ou filme que possa ser usado como modelo?

Qualidades pessoais: que qualidades (aptidões e habilidades) você tem ou necessita desenvolver para atingir seu resultado?

Foco+Ação= Resultado

Lembro-me quando ouvi e depois ponderei a frase acima citada pelo professor Paulo Roberto na primeira aula do curso de formação em *Coaching*. Parecia que eu já conhecia uma frase semelhante a esta, mas não com estas palavras. Ouvir esta simples frase foi um fator motivacional para mim. Talvez o que estou tratando neste pequeno artigo não seja nada novo para você, assim como a frase do Paulo não o foi para mim. No entanto, há momentos em que ouvir o que já sabemos de uma forma diferente pode passar a ter mais significado.

A ausência de foco pode comprometer os seus resultados, distanciando-o das suas metas. Quando você está concentrado em uma tarefa qualquer seu rendimento é muito maior e tem mais qualidade do que quando você executa a mesma ação de maneira desleixada ou sem atenção. Além de ter foco em sua meta ou no que está fazendo, ter ação o levará a obtenção do resultado que você deseja, pois de nada adianta ficar parado sem agir.

Vá lá campeão!

Muitas pessoas possuem o desejo intrínseco de sair do comum e viver uma vida extraordinária. Acredito que viver essa vida seja possível desde que haja determinação, metas, foco, motivação e muito trabalho. Você pode ser o que sempre quis ser, inclusive ser uma pessoa melhor do que tem sido até agora. Não importa quão triste e vergonhoso tenha sido o seu passado, você pode começar a escrever uma nova história a partir deste momento. Só há uma pessoa que pode impedir o seu progresso, você mesmo. Levante sua estima, arme-se de força, ousadia, confiança e comece a escrever sua história.

Se você não está satisfeito com a vida que tem vivido, quero te encorajá-lo a mudar. Substitua seus hábitos destrutivos por hábitos produtivos. Continue focado em seus sonhos sem jamais desistir. Mantenha seu foco na excelência e ultrapasse a barreira do comum para vencer na vida pessoal e profissional.

Embora eu não tenha tratado de conceitos e ferramentas de *couching*, acredito que a essência do *coaching* não se perdeu aqui.

Quem tiver dúvidas, perguntas ou solicitações, queira por gentileza enviá-las para o meu e-mail.

E termino com as frases:

"Seja a mudança que você quer ver no mundo".
Mahatma Gandhi

"Tudo é possível ao que crê".
Jesus Cristo

REFERÊNCIAS

JORDAN, Michael, 1963 - *Nunca deixe de tentar* / Michael Jordan; apresentação e comentários de Bernardinho [tradução de Claudio Figueiredo]. – Rio de Janeiro: Sextante, 2009.

LAGES, Andrea - *Coaching com PNL: O guia prático para alcançar o melhor em você e em outros: como ser um coach máster*/ Andrea Lages & Joseph O'connor.- Rio de Janeiro: Qualitymark, Editora, 2004.

WHITMORE, John, Sir. 1937- *Coaching para performance: aprimorando pessoas, desempenhos e resultados: competências pessoais para profissionais* / John Whitmore./Tradução de Tatiana de Sá- Rio de Janeiro: Qualitymark Editora, 2010.

46

Como se tornar um verdadeiro *coach*?

Por que a maioria dos *coaches* têm dificuldade de entrar no mercado de trabalho, viver da profissão e ser respeitado e reconhecido?

Valdemir Gabriel & Damaris Pádua

Valdemir Gabriel & Damaris Pádua

Fundador da Comprática Consultoria e Coaches Associados - Coautor do Livro "Grandes Mestres ensinam como conseguir RESULTADOS EXTRAORDINÁRIOS na vida pessoal e profissional" - Administrador CRA 118292; Pós-Graduando Psicodrama. Formado e certificado em *Coaching* de Carreira e *Behavioral Analyst*. Pós-Graduando em Terapia de Casais e Famílias. Pós Graduando Gestão de Pessoas com ênfase em *Coaching . Trainee*. Formado em PNL. *Executive Coaching* - certificação internacional pela Global Coaching Community.

Contatos
www.valdemirgabriel.com.br
coach@valdemirgabriel.com.br
(14) 9652-0083

Fundadora da empresa Comprática Capacitação Empresarial. Graduada em Tecnologia em Informática. Pós-Graduando Gestão de Franquia (FIA/SP). Pós-Graduando Psicodrama (IBAP). Pós-Graduando em Terapia de Casais e Famílias (IBAP). Formada em Consultoria para Organizações – (IBCO/SP). Treinadora pelo IFT. Comunicadora formada em Rádio – Setor Locução/SENAI-Bauru/SP. Pós-Graduando em Gestão de Pessoas com ênfase em *Coaching* (IBC). Formada em PNL e *Coach - Personal Self Coaching* - Certificação Internacional - IBC.

Contatos
www.compraticacapacitacao.com.br
damaris@compraticacapacitacao.com.br
(14) 9 9176-5437

Valdemir Gabriel & Damaris Pádua

A cada dia aumenta o número de escolas de formação de *coaches* no Brasil e no Mundo. Sabemos que isso é uma tendência mundial, devido aos resultados extraordinários já comprovados por todas as áreas que buscaram apoio nessa metodologia, onde os processos foram aplicados por profissionais competentes.

O problema é que em um mundo onde se depende totalmente de uma moeda corrente para sobreviver, toda vez que se encontra um serviço ou produto que tem grande demanda, a sua exploração começa se tornar impulsiva e pouco se olha para a essência real que fez aquele produto ou serviço nascer.

No caso do *coaching* não está sendo diferente. Todos os dias se encontra alguém dizendo: sou *coach*. Como se formar um profissional de *coaching* fosse o mesmo que fazer um treinamento de fim de semana aprendendo como ensacar líquido, transformá-lo em gelo e sair vendendo por aí. Isso vem deixando alguns profissionais da área, e também pessoas que dedicaram a maior parte de suas vidas em formações de anos para servir as pessoas, com a "pulga atrás da orelha", pois eles sabem a grande responsabilidade que é trabalhar com a parte interna das pessoas a partir de seu mundo simbólico e a necessidade de se ter uma visão sistêmica (interna e externa) antes de se proporem a atendê-las no intuito de desenvolvê-las a partir de suas verdades (crenças e valores).

Portanto, nessa oportunidade de compartilhar com vocês, leitores, algumas linhas, com trocas de conhecimentos, descrevemos o que em nossa visão, de forma sistêmica, precisa-se para se tornar um profissional de *coaching* respeitado e reconhecido, entendendo que podemos ajudar muitos colegas que escolheram o *coaching* como profissão e fazem parte dos 80% dos profissionais que se formam em *coaching* e perdem a oportunidade de atuar profissionalmente em uma das áreas mais promissoras do século, devido às pequenas, mas graves falhas para quem quer ser um *coach* de verdade.

Após termos sido procurados por vários *coaches* já formados, porém, inseguros em atuar na profissão, iniciamos uma pesquisa do porquê a maioria dos *coaches* que se forma, não consegue atuar na área e viver dessa profissão. Percebemos que eles saem de suas formações com pouco conhecimento para atuar de imediato. A partir dessa necessidade, montamos um projeto nessa direção e criamos uma formação de apoio para os *coaches* entrarem no mercado com segurança. Após atender mais de 100 profissionais aplicando *coaching* na Prática e apoiá-los a entrarem de verdade na profissão identificada (*coaching*), percebemos que mais de 90 % das deficiências dos *coaches* está na insegurança de não saber o que realmente é ouvir na essência e nem identificar qual a melhor postura para adotar frente aos primeiros encontros com o *coa-*

Coaching & Mentoring

chee (Cliente), pois poucos sabem a real diferença de ouvir e escutar sem criar imagens internas e poucos têm conhecimentos que lhe forneçam segurança para enfrentar esse mercado tão promissor.

Observa-se que o ser humano tem muita necessidade de falar de si e é carente de ser ouvido em sua essência e percebe-se que sempre que o outro vai falar se quer falar além ou aquém dele, ou uma história maior e melhor. Na arte de exercitar o *coaching*, se faz necessário o *coach* valorizar a fala do *coachee* (Cliente) e compreendê-lo, ver realmente vendo e ouvi-lo na essência de forma a esquecer de sua própria história de vida para viver a do outro.

Sabemos que, primeiramente, o *coachee* (cliente) precisa se sentir seguro para que se consiga obter os resultados desejados durante o processo, e para que isso aconteça o *coach* tem que transmitir confiança e muita segurança. Confiança e segurança só podem ser transmitidas se delas você fizer posse. O que mais vemos são *coaches* querendo transmitir segurança, mas dela também sentem falta. Portanto, é de extrema importância o *coach* resolver todos os seus conflitos internos e buscar muito conhecimento para adquirir segurança interna e externa frente à profissão escolhida.

Para escolher o profissional em *coaching*, o cliente percebe a importância de analisar o profissional que vai lhe prestar o serviço, como qualquer outro prestador de serviço. Quem é? Sua trajetória, referências... E é aí que a maioria dos *coaches* falha, pois poucos se preparam para esse primeiro contato, seja ele via telefone, e-mail ou pessoalmente. O que seria se preparar?

Falha número 1: Chegar falando como se tivesse a obrigação de ter todas as respostas. Temos que lembrar que o *coach* é um profissional totalmente diferente do profissional de Marketing, que pergunta antes e na hora apresenta o produto, "já o *coach* pergunta o tempo todo".

Falha número 2: Esquecer, na maioria das vezes, de perguntar o que o cliente já conhece sobre o assunto e ir dizendo o que é *coaching*, "pois de pedaço em pedaço se come um boi por inteiro, por que comer um boi de uma só vez pode matar".

Falha número 3: Ao invés de deixar o cliente dizer como e onde acredita que o *coaching* pode ajudá-lo em suas necessidades, já vai dizendo como. Quem sabe se o ouvisse primeiro, nesse momento, já conseguisse identificar as reais necessidades do cliente, que para ele talvez ainda sejam latentes. Além do que, esse é um bom momento para saber as suas reais expectativas com o resultado do processo. É preciso lembrar que o papel principal do *coach* é perguntar.

Falha número 4: Têm medo de passar o valor justo e ser rejeitado e, com isso, jogam o valor lá embaixo. Sabemos que para ser feito um trabalho de qualidade de forma a alcançar satisfação total do cliente, é importante ter o tempo mínimo necessário. Você até pode fazer um valor abaixo da realidade do mercado para ajudar seu cliente, porém, tem que primeiro passar o valor real do processo, pois sabemos que o encontro de uma ou duas horas são apenas parte de um tempo que demanda muitos outros de preparo e acompanhamento. E você pode até não perceber, mas o cliente sente que seu trabalho poderá ser realizado com qualidade dentro do valor proposto, pois ao passar do tempo, ele automaticamente irá valorizar sua hora e perceberá a impossibilidade de se empenhar dentro do valor proposto anterior.

Falha número 5: O *coach*, muitas vezes, costuma dar direção para o *coachee* como se já soubesse o que é melhor para ele e se esquece de que nunca se pode dar direção na vida dos outros quando atuando com o processo de *coaching*. É o *coachee* (cliente) que tem a total responsabilidade sobre a trajetória a seguir até o destino desejado. O papel do *coach* é fazer o *coachee* refletir que há possibilidades de novas oportunidades, ampliando sua visão, que podem levá-lo ao mesmo destino, cortando atalhos para diminuir a distância com a possibilidade de chegar mais rápido ao seu destino (estado desejado).

Por isso, a importância do profissional de *coaching* em desenvolver a si mesmo, conhecendo profundamente suas crenças, valores, qualidades e pontos a melhorar, suas deficiências e dificuldades, descobrir o seu verdadeiro EU. Quem é, e qual a sua missão? Pois esse é um grande diferencial, por que se percebe nos atendimentos (sessão de *coaching*) que a maioria dos *coaches* tem dificuldade em saber se o que está sendo dito pelo *coachee* é sobre a vida dele (*coachee*) ou é sobre a vida do *coach*, pois as histórias de vida costumam ser tão próximas por também termos tido infância, crescermos e passarmos por algumas dificuldades idênticas; e quando o *coach* está sem consciência disso e têm muitas coisas mal resolvidas em seu interior, pode acontecer de começar a dar respostas para seu cliente, mesmo que sejam em perguntas indutivas, buscando, muitas vezes, respostas para ele mesmo.

Isso acontece também em outras profissões onde pessoas buscam formações naquelas áreas devido às necessidades de encontrar respostas para sua própria vida, citamos a mais comum que é no curso de Psicologia, porém, há muitas outras. Porém, na Psicologia que foi citada como exemplo, a formação é de no mínimo cinco anos e tem que se passar por várias avaliações e estágios de meses e até anos, e mesmo que a pessoa tenha buscado essa formação na área como autoajuda terá de ter muito empenho para concluir o curso e poder atuar na profissão.

Por isso, a importância dos *coaches* se conhecerem verdadeiramente, e terem a certeza de que estão na profissão certa, e as terem como "Missão de Vida" para somente depois, poderem atuar como condutores em processo de *coaching* de forma a poderem apoiar, verdadeiramente, os seus clientes em suas necessidades e em seu desenvolvimento pessoal e profissional.

Saber ouvir na essência é, acima de tudo, fundamental, pois se observa que a grande maioria das pessoas ainda deixa a desejar em ouvir o outro. É preciso praticar muito e exercitar segundo a segundo a arte de ouvir. É inevitável não nos vermos na história do outro, e isso nos impulsiona a começar a ter respostas ou até a criar perguntas para responder a nós mesmos respostas que há tempos procuramos.

Observa-se que essa é a principal falha das pessoas e também dos *coaches*: formar perguntas por algo que se pensa ter ouvido de seu *coachee* e na realidade ouviu a si mesmo. O pior é ouvir alguém dizendo em um treinamento que ouviu totalmente na essência e quando pedimos para ela ir ao quadro negro e desenhar o que a pessoa disse com forma, tamanho e cores, e pedirmos para a pessoa que narrou fazer o mesmo, ela começa a entender que ouvir na essência não é apenas entender as palavras ditas e sim saber perguntar para a pessoa que cor tinha seu arco-íris, que tamanho, forma, etc. Pois costumamos dar cor, formas e tamanho às coisas a partir de nosso mundo simbólico e esquecemos que cada um tem o seu mapa.

Portanto, quer ser um ouvinte de verdade e escutar na essência? Se sim, a partir de hoje seja um aluno de primeiro dia de aula que acredita que o outro pode e deve ser o mestre de suas próprias palavras, permitindo assim que ele possa colocar cores, tamanhos e formatos durante sua fala.

Cada vez mais estão surgindo ferramentas que os próprios profissionais de *coaching* vão descobrindo que podem apoiar e trazer melhores resultados para o processo. É muito importante saber explorar essas ferramentas, extraindo o máximo delas, por que por mais simples que sejam, irão fazer o *coachee* refletir. Portanto, o verdadeiro *coach* tem de respirar *coaching*, ter o *coaching* como uma filosofia de vida tornando-o consciente inconsciente, e assim o processo flui com naturalidade, sem forçar situações e imposição de ideias do *coach* para o *coachee*, e ao sentir que isto está acontecendo, saber que está longe de ser um processo de *coaching*.

O resultado é outro fator chave e, para isso, avaliar e reavaliar se a forma de condução do processo está suprindo a expectativa do *coachee* é muito importante.

Um bom *coach* precisa buscar desenvolvimento constantemente, porém, não é necessário ser especialista na área que o *coachee* atua, pois o processo tem como objetivo o *coachee* e é ele o principal responsável para o processo acontecer e o papel do *coach* é conduzir as técnicas e saber utilizar as ferramentas durante o processo, porque na sessão é o *coachee* que vai mostrar o caminho que deve e precisa seguir para alcançar o objetivo (estado desejado).

O processo de *coaching* depende de muita criatividade, alta percepção e visão sistêmica. Criatividade, porque para ouvir e ver na essência é preciso estar com a mente limpa e só assim abrirá espaço para a mesma. Alta percepção é a sabedoria de usar todos os meios de comunicação e perceber e sentir o que não está sendo dito pelo *coachee*. Visão sistêmica é enxergar o todo para apoiar o *coachee* com perguntas que o faça caminhar rumo ao seu objetivo. Além de ouvir, também é Ver realmente Vendo na essência, aquilo que o *coachee* não consegue ver, porém sem direcionar ou impor o que o *coachee* deve fazer.

Nós *coaches* temos momentos que nos sentimos mágicos por conseguirmos resultados extraordinários e termos visões periféricas, pois um profissional de *coaching* consegue ir além do que o *coachee* possa imaginar, porém é preciso muita paciência para não atropelar o tempo do *coachee*, pois se observa que cada ser humano tem um tempo para seu desenvolvimento, uns mais rápidos e outros menos, porém, de uma forma ou de outra, sendo bem apoiado ele encontra a direção e ao final todos chegam ao destino (estado desejado).

Os *coaches* precisam ter consciência de que as ferramentas de reflexão e desenvolvimento que envolvem a metodologia do *coaching* são muito importantes no processo, porém, elas representam no máximo 10% do resultado final, pois só haverá sucesso nas aplicações das ferramentas se houver a identificação correta de qual utilizar e a forma certa de aplicação naquela fase ou momento. Por nossas experiências em várias áreas de atuação como *coaches*, estudos e pesquisas na prática em processos de *coaching*, podemos afirmar com segurança que 90% do sucesso final no processo de *coaching* está na habilidade dos *coaches* em saber fazer "Perguntas Poderosas", "Ver realmente Vendo" e "saber Ouvir na Essência".

Portanto, se quer ser um *coach* de verdade, que consiga fazer com que seu *coachee* alcance os resultados esperados, cabe a você estudar muito, pesquisar sempre sobre o assunto, se autodesenvolver, quebrar seus próprios paradigmas, rever suas crenças e valores, descobrir sua missão de vida e ter certeza de que está na profissão certa. E depois disso, ter a humildade de sentar frente a frente com seu *coachee*, com a certeza de que não sabe nada sobre a vida dele, e de que quem tem de saber de tudo é ele mesmo, pois *coach* não é Mentor, mas tem de saber muito sobre ouvir na essência, ver além da visão tradicional e saber fazer perguntas em qualquer ocasião.

Coaching & Mentoring

47

Coaching – Desenvolvendo o potencial que existe em você

Descubra como o *coaching* pode ajudá-lo a fazer ecoar sua voz interior a partir do autoconhecimento, aumento da consciência e responsabilidade, ausência de crenças limitantes, tornando sua vida mais rica e prazerosa.

"Existe um lugar dentro de nós onde há uma força e poder ilimitados; só o autoconhecimento é a chave para esse caminho". (autor desconhecido)

Vera Larrat

Vera Larrat

Personal & Executive Coach com Certificação Internacional pelo ICI (Integrated Coaching Institute), membro da ICF (International Coach Federation), especialista em *Coaching* Executivo, Desenvolvimento de *High-Potentials*, Jovens Líderes, *Coaching* de Equipes e *Life Coaching*. Possui 24 anos de experiência em Desenvolvimento Humano e Organizacional, tendo atuado como executiva da área de Recursos Humanos da The Coca-Cola Company por 20 anos. Instrutora e palestrante na área comportamental, com experiência em desenvolvimento de competências em cultura organizacional de *High-Performance* Companies, fundou a Vera Larrat *Coaching* e Consultoria Organizacional em 2011 e atualmente presta serviços a empresas de diversos segmentos no Estado do Amazonas. Diretora da ABRH-AM, é pós-graduada em Recursos Humanos, tem Especialização em Línguas Estrangeiras e é Bacharel em Letras.

Contatos
www.veralarrat.com
vera@veralarrat.com.br
(92) 8121-7416

Vera Larrat

Cada vez mais me impressiono com o extraordinário poder que as pessoas têm para transformar suas vidas e como isso se revela durante o processo de *coaching*. Inconscientes da sabedoria e força interior que possuem, tenho me deliciado com as histórias de superação e sucesso de vários *coachees*.

Minha experiência nesses últimos três anos como *coach* tem confirmado que quando conseguimos parar e reservar um tempo para nós mesmos, no meio desse turbilhão de pensamentos, emoções, desafios e buscas, e conseguimos reorganizar nossas ideias, nossos objetivos pessoais e profissionais; quando conseguimos nos reconectar com nossos mais íntimos sonhos, projetos e desejos e entramos em contato conosco, ouvindo nossa voz interior (e não mais as vozes dos outros nos dizendo o que fazer, como fazer, quando fazer); quando ajustamos o foco das nossas "lentes" para nos observarmos melhor, e descobrimos do que somos capazes, vamos muito mais além.

Por meio do *coaching*, podemos utilizar o processo de autoconhecimento e da autodescoberta, para experimentarmos novos caminhos, fazermos novas escolhas para nossas vidas, tomarmos decisões nunca antes imaginadas, resgatarmos sonhos embotados, adotarmos comportamentos mais eficientes e que nos proporcionam mais vigor e satisfação pessoal e profissional.

Sabemos que, por sermos seres humanos únicos, esse mergulho em busca de novas alternativas para uma vida mais satisfatória pode variar. Pode ser um mergulho em águas rasas ou profundas, dependendo de nossas necessidades e desejos. Essa variação ocorre também em intensidades distintas e, na maioria das vezes, está relacionada com a autopercepção ou autoimagem que temos a nosso respeito. Quando temos uma autoimagem favorável, quando nos sentimos confortáveis em sermos quem somos, normalmente temos mais facilidade para persistir em busca de nossos objetivos e, consequentemente, obtemos melhores resultados.

Por outro lado, quando temos autopercepções negativas e nos deixamos enganar, de maneira inconsciente, por distorções a respeito de nossas qualidades e potencial, baseados em nossos estados de espírito ou crenças limitantes advindas de nossa educação e experiências pessoais, criamos distrações internas que nos impedem de progredirmos em direção aos nossos sonhos. Tais crenças têm como pano de fundo o medo, tão nosso conhecido em vários estágios da vida, chegando a nos paralisar, distanciando-nos do nosso melhor.

Mas o que nos ajuda a lidarmos com nossas crenças, a afastarmos o medo, a seguirmos firmes num caminho que facilite a manifestação de novos comportamentos?

O que nos impele a enxergar com mais nitidez o potencial que todos temos dentro de nós e nos impulsiona a retornarmos de nosso mergulho com fôlego mais do que suficiente para transformarmos nossas vidas, em qualquer área, a qualquer tempo?

A IMPORTÂNCIA DA VISÃO

Temos de entender o que queremos na vida. Sabemos bem o que não queremos, mas, muitas vezes, não sabemos dizer o que queremos. Daí a importância de aprendermos a organizar nossos pensamentos, canalizando-os para um horizonte mais vívido.

Podemos parar e pensar: onde quero estar daqui a dois anos? E daqui a cinco? Que futuro quero criar? Que pessoa quero ser? No processo de *coaching*, inúmeras são as perguntas que podem nos ajudar a projetar o nosso futuro, ampliando o nosso olhar e consciência diante de infinitas possibilidades que o Universo nos oferece. Mas é importante lembrar que o Universo nos dará o que queremos, quando soubermos o que queremos. As respostas para essas perguntas moram em algum lugar dentro de nós e têm a ver, essencialmente, com o propósito de nossas vidas, com nossa Missão. Requerem autorreflexão e nos convidam ao silêncio para um encontro com o som mais sutil de nossa voz interior.

Sabedores do futuro que almejamos, durante o processo do *coaching*, somos estimulados a visualizar mentalmente cenas e situações que nos ajudam a definir este futuro de maneira mais nítida, criando uma atmosfera positiva e a manifestação de uma energia interior que nos faz vibrar ao imaginarmos como será quando tivermos atingido nossos objetivos.

A visão, portanto, torna-se um elemento poderoso para o sucesso nas próximas etapas do processo, impulsionando-nos a definirmos nossas metas pessoais e profissionais de maneira mais consciente em direção à vida que queremos criar.

CONSCIÊNCIA E RESPONSABILIDADE

O clássico "*Coaching* para Performance", de John Whitmore, nos ensina que um dos objetivos do *coaching* é estimular e/ou desenvolver consciência e responsabilidade, definindo consciência como "...a reunião e percepção clara de fatos e informações relevantes, e da capacidade de determinar o que é relevante". (...) "Consciência também engloba a autoconsciência, em particular, o fato de se reconhecer quando e como as emoções ou desejos distorcem a própria percepção".

Responsabilidade, dentro deste contexto, envolve escolha. "Quando verdadeiramente aceitamos, escolhemos ou assumimos responsabilidade por nossas ideias e ações, nosso compromisso com elas aumenta, tal como nossa performance" (...). "Escolha e responsabilidade podem fazer maravilhas".

Estes conceitos, portanto, nos fazem pensar o quanto, por meio de nossas mentes, somos responsáveis por nossas atitudes, produzindo ou eliminando obstáculos internos que surgem, com frequência, diante de nós, aproximando-nos do que John Whitmore chama de "a mente vencedora". Neste contexto, encontramos nos *coaches* os grandes apoiadores que precisamos, bons ouvintes e cultivadores de nossa consciência, que de maneira contínua e consistente, utilizando-se de perguntas abertas, foco no detalhe e atenção redobrada às nossas respostas, nos ajudam a destravar esses obstáculos.

Quando isso acontece, começamos a colher os primeiros frutos, motivados pelas descobertas acerca de nosso potencial, transformando nossas escolhas em ações concretas, seguindo firmes no compromisso de avançar e agir.

DEIXANDO ACONTECER

Além de abordarmos que a visão de futuro, consciência e responsabilidade são grandes impulsionadores para transformarmos nossas mentes em vencedoras, W. Timothy Gallwey, o "pai" do *coaching*, em sua obra "O Jogo Interior do Tênis" nos revela um processo denominado como "jogo interior" que acontece na mente do jogador, revelando hábitos que nos impedem de sermos o melhor que podemos ser, quando, por exemplo, estamos nervosos, sem concentração ou não acreditamos em nós mesmos.

Para ganhar essa batalha interior, um dos estágios abordados neste modelo de aprendizado, reside em "deixar acontecer", em que devemos atuar sem o controle consciente da mente, simplesmente deixando fluir, entregando-nos aos riscos inerentes às novas escolhas de comportamento. Para Tim Gallwey, "deixar acontecer significa permitir a alegria entrar na sua vida (...); aprender a apreciar o amor e a beleza que já existem em torno de você em vez de tentar fabricar algo que você pensa não estar lá; deixar que os problemas sejam resolvidos tanto no inconsciente como pelo esforço consciente".

Quando chegamos nesse ponto, começamos a nos permitir a arriscar mais, colocando em prática atitudes ainda não experimentadas, em busca de sensações que, algumas vezes, só conhecemos pelo nome. E novamente, nos deparamos com nossa capacidade de fazer acontecer. E fazendo acontecer, sem medos ou crenças que antes nos paralisavam, nos encontramos conosco; e mesmo errando ficamos tranquilos, pois sabemos que podemos tentar de novo e errar mais uma vez, e tentar de novo, quantas vezes forem necessárias, até encontrarmos o que buscamos, a ser o que buscamos ser. Até encontrarmos aquela sensação inigualável de paz interior, pois já não nos julgamos mais como antes. Já aceitamos nossa humanidade e sabemos que não somos perfeitos.

A cada *coachee*, uma nova experiência, um novo aprendizado, um novo desafio em busca da grandeza de cada um. Grandeza essa que, quando por nós reconhecida, promove uma mudança tão íntima e poderosa, capaz de reacender nossa força interior, às vezes, tão contida, tão "tímida", capaz de retomar o pulso forte e as batidas de nosso coração em nosso próprio compasso, num ritmo único que somente nós somos capazes de reproduzir.

"Cada um de nós é único, às vezes admiravelmente único, mas sempre único", como diz Marcus Buckingham em seu livro "Descobrindo seus Pontos Fortes", nos faz refletir quanto a singularidade de cada um de nós como seres humanos, e me ajuda como *coach* a seguir atenta para buscar a grandeza do cliente, em direção a um processo de *coaching* mais eficaz.

Sabemos que a busca pela excelência pessoal e profissional é um caminho árduo e ao mesmo tempo maravilhoso, e descobrimos que é por meio do *coaching* que podemos trilhá-lo passo a passo, em nosso próprio ritmo, sem autocobranças desmedidas, sem julgamentos e rótulos que só nos afastam de nós, seguindo confiantemente em direção aos nossos sonhos. Vivendo a vida que imaginamos.

48

Ponte ao futuro - Projetando o sucesso na vida pessoal e profissional

Aprendi a utilizar a palavra sucesso com mais intensidade há algum tempo, depois da minha formação em *coaching*. O significado etimológico da palavra é proveniente do Latim *Successu*: aquele que sucede, ou que alcança grande êxito.
Dificilmente conquistaremos sucesso profissional se não tivermos também o sucesso pessoal, ou melhor dizendo, sucesso é ultrapassar a barreira do comum e vencer na vida pessoal e profissional

Vitor Campos Miguel Neves

Vitor Campos Miguel Neves

Pós-graduado em Gestão Estratégica de Pessoas com *Coaching* pela Faculdade de Darwin. Bacharel em Sistemas de Informação pela Faculdade Infórium de Tecnologia. *Master Coach* pelo Instituto Brasileiro de *Coaching* - IBC, certificado internacionalmente pela Global *Coaching* Comnunity - GCC, European *Coaching* Asssociation – ECA. Hipnoterapeuta, Analista Comportamental e Consultor Organizacional na área de Gestão de Pessoas. Analista Financeiro com o reconhecimento nacional pela Anbima. Palestrante sobre os temas: Carreira, Humanize Suas Vendas, Motivação, Liderança. Ampla experiência na área de Gestão de Pessoas por dez anos atuando no Itaú Unibanco Holding S.A. Atualmente é Diretor na Ponte Futuro *Coaching*.

Vitor Campos Miguel Neves

Perguntando a diversas pessoas sobre o significado da palavra sucesso, percebo cada vez mais que é muito relativo e depende muito do que cada um almeja para sua vida. Augusto Cury cita em um de seus livros esta frase: "não há pessoa de sucesso ou pessoa fracassada; existem sim, pessoas que não abrem mão dos seus sonhos e pessoas que desistem facilmente dos seus sonhos".

Quando se fala de projeção do sucesso pessoal e profissional, precisa-se primeiro saber o que é importante, o que nos faz sentir realizados. É preciso ter o autoconhecimento! Engano é pensar que somente estando em um emprego, que remunere muito bem, trará sucesso e levará uma pessoa a sair do comum. Como dizia Einstein: "não há maior demonstração de insanidade do que fazer a mesma coisa, da mesma forma, dia após dia, e esperar resultados diferentes".

Sendo assim, é de suma importância que um profissional ou uma pessoa saiba definir bem suas metas e traçar seus objetivos. É importante ter foco, ser centrado na ação que irá executar; tendo em vista alcançar a excelência no resultado. Assim sendo, apresentarei adiante algumas técnicas que o ajudarão a se tornar uma pessoa altamente capaz de vencer qualquer barreira e crenças limitantes que poderão prendê-lo nas ações comuns.

É preciso aprender a arte de focar o que se deseja conquistar, pelo que agindo dessa maneira, focando uma ação, consegue-se traçar um planejamento para alcançar o estado desejado. Saiba que quando você chegar lá muitas pessoas vão lhe dizer "puxa, você é uma pessoa de sorte!".

As pessoas dizem que tenho sorte, mas percebo que quanto mais trabalho, mais sorte tenho!

Quais são as pessoas que realizam grandes conquistas? São pessoas que vão em busca de novas oportunidades ou aquelas que esperam que a oportunidade bata a sua porta?

Lembro-me da estratégia do oceano azul, oportunidade, vontade e capacidade; Oportunidades vão e vêm, mas, nem sempre as mesmas voltam. Portanto, é necessário que o profissional seja ele: *Coach* ou Mentor; deve desenvolver uma visão de futuro, tendo em vista trabalhar as habilidades e capacidades do seu cliente/colaborador para alcançar o sucesso.

Ultrapassar a barreira do comum para obter o êxito pessoal e até mesmo profissional requer da pessoa um trabalho específico no campo "Crenças e Valores".

Tudo o que acontece na sociedade, na organização, na família e na vida pessoal está relacionado às necessidades básicas do ser humano; para melhor entendimento de um trabalho específico no campo de crenças e valores, está relacionada à mudança de padrão comportamental; conforme se vê na figura:

Coaching & Mentoring

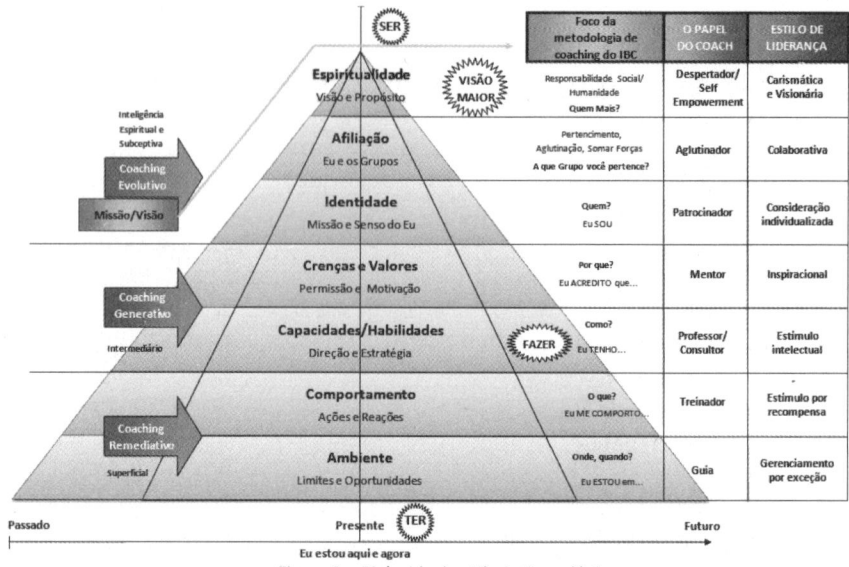

Figura 1 – Pirâmide dos Níveis Neurológicos.
Fonte: http://www.bluemind.com.br/imagensSalvas/20110215213536Piramide_Níveis_Neurologicos3.jpg

Do ponto de vista das necessidades básicas do ser humano, também podem ser encontrado cinco níveis de padrão comportamental para a sua autorrealização. Eles estão categorizados na seguinte ordem:

- Fisiológicas: estão relacionados ao ambiente, respiração, comida, água, sono; ou seja, as necessidades básicas de sobrevivência.
- Segurança: está relacionada à preservação do corpo, emprego e recursos.
- Relacionamento: está ligada diretamente a relação social; amizade, família, amar e ser amado.
- Estima: está relacionado aos sentimentos de confiança, conquista, respeito e reconhecimento da própria conquista.
- Realização Pessoal: encontra-se no topo da pirâmide e faz referência à realização profissional.

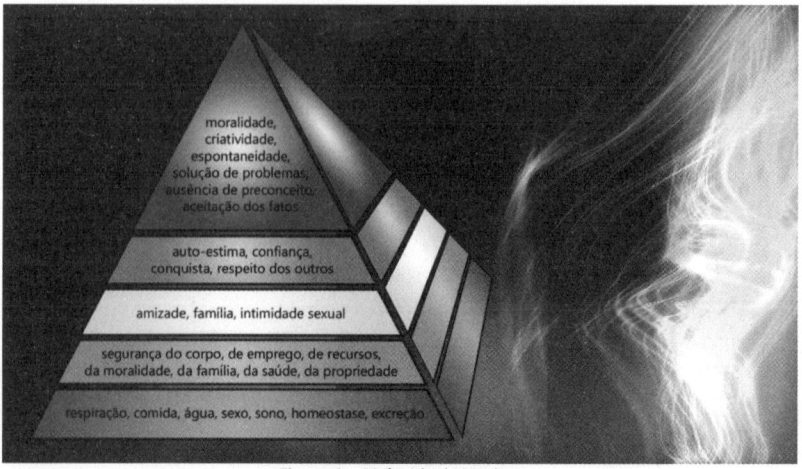

Figura 2 – Pirâmide de Maslow
Fonte: http://www.youtube.com/watch?v=FGETIu3MvQ4

O objetivo de todas as pessoas segundo Maslow é alcançar as realizações em todas as áreas da vida e o equilíbrio entre todas as necessidades básicas e as necessidades que tangem a realização plena, conforme se vê na figura 2. Porém, são poucas as pessoas que alcançam o topo da pirâmide. Por qual motivo isso acontece? O que as impede de alcançar a alta realização?

As limitações são internas e externas; aonde você quer chegar? O coach o ajuda a conquistar o topo da pirâmide e a transformar a sua vida! Pois hoje é a metodologia de desenvolvimento humano, mais poderosa que busca de forma rápida, efetiva e sistêmica, o equilíbrio entre todos os níveis de necessidades do ser humano.

Todo comportamento está ligado à busca para satisfazer um valor; compreender esse valor pode-se criar uma alteração do padrão comportamental. Todo comportamento tem uma crença subjacente, alterar essa crença resultará na alteração do padrão comportamental do ser humano, seja na vida pessoal ou profissional.

Crenças e Valores são adquiridos ao longo da história de vida; é tudo o que acreditamos e percebemos da realidade. Valores são os critérios pessoais que consideramos importantes em nossas vidas. Por esse motivo é importante que você tenha conhecimento da existência de Crenças Possibilitadoras e Crenças Limitantes; na vida pessoal e profissional.

Conhecimento esse, que seguido da aplicação da técnica Ponte ao Futuro; você poderá mudar padrões comportamentais indesejados e conquistar o sucesso; vencer barreiras e se projetar no mercado. Lembra-se de que havia prometido algumas técnicas para se tornar uma pessoa altamente capaz de vencer qualquer barreira, tendo foco na excelência e alcançar o sucesso na vida pessoal e profissional? Então vamos lá!

1ª Técnica: ponte ao futuro

A ponte ao futuro é a antecipação de ações desejadas que ainda não aconteceram; é a verificação do resultado em uma visão imaginária, em tempo real. É a utilização do sistema representacional, tendo em vista lembrar-se do passado, viver o presente ou projetar o futuro. Sendo assim, pode-se ensaiar mentalmente como você deseja se destacar no ambiente em que está inserido.

A ponte ao futuro é parte de todas as técnicas de mudança de padrão comportamental da PNL; se você tem um problema ou deseja que a situação seja diferente; então, identifica-se o estado desejado (o que você quer), em vez da situação atual.

Veja o exemplo a seguir: quando um candidato vai passar por um processo de seleção de emprego; fica imaginando que não será aprovado, por acreditar que irá encontrar pessoas: mais qualificadas, mais experientes; tem medo de falar em público, tem medo dos psicólogos, etc. Descrevendo dessa forma parece brincadeira, mas é assim que as pessoas agem na vida pessoal e profissional.

Então, mencionarei algumas dicas importantes para o sucesso pessoal e profissional.

- **Comece pela sua meta:** crie uma imagem mental, imagine agora nesse instante como seria alcançá-la? Qual a sensação que você tem nesse momento? Preste atenção nos detalhes para que fiquem absolutamente claros quanto às ações que terá de realizar para alcançar sua meta e obter o sucesso.
- **Focar o processo e não o resultado:** focar as ações de excelência geram resultados extraordinários. Portanto, use seu sistema representacional para ver como deverá agir. Defina bem claramente suas metas, lembrando que elas deverão ser: mensuráveis, específicas, temporais, atingíveis e significantes. Definida sua meta e ao focar as ações, ela fluirá naturalmente nesse processo de qualidade.
- **Veja, ouça e sinta a perfeição:** ao criar sua ponte ao futuro, um elemento indispensável nessa visualização é você; inclua-se na imagem, se veja, ouça sua voz e sinta a sensação de se ver mentalmente. Não se satisfaça com menos que o melhor do que você deseja em sua meta, imagine tudo como realmente queira que seja.
- **Relaxamento:** o relaxamento intensifica os efeitos do ensaio mental. Podendo ser ele: *corporal, Rebirth* (respiração ou renascimento).
- **Praticar a prática:** a perfeição somente vem por meio da persistência mediante a prática, você ultrapassará todas as barreiras do comum e será um vencedor na vida pessoal e profissional; praticando todos os dias essas dicas. Para tanto, quanto mais utilizar a técnica da ponte ao futuro, ou ensaio mental, mais habilidoso se tornará e melhor será a sua projeção de sucesso.

2ª Técnica: reframe

Costumo utilizar essa técnica de reenquadramento, a qual é bem simples; mas, muito funcional. A aplica para conseguir o que desejo em minha vida, sempre criando um ponto de vista diferenciado. Aqui será apresentada a vocês. Visualize a sua frente uma enorme tela, e nela comece a montar um filme onde as cenas dele retratam o que você deseja que aconteça em sua vida.

Pense nesse filme sempre procurando fazer com que boa parte

dele faça parte do seu dia a dia. Você vai perceber que muitas coisas começarão a acontecer, basta acreditar. À medida que o tempo vai passando, esse filme vai obtendo um novo formato, em que novas realizações acontecem com maior frequência.

3ª Técnica: expansão
Essa técnica dá a oportunidade de focar e aprofundar no estado desejado, ou em sua meta; dentro do contexto que está vivendo. Permite dar uma conotação sob a sua ótica, entendimento, forma de vida e de enxergar a situação. Gera possibilidade de ampliar as perspectivas. É como um convite para que você veja o estado atual de outra forma.

Dessa maneira, sugiro que se dê permissão para dar uma visão, uma conclusão a mais acerca do seu estado desejado; procure ir mais além, expanda sua visão, antecipe seu futuro; viva hoje e não espere pelo amanhã. O que precisa acontecer efetivamente na prática para que você coloque essas técnicas em ação? O que mais você ainda precisa para se tornar um profissional de sucesso, uma pessoa de sucesso?

4ª Técnica: recapitular
Logo no início cito o significado etimológico da palavra sucesso; declaro que dificilmente conquistaremos sucesso profissional se não tivermos também o sucesso pessoal. Disse que sucesso é ultrapassar a barreira do comum e vencer na vida pessoal e profissional. Abordei a projeção do sucesso pessoal e profissional; bem como a importância do autoconhecimento.

Foi mencionada a necessidade de estabelecer metas, definir bem claro e objetivamente o foco na ação que deseja alcançar o resultado; foi citada a estratégia do oceano azul; bem como um trabalho específico no campo de Capacidades e Habilidades; e Crenças e Valores segundo a pirâmide dos níveis neurológicos.

De maneira clássica foi falado sobre as cinco necessidades básicas do ser humano, segundo a teoria de Maslow; as quais são: fisiológicas, segurança, realização, estima e realização pessoal. Foram abordadas as limitações internas e externas, bem como as crenças possibilitadoras e limitadoras.

Como prometido no início, apresentei quatro técnicas que irão fazê-lo um profissional de sucesso e uma pessoa de sucesso, as quais são: ponte ao futuro, *reframe*, expansão e recapitulação. Essa é a técnica de recapitulação que acabo de apresentar a você, querido leitor.

Finalmente, lembre-se, o sucesso está em suas mãos. Mas para conseguir alcançar o sucesso que deseja, é preciso acreditar e ficar ligado nas oportunidades da vida.

    Por esse motivo, lembre-se sempre de se lembrar de nunca esquecer; que tendo foco na excelência, você ultrapassará a barreira do comum e conseguirá vencer na vida pessoal e profissional.

49

O Executivo e o Samurai
Dia de mestre, um mentor faz toda a diferença

Refletir sobre a dinâmica ensino-aprendizagem é uma tarefa que deve fazer parte do cotidiano de todos os educadores, Desde cedo, no Japão, aprendemos estar aptos a fazer. Para isso, é necessário que se conheça os fundamentos (teoria), mas que se desenvolvam as habilidades necessárias à transformação desses fundamentos em ações do dia a dia, através da prática. Então, isso é um grande desafio, aplicar a arte das duas pontes teoria e prática

Walber Fujita

Walber Fujita

Empresário, consultor e palestrante. Hoje residente no Japão. na cidade de Suzuka Shi onde escreveu sua primeira obra *O Caminho das Pedras* pela editora CBJE. Também é coautor dos livros *Ser+ com Equipes de Alto Desempenho, Master Coaches, Ser+ com Qualidade Total, Ser+ em Excelência no Atendimento ao Cliente* e *Coaching - A Solução, Felicidade 360°*, todos pela Editora Ser Mais.

Contatos
www.walberfujita.com
@walberfujita
walberfu@gmail.com
walberfu@yahoo.com.br

Walber Fujita

Um dia ouvi a seguinte frase: com a idade vem a sabedoria e tudo se torna mais fácil quando existe alguém ao nosso lado disposto a nos orientar e compartilhar os seus conhecimentos, esse alguém pode ser classificado como mentor, amigo ou mesmo um herói. Desde então, mentor passou a ser sinônimo de alguém que compartilha sua sabedoria, experiência e conhecimento com colegas menos experientes. Ou podemos chamar de nossos heróis particulares, os que nos ensinaram a andar, falar, escrever, praticar esportes, ler, comer etc. Acredito que um mentor pode ser um pai, professor, chefe, colega, avô, poeta, filósofo, autor de livros, palestrante ou qualquer pessoa que tenha inspirado você a mudar para melhor, tanto na vida profissional como na pessoal. Sendo assim, um bom mentor é aquele que discute questões, exemplifica, guia, aconselha, pega na mão, empurra, desafia, compartilha os momentos bons e ruins, dá suporte, auxilia no *networking* e pode fazer você ter autoconfiança para ajudá-lo todos os dias a dar um passo em direção aos seus objetivos, seguindo sob orientação o caminho mais fácil. Nessa mesma linha de raciocínio podemos dizer que para cada área da nossa vida temos um mentor como referência, cada um na sua especialidade, sendo a nossa função a de ter a sensibilidade de saber identificar qual a área de atuação de cada um e assim poder com o tempo formatar uma seleção de mentores, para com isso obter orientação suficiente para mudar o nosso destino para melhor.

E foi com um mentor de um templo perto da cidade de Suzuka no Japão que entendi com todas as letras o valor que cada um tem dentro de si, quando compreende a importância da soma da prática mais a teoria. O pulo do gato é identificar quais tipos de ferramentas e habilidades devem ser utilizadas em determinadas situações para ter o resultado desejado. Participei de um seminário, que mais parecia um campo de guerra, com a finalidade de fazer descobertas potenciais sobre nosso mais íntimo ser. A profundidade de situações de autorreflexão, naquele momento, era tão intensa que matou nossos velhos conceitos de forma fantástica.

Durante o encontro tive que apresentar minha visão do que vi nos últimos dez dias e confesso que foi muito desafiador falar para um público tão seleto de nível surpreendente, executivos e especialistas de grandes corporações com anos de carreira. Confesso que senti aquele frio na barriga. Eram sete da manhã quando me encontrava no jardim olhando para uma linda cerejeira e meus pensamentos foram interrompidos por um bom dia em tom suave, porém antes de ter a chance de responder, olhei para o lado e tomei um susto que foi justificado pela aproximação do mestre samurai, uma lenda viva naquela região por ser reconhecido como uma biblioteca ambulante agregado a uma paz inexplicável. Nunca poderia imaginar que ele seria meu mentor naquela prova de fogo do dia seguinte.

O velho mestre falou em voz tranquila e pausada: amanhã será um dia muito especial para você, por que poderá transmitir conhecimento. Saiba que é muito gratificante quando chegamos ao estágio de poder falar de um tema sobre nosso próprio ponto de vista, mostrando nossos próprios conceitos, nossa própria visão, dividindo experiências vivenciadas com os outros e, com isso, poder compartilhar conhecimento adquirido e lapidado com sabedoria. Quero dizer que será uma honra para mim poder contribuir com esse seu momento. Por gentileza, gostaria de pedir que essa noite você se concentre em fazer um resumo do seu treinamento utilizando uma única folha de papel e me entregue amanhã antes do início das atividades nesse mesmo local. E, antes que eu pudesse me manifestar, ele foi chamado para atender uma emergência. Na minha cabeça vinham as palavras: ser, saber e fazer. Senti-me seguro, pois tinha a certeza que estaria com um dos melhores ao meu lado. A noite foi uma bagunça de papel e rascunhos, eu tinha apenas algumas horas para fazer o meu melhor. Posso afirmar que aprendi a melhor e maior lição da minha vida depois da apresentação. Quando você conhece e domina o assunto a sua sensibilidade anexada a sua experiência poderá resolver situações adversas e essa habilidade diferencia um mentor de um aprendiz.

Dormi por poucas horas e quando me dei por mim, já estava naquele jardim entregando o resumo para o mestre enquanto seu auxiliar pegava minha pasta cheia de *slides* e matérias que iria utilizar no treinamento. Conversamos por três minutos e digo que foram os três minutos mais importantes daquele dia. Ele me disse uma frase que me marcou muito: são vinte anos em cinco horas. Enfim, entrei na sala e cumprimentei a todos e procurei o monge que estava com minha pasta. O mestre samurai se aproximou, entregou-me o resumo e novamente me disse: são vinte anos em cinco horas. Fiquei com aquela folha na mão em estado de choque, ou melhor, entrei em pânico, meus *slides*, frases de impacto etc não estão lá. E agora? Aproximei-me do mestre meio desesperado e ele sorrindo me disse em tom suave as seguintes palavras: sei que o seu maior potencial está dentro do conhecimento adquirido por anos, acredite no seu conhecimento, pois observei você durante todo o treinamento e notei que deu o melhor de si em todos os momentos. Você deve focar no que está dentro do seu coração e ele o guiará. Eu acredito em você. Mostre para eles o que você sabe.

Imagine: eu, uma folha de papel e um microfone em um salão,

perante os melhores e mais bem treinados profissionais. Confesso que travei. Minha cabeça era um branco total. Uma tremedeira nas pernas. Foi como se o mundo tivesse se partido em dois. Em um segundo de luz, o mestre se aproximou e disse em tom calmo, lembre-se de que não irá falar de dez dias, mas de toda a sua vida e experiência retransmitida em cinco horas, sua trajetória mixada com o que aprendeu aqui. Então, você acha que cinco horas é muito tempo para transmitir o conhecimento de uma vida? Perguntou o mestre, olhando fixo nos meus olhos. Antes que pudesse dizer alguma coisa ele continuou: olhe para o seu coração e para dentro de você. Não precisa mais de teorias, você já tem a prática, então pratique com eles o que aprendeu. Respirei fundo e foi assim que iniciei minha apresentação falando como esse seminário me fez rever conceitos e quais deles tive que modificar.

Acredito que o maior desafio é ter paciência para poder alinhar as pessoas aos processos. Também acredito que na vida, todos os dias, você acorda, lê e aprende, faz um curso e aprende, conversa e aprende, mas se não consegue selecionar o material colhido e colocar em prática o que é necessário para que seus ativos pessoais ou profissionais possam crescer, de nada adianta aprender tanto. Para evoluir, na verdade, precisamos aprender a teoria e colocar ela em prática com sabedoria, pois devemos estar aberto ao novo, descobrir e redescobrir quem somos, para onde vamos, como vamos, como olhamos as coisas novas, como trocamos experiências, como monitoramos nossos pensamentos, e principalmente como ser positivo, pensar positivo e viver positivo. Aprendi nessa vida a ser mais produtivo, mais eficiente, estar sempre feliz, ter objetivos e direção. Que estamos sujeitos a surpresas todos os dias, no entanto tenho certeza que nos dias de hoje ser bom é ser normal, por isso, temos que ser excelentes. Nós somos capazes de superar as expectativas, buscando querer melhorar sempre. O mais engraçado da vida é que, por muitas vezes, vivemos em um déjà vu, com pequenas alterações de cenários e personagens, mas o estranho é que em determinadas situações a ação e a reação das pessoas são as mesmas. Creio que seja por isso que a experiência seja algo tão valorizado pela maioria das empresas e sei que aqui nessa sala temos os melhores e mais experientes profissionais na sua área de atuação.

Fico feliz em fazer parte de um grupo tão seleto.

Não será exagero dizer que, de certo modo, todos aqui têm bagagem suficiente para ver que estou falando com o coração aberto e que estou muito feliz por acreditar no potencial das pessoas boas. Portanto, assim como vários profissionais transferem seus conhecimentos para os jovens, querendo assim dar a sua contribuição para um futuro melhor, eu também às vezes tomo a liberdade de contribuir com esses jovens repassando um pouco da minha visão sobre determinado tema. Sei que podemos contribuir de algum modo para modificar a forma de ensinar e de aprender. Um ensinar mais compartilhado, orientado e coordenado. Um ensinar mais maduro, intelectualmente evoluído e emocionalmente mais equilibrado e mais entusiasmado, conectado com o novo, seguindo e se adaptando à evolução de conceitos. Um ensinar que saiba motivar e dialogar.

Acredito hoje que um mentor é um grande educador e são pessoas com as quais vale a pena entrar em contato, por que desses contatos saímos enriquecidos. Os grandes educadores atraem não só pelas suas ideias, mas pelo contato pessoal. Há sempre algo surpreendente, diferente no que dizem, nas relações que estabelecem, na sua forma de olhar, na forma de comunicar. É um poço inesgotável de descobertas.

Aprendi que o meu papel é o de acompanhar cada colaborador, incentivá-lo, resolver suas dúvidas, divulgar as melhores descobertas e ficar muito feliz com suas conquistas. Aprendi que uma jornada de muitos anos de profissão nos dá a compreensão integral dos assuntos específicos, integrando-os num contexto pessoal, emocional e intelectual mais rico e transformador. Assim poderemos mudar ideias, sentimentos e valores. Podemos e devemos nos sentir educadores. Um educador com uma responsabilidade enorme de orientar vidas em direção a um futuro melhor. Lembro-me que falei com segurança e maestria, eu sabia exatamente do que estava falando, pois, vivenciei isso por vinte anos. Respondi cada pergunta com segurança por que dominava o assunto, ele corria no meu sangue. É gostoso falar com conhecimento de causa. Olhei para a lateral da sala e o mestre samurai sorria ao ver como eu ia envolvendo os presentes em uma troca de experiências, onde rimos, choramos, estudamos, brincamos e aprendemos juntos. No final, o mestre veio próximo de mim e disse: observou como vinte anos em cinco horas é muito pouco? Parabéns, você conseguiu. Mas lembre-se que temos muito que sonhar, aprender e fazer. E, olhando para aquele momento, vi um sorriso no rosto do meu mestre. Sim, aquele dia a sabedoria daquele velho samurai foi me mostrada na prática com um *glamour* indescritível. De uma forma ou de outra, todos nós tivemos mentores ao longo de nossa trajetória. Próximos ou distantes, reais ou idealizados, percebidos ou não. Grandes líderes, em geral, tiveram grandes mentores. A grande lição é entender que todo mundo tem o seu tempo. Uma pessoa experiente aprende a utilizar suas habilidades de forma mais produtiva e utiliza tempo para se qualificar. Uma grande lição foi trabalhar por sinais, por que antes eu ficava muito estressado tentando convencer os outros de não ir por determinado caminho e muito chateado em ver a pessoa entrando no caminho que orientei a não ir, porém com o tempo aprendi a trabalhar por sinais. Digo à pessoa, se você for por esse caminho vai acontecer isso ou aquilo, o resultado será próximo disso ou daquilo, orientá-la a monitorar e identificar o que estou falando. Saiba a melhor maneira de ir e, assim, eu deixo bem claro que se em algum momento o que disse for identificado que deve pensar sobre nossa conversa e estudar outras possibilidades ou soluções. Como deixo sinais claros de alertas, sinto-me hoje menos estressado, aprendi que cada um tem o seu tempo para amadurecer e etapas para serem desenvolvidas até chegar à maturidade pessoal ou profissional. Somente depois que entendemos que o tempo não volta e que devemos acertar mais e errar menos é que damos o real valor aos conselhos de um educador ou mentor. Vou finalizar dizendo que o caminho é aprender a ter bom senso, escutar e avaliar as possibilidades antes de uma ação e agradecer a todos os mentores que tiver o privilégio de encontrar no seu caminhar.

Um dia de cada vez em direção ao seu objetivo com a orientação certa, pode ter certeza que o resultado será a excelência.